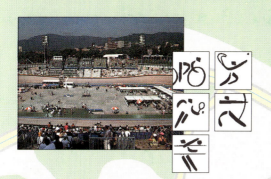

Via Favència

VALL D'HEBRON

gon Cinturó

Avinguda Meridiana

Carrer de la Sagrera

Carrer de Santander

Parseig de Carles I

Carrer de Pere IV

PARC DE MAR

Carrer de Llull

TAT

Vila Olimpica

HARRY VALÉRIEN

OLYMPIA '92
DIE SOMMERSPIELE
BARCELONA

Redaktion
Christian Zentner

SÜDWEST

2

Mit Hightech zur Goldmedaille: Ein futuristischer Untersatz, für rund 750 000 Mark Entwicklungskosten gefertigt vom Formel-1-Rennstall Lotus, trug Chris Boardman aus Großbritannien zum Olympiasieg in der 4000-Meter-Bahnverfolgung. Weltmeister Jens Lehmann aus Leipzig wurde im Finale gar eingeholt – und mit ihm der Materialvorsprung seines Verbandes. »Das Rad ist der Unterschied zwischen Gold und Bronze«, gab Boardman zu, der vor den Spielen international kaum in Erscheinung getreten war. Die erfolgreichste Radsport-Nation blieben die Deutschen in Barcelona dennoch mit vier ersten Plätzen und zwei zweiten, und treten müssen die Athleten auch auf den perfektesten Gefährten noch selbst. »An diesem Tag«, so erklärte Verlierer Lehmann, »hätte er mich auch auf einem Damenrad besiegt.«

Kurt Hasse, Fritz Thiedemann, Hans Günter Winkler, Hartwig Steenken, Norbert Koof, Alwin und Paul Schockemöhle oder Franke Sloothaak – Namen, die für die Triumphe deutscher Reiter stehen, über Jahrzehnte. Wer wüßte nicht um Hasse, der erstmals olympisches Gold gewann in Berlin 1936 oder um Alwin Schockemöhle, dem dieses Kunststück 1976 in Montreal gelang. Und ein Stück Sportgeschichte geschrieben hat Winkler, als er 1956 verletzt auf den Parcours mußte und von seiner treuen Stute Halla über die Hindernisse getragen wurde. Es hat immer klassische Traumpaare gegeben im deutschen Reitsport: Thiedemann und Meteor, Schockemöhle und Deister, Winkler und Halla. Ein 28jähriger hat in Barcelona nun das Erfolgsstück fortgeschrieben: Ludger Beerbaum auf der Holsteiner Stute Classic Touch. Mit zwei fehlerlosen Ritten gewann er auf seinem vierbeinigen »Goldstück« die Einzelwertung am letzten Tag der XXV. Olympischen Sommerspiele.

Der Nation neuestes Wunderkind: Gewonnen hat die 14jährige Franziska van Almsick zwar noch nicht, doch ihr Publikum eroberte die jüngste deutsche Medaillengewinnerin im Sturm – und das nicht nur zweimal Silber und zweimal Bronze wegen. Der Papa hatte ihr einst einen Aufkleber mit dem Aufdruck »Barcelona '92« überreicht: »Ick hab' mir gedacht, da fährst du hin, obwohl ich damals im Schwimmen noch niemand war.« Nach Olympia war sie wer, und das nicht nur im Schwimmen, worauf ihr Werbeexperten bereits sechsstellige Verdienstmöglichkeiten prophezeiten. Der kesse Charme kam an. Was das für ein Gefühl sei bei der Siegerehrung, ist sie unter anderem gefragt worden. »Det kann man nicht beschreiben, da müßt ihr schon selbst 'ne Medaille gewinnen, wenn ihr wissen wollt, wie det is.«

»Magic« Johnson und die Magie des »Dream Teams«: Von ihrem HIV-infizierten Spielmacher gelenkt, verzauberten die amerikanischen Basketballer ihr Publikum und ließen ihre Kontrahenten wie Zwerge aussehen. Erstmals vertraten die besten US-Profis ihr Land bei Olympia, vorneweg die legendären Earvin Johnson, Larry Bird und Michael Jordan, letzterer mit 21 Millionen Dollar pro Jahr bestverdienender Mannschaftssportler der Welt. Die Gegner gerieten zur Staffage, und die Show hat sich nicht nur wegen der Goldmedaille gelohnt: Für den Traum einer Nation zahlten 40 Firmen ebensoviele Millionen Dollar.

Ein Kampf auf Biegen und Brechen: Ingo Weißenborn (rechts) bezwang im Finale der Florett-Mannschaften den Kubaner Elvis Gregory Gil, das Team holte das erste Gold für die Medaillenschmiede von Fecht-Cheftrainer Emil Beck, die zu Beginn der Spiele in den Einzelwettbewerben ausschließlich Blech produziert hatte. Beck war das so zu Herzen gegangen, daß er in den Mannschaftswettbewerben wieder wie früher lautstark an der Planche coachte. Paradoxerweise retteten ihm zwei seiner Hauptkritiker die Bilanz: Anja Fichtel führte zwei Monate nach der Geburt ihres Sohnes die Florett-Damen zu Silber, und Arnd Schmitt, mit dem Beck nur mehr per Anwalt verkehrt, riß das Degen-Team mit auf Platz eins.

Starker Mann meistert schweres Schicksal: Ronny Weller (23) aus Frankfurt/Oder stemmte in Barcelona nicht nur 432,5 Kilo, sondern bekämpfte mit der Goldmedaille in der Klasse bis 110 Kilogramm sein Lebenstrauma. Zwei Tage vor Weihnachten 1989 war er mit seinem Skoda gegen einen Baum geprallt, seine Freundin Silvia war auf der Stelle tot. Er selbst erlitt einen doppelten Schädelbasisbruch, entging nur knapp dem Tod, machte aber weiter mit dem Gewichtheben, denn: »Silvia wollte immer, daß ich mal ganz oben auf dem Treppchen stehe.« Auch solche rührseligen Geschichten schreibt Olympia.

Carl Lewis landet in den Geschichtsbüchern des Sports. Nach 8,67 Metern plumpste der Amerikaner in die olympische Sandgrube und fand dort Gold. Es war sein dritter olympischer Weitsprung-Sieg in Folge, das hat noch keiner geschafft. Leicht konnte der Amerikaner verschmerzen, daß nichts wurde aus dem angekündigten Flug in die »Stratosphäre« jenseits der 9-Meter-Marke. Sein großer Rivale, Weltmeister Mike Powell, blieb diesmal drei Zentimeter zurück und lobte Lewis als »größten Weitspringer aller Zeiten«. Es klang wie ein Nachruf, aber Lewis hat alle Hoffnungen der Konkurrenz, er werde sich mit 31 zurückziehen, zunichtegemacht. Dieser Sprung, sagte er, »war das Ende von gar nichts«. Also sprach »Carl der Große« und setzte noch einen drauf: Mit der 4 × 100-Meter-Staffel lief er in der neuen Weltrekordzeit von 37,40 Sekunden als Schlußläufer durchs Ziel.

Forever Young? Mit 47,02 Sekunden hatte Edwin Moses in Koblenz einen Weltrekord über die 400 Meter Hürden aufgestellt, der scheinbar für die Ewigkeit gemacht war – zumindest für das nächste Jahrtausend. Kevin Young glaubte nicht daran: »46,89« schrieb er zu Hause in Los Angeles an die Zimmerwand und auch an jene in seinem Appartement im Olympischen Dorf. Mit Riesenschritten lief er dann 46,78 Sekunden im olympischen Endlauf, die vermutlich spektakulärste Leistung dieser Olympischen Spiele. Wie lange der Rekord Bestand haben wird? Vorerst gibt es nur einen, der ihn brechen kann: Kevin Young.

*Demonstrationswettbewerb
Piktogramme: Copyright by Graphic News/Bulls

Olympisches an allen Orten: 15 Tage lang wurde gelaufen und geschwommen, gefochten und geritten, gesprungen und geworfen. 257 Entscheidungen produzierten eine Masse von Namen, Plazierungen und Zahlen, in der man so ohne weiteres kaum mehr den Überblick behielt. Die Kritik am übergroßen Angebot ist berechtigt, doch andererseits hat das verwirrende Wechselspiel seinen Reiz: Gerade die vielfältigen Momentaufnahmen, kontrastreich wie der bullige Gewichtheber und die grazile Gymnastin, der dynamische Delphinschwimmer und der konzentrierte Skeetschütze, machen den Zauber Olympias aus.

Inhalts-
verzeichnis

Das Olympiastadion auf dem Montjuïc.

Harry Valérien · Barcelona '92:

Neue Dimension, alte Verführung

Olympische Königsfamilie.

Barcelona erlebte königliche Spiele. Unwiederbringliche Tage voller Glanz, Hingabe und Stolz einer Stadt und ihrer Bürger, die so lange auf dieses Fest warten mußten, es am Ende aber doch jubelnd feiern durften. Zwischen dem Meer und der Stadt liegt der Montjuïc (»Berg der Juden«) mit den zentralen olympischen Schauplätzen: dem großen Stadion, dem Schwimmbad »Bernat Picornell« und der riesigen Halle Sant Jordi. Aus den Niederungen heraus ragt dieser grüne Hügel wie ein Thron der Natur über allem, unantastbar und dennoch attraktiver Mittelpunkt für Athleten und Zuschauer. Kennt die Welt, olympisch gesehen, vergleichbar Schönes? Mit Zurückhaltung begegneten manche Beobachter den Katalanen schon vor den Spielen. Zweifel plagten sie über den Erfolg dieser gewaltigen Herausforderung. Wie sollten die Gastgeber dieses Mammutprogramm organisatorisch meistern? Wie den nach Perfektion drängenden Ansprüchen internationaler Fachverbände gerecht werden? Und wie die noch immer drohende Gefahr der baskischen Terroristengruppe ETA abwenden? Manche Sorge der Skeptiker mag berechtigt gewesen sein. Doch die Verantwortlichen mit ihren über 100 000 freiwilligen Helfern haben den Gipfel des olympischen Vorhabens erreicht. Gewiß, mit Abstrichen da und dort. Mit anhaltendem Ärger beim Transport von Teilnehmern und Journalisten, mit häufig frei gebliebenen Plätzen in den Arenen, weil Sponsoren zwar Karten gekauft, sie vielfach aber nicht genutzt haben. Doch alles in allem übertraf Barcelona '92 die Erwartungen. Extremer Nationalismus durch separatistische Katalanen hatte in den zwei Wochen eine empfindliche Niederlage erlitten, der Sport Spaniens einen nie vorher erreichten Triumph gefeiert. »Wir sind in diesen Tagen eine glückliche Stadt gewesen«, sagte Bürgermeister Pasqual Maragall während des aufwendigen und umstrittenen Schlußaktes. Ein junger Mann der Stadt meinte auf seine Art: »So sauber und so schön werden wir Barcelona nie wieder erleben . . .«

■ Olympischer Friede – ohne Waffenstillstand

Mit einer humoristischen Parodie auf den Marathonlauf begann das nächtliche Spektakel am letzten Tag der XXV. Olympischen Sommerspiele, mit eindrucksvollen Vorführungen einer Reitergruppe, mit Tänzern, Auftritten der Gesangsstars Victoria des los Angeles und Placido Domingo, und mit einem »Fest des Feuers« und einer katalanischen Rumba wurde es beschlossen. Zum letzten Mal bot sich einem Großteil der mehr als 10 000 Teilnehmer aus 172 Ländern die Chance zu einer abermaligen Begegnung inmitten des Stadions. Olympischem Zeremoniell vergangener Jahre und Jahrzehnte wurde nur noch knappe Zeit eingeräumt, alte Zöpfe weitgehend abgeschnitten, dagegen spanische Tradition und Kultur in ein farbensprühendes lärmendes Programm eingebunden. Nicht frei von Irritationen für ausländische Gäste, die oft vergeblich nach Erklärungen suchten. Trost war schnell zur Hand: 1996 in Atlanta werden die Amerikaner andere Akzente setzen. Europa indes hat vorerst Abschied genommen von prägenden Darstellungen, die den solange gewohnten biederen Rahmen sprengten und Olympia am Ende unverwechselbar eigenartige Züge verliehen haben. »Der Krieg«, so Maragall in seiner Ansprache am letzten Abend der Spiele, »wollte nichts wissen von einem Waffenstillstand.« Wie sollte er auch. Der Papst hatte vor Beginn der Wettbewerbe eine Botschaft nach Barcelona gesandt mit der Aufforderung zu Frieden und Brüderlichkeit. Spaniens Regierungschef Felipe Gonzales beschwor den serbischen Ministerpräsidenten Milan Panic bei einem Treffen in Madrid, eine friedliche Lösung des Bürgerkrieges in Jugoslawien anzustreben. Agenturen meldeten zur gleichen Zeit den Beschuß und die

Schließung des Flughafens von Sarajewo sowie schwere Kämpfe in den ohnehin stark zerstörten Krisengebieten Bosniens. Dort, wo IOC-Präsident Juan Antonio Samaranch 1984 die Olympischen Winterspiele beendete, im ZETRA-Eisstadion, liegt das meiste in Trümmern. Das ehemalige Olympische Dorf ist zerschossen, die Bürger der Stadt in psychischer und existentieller Not. In Barcelona dazu kein Wort des öffentlichen Gedenkens. Kein Augenblick der Besinnung, die ein rauschendes Fest durchaus unterbrechen und den Bezug zur anderen Realität hätte herstellen können. Gedankenloses Verharren in einer scheinbar heilen Welt von eitlem Überfluß und fehlender Bescheidenheit. Erinnert das nicht an die Bemerkung einer italienischen Zeitung, die nach dem Tag der Eröffnung schrieb: »Dem Anschein nach ist die Wärme menschlicher Wesen nur ein Zubehör des Spektakels . . .«?

Politische Umwälzungen haben auch die olympische Welt nach 1988 entscheidend verändert. Zerfall der Sowjetunion, Auflösung der kommunistischen Staaten des Ostblockes, Wiedervereinigung Deutschlands. Noch anderes ist geschehen: nach zwölfjähriger Abwesenheit die Rückkehr Kubas (mit Fidel Castro auf der Ehrentribüne) in die olympische Familie und Südafrikas Wiederaufnahme ins IOC nach 32 Jahren Isolation – unter Verzicht auf nationale Embleme. Estland, Lettland und Litauen durften erstmals wieder mit eigenen Mannschaften teilnehmen; und die ehemals für die UdSSR so überragenden Sportlerinnen und Sportler waren zusammengefaßt im Team der Gemeinschaft Unabhängiger Staaten und Georgiens (GUS). Boykottfreie Spiele endlich. Sogar Serben und Montenegriner durften unter der Bezeichnung IOP (Independent Olympic Participants) starten, nicht allerdings in den Mannschaftssportarten wie Handball, Basketball und Wasserball, einst die Stärken des ehemaligen Jugoslawiens.

Trotz gewaltiger politischer Verschiebungen blieb in der Spitze der Nationenwertung alles beim alten. Gemessen an Medaillen, belegte die zum ersten und gleichzeitig zum letzten Mal gemeinsam kämpfende Mannschaft der GUS mit insgesamt 112 Medaillen Rang eins vor den USA (108) und Deutschland (82), das nach dem Zusammenschluß beider Teams intern vor neuen Aufgaben stand. Erst nach den

Historischer Augenblick: Derartu Tulu (links) bescherte ihrer äthiopischen Heimat über 10 000 Meter die einzige Goldmedaille, noch bemerkenswerter indessen war der zweite Platz ihrer südafrikanischen Rivalin Elena Meyer. Eine weiße Vertreterin aus der Kap-Republik umarmt eine Schwarze – ein bleibendes Bild von Barcelona '92.

drei genannten Ländern schob sich China (54) auf den vierten Platz vor Kuba (31) und Spanien, das in Barcelona mehr Medaillen (22) errang als bei allen anderen Olympischen Spielen zuvor. Daß kleine, bevölkerungsarme Länder nicht ohne Erfolg bleiben, bewiesen die Resultate von Ungarn (30 Medaillen), Holland (15), Norwegen (7) und Dänemark (6). Annähernd zwei Drittel aller teilnehmenden Mannschaften sind ohne jede Medaille heimgereist.

Man kann geteilter Meinung sein, inwieweit finanzielle oder materielle Zuwendungen leistungsfördernd auf die Sportler wirken. Beispiele: Yong Zhuang, chinesische Schwimmerin, die für ihren Olympiasieg eine Vier-Zimmer-Wohnung, 1000 Dollar in bar und Geschenke mehrfachen Wertes erhalten haben soll. Türkische Goldmedaillengewinner sollen ähnlich belohnt worden sein; zur Wohnung kommen 100 Goldstücke und vier Jahre lang ein Monatsgehalt von 1000 Mark hinzu.

Die Spanier sind nicht minder spendabel gewesen: Glorreichen Gewinnern (es gab immerhin 13 Goldmedaillen) wurden 130 000 DM aufs Konto überwiesen. Die Deutsche Sporthilfe zahlte für Rang eins 15 000 DM, für Rang zwei 7500 DM und für Rang drei 5000 DM. Wesentlich höher fielen die finanziellen Belohnungen durch die Daimler Benz AG aus, seit dem Vorjahr Partner

des Deutschen Fechterbundes. Unabhängig von diesen Prämien sind einzelne Werbeverträge der Athleten zu sehen. Turner Andreas Wecker hofft, »daß sich jetzt ein paar Leute melden...«. Die 14jährige Berlinerin Franziska van Almsick hat mit dem neuen unbequemen Leben sehr schnell Bekanntschaft gemacht. Ihr Gesicht, ihre Figur und der vierfache Medaillengewinn in den Schwimmwettbewerben erleichterten ihr den Einstieg. Noch in Barcelona hat eine Werbeagentur hochgerechnet und ist bei maximal einer halben Million Mark an Einnahmen gelandet. Ohne Garantie natürlich. Der wahre Preis für die Vermarktung ist höher. Franziska versteckte sich nicht und sagte frank und frei, wie sich das Leben plötzlich änderte: »Ich renne bloß noch Presseleuten und Fotografen hinterher. Ist zwar ganz schön, bekannt zu sein, doch doof, nicht mehr du selbst zu sein.« Steffi und Boris sollten so jungen werbeträchtigen Amateuren Crashkurse anbieten – professioneller Nachschlag zu Olympia. Willi Daume, Präsident des NOK für Deutschland, sprach sich in Barcelona gar für eine Beteiligung der Athleten an den Olympia-Einnahmen aus. Es sei zwar ehrenwert, daß es weder Start- noch Siegprämien gäbe, tatsächlich handle es sich aber um reine Augenwischerei...

■ Professionalismus à la »Dream Team«

Wie einfach liegt da doch der Fall des Dream Teams der US-Basketballer. Kein Spieler bekam einen Cent für seine Auftritte, wohl aber die von allen erwartete Goldmedaille. Das eigentliche Geschäft mit den Stars besorgten die Marketingmanager. Im Nu hatten sie genügend Interessenten für Werbung gewonnen und dabei etwa 30 Millionen US-Dollar für die gesamte Mannschaft errechnet. Auch die Tennisstars sind in Barcelona ausnahmsweise ohne Startgelder und Gewinnprämien angetreten. Nicht allen von ihnen bereitete Olympia Spaß. Die geforderten Dreisatzsiege bei brütender Hitze und hoher Luftfeuchtigkeit (bis zu 91 Prozent) müssen Tennisstars wie Courier, Edberg, Becker und Stich

ziemlich genervt haben. Bis auf Goran Ivanisevic (zweimal Bronze für Kroatien) sind sie alle vorzeitig ausgeschieden. Nur das deutsche Doppel mit den beiden Wimbledonsiegern steuerte von Anfang an schnurstracks auf das Finale zu. Wer den Fünfsatz-Erfolg gegen die Südafrikaner miterlebte, kann nicht vergessen, wie herzlich und spontan sich Becker und Stich nach dem Gewinn der Goldmedaille umarmt und den Sieg, samt Hymne, bis ins Innerste genossen haben. Denkt jemand von den Kritikern in der eigenen Mannschaft noch zurück an den öffentlichen Vorwurf gegen Boris, der dreifache Wimbledonsieger solle doch lieber gleich zu Hause bleiben, statt die Absicht zu verfolgen, bei Olympia einmal mit Carl Lewis und anderen Größen des Sports eine Tasse Kaffee zu trinken und miteinander zu plaudern? Wie schön, daß Boris immer noch sagt, was er denkt, selbst wenn das gelegentlich mißverstanden wird und zu einem kleinen Aufstand gegen ihn führt.

257 Wettbewerbe – wer nennt die Namen, wer kennt die Leistungen? Der Gigantismus der Spiele wuchert unablässig weiter. Natürlich bleiben Gesichter, Übungen, Kämpfe und Worte haften. Das muß nicht immer mit Medaillen zu tun haben. Beispiel: Es war schon nach Mitternacht, das Geräteturnen der Damen vorüber, als sehr junge Mädchen mit reichlicher Verspä-

Über den Dächern von Barcelona: Eine exquisite Aussicht genossen die Turmspringer in der Piscina de Montjuïc (oben), auch wenn die meisten von ihnen in der Anspannung für die Skyline vermutlich keinen Blick hatten. Andere begaben sich auf einen Höhenflug der

Gefühle: Getrennt schieden Boris Becker und Michael Stich (rechts oben) im olympischen Tennisturnier frühzeitig aus, zusammen gewannen sie die Goldmedaille. Zwei Rivalen gemeinsam auf dem Gipfel des Glücks.

tung, müde und in Obhut ihrer Trainer, vor den Journalisten saßen: winzig klein, vom ständigen Drill gezeichnet, nicht gerade sprühend vor jugendlicher Lebensfreude – so jedenfalls der nüchterne Eindruck des Beobachters. Dagegen stehen unglaublich faszinierende Leistungen. Neben mir fragte ein Kollege, wie die Rumänin Nadja Comaneci, einst mit Höchstnoten bedacht, heute aussähe im Vergleich zu Tatjana Gutsu, der Olympiasiegerin im Mehrkampf (mit Körpermaßen von 1,43 Metern und 34 Kilo)? Man stellt diese Frage, weil sich häufig Erinnerungen an frühere Spiele in die aktuellen Bilder mischen. Aber das führt zu nichts. Denn jeder Sieger ist zu seiner Zeit der Beste – so reizvoll und naheliegend derartige Vergleiche auch sein mögen.

Andere Sieger werfen andere Fragen auf: Hätte Carl Lewis in Barcelona auch den 100-Meter-Lauf gewonnen? Bei den amerikanischen Ausscheidungen war er nicht schnell genug gewesen. Aber auch so gewann er seine siebte und achte Goldmedaille – im Weitsprung wurde Lewis sogar zum dritten Mal in Folge Sieger bei Olympischen Spielen. Durch Whitherspoons Verletzung war in der 4×100-Meter-Staffel für ihn unerwartet ein Platz frei geworden. Als Schlußmann lief er dann mit seinen Kollegen Weltrekord (37,40). So etwas sichert den Marktwert bei Einladungs-Sportfesten. Der übliche Preis: etwa 100 000 Dollar!

Unvergessen das Schicksal der schwarzen amerikanischen Sprinterin Gail Devers. Niemand erzählt so ungehemmt bis ins Detail von sich und seinen Schwierigkeiten: Wie nahender Tod ihr Leben ausklammerte, drohende Amputation beider Beine eineinhalb Jahre vor dem Olympiasieg vermieden, bestürzender Gewichtsverlust, Sehstörungen und eine Zyste beseitigt werden konnten. Ihre Losung damals: Gib nie auf, sonst verlierst du deine Chance! Als Hürdenspezialistin schien sie drauf und dran zu sein, nach dem 100-Meter-Lauf ihre zweite Goldmedaille zu gewinnen. Klar in

Front liegend, strauchelte sie an der letzten Hürde und stürzte, hätte aber beinahe doch noch Bronze mitgenommen. Flugs stand Gail Devers wieder auf ihren Beinen, applaudierte der fassungslosen Überraschungssiegerin aus Griechenland und verschwand, sichtlich ohne Groll, in den Katakomben des Stadions.

■ »Gib nie auf!«

Wer hinter die Kulissen blicken will, muß seinen Tribünenplatz verlassen. Fraglich, ob wir die entlarvenden Augenblicke irgendwo wieder sehen werden. Ungefilterte Vorgänge erleben wir doch anders, als es das fotografierte oder elektronisch festgehaltene Bild tun kann. Ende des Frauen-Marathons: Vier, fünf der Geschlagenen werden auf eine Trage gelegt, total erschöpft, meist regungslos und dringend auf ärztliche Hilfe angewiesen. Andere Läuferinnen sitzen oder liegen abwesend herum, uneins mit sich und

der Welt, ob solche Anstrengung je wiederholt oder ob ein für allemal mit der unbeschreiblichen Quälerei Schluß gemacht werden sollte. Niemand, außer sie selbst, treibt sie zu dieser Tortur. Und weil keiner sie zwingt, verflüchtigen Mitleid und stumme Fragen ganz schnell.

Ein ungewöhnlicher Sieger noch: Ronny Weller, erster im Gewichtheben. Im Dezember 1989, zwei Tage vor Weihnachten, verunglückte der 23jährige bei einem Autounfall schwer. Mit doppeltem Schädelbasisbruch, mehreren anderen Brüchen, tagelang im Koma liegend, erfährt er später, daß seine Freundin Sylvia bei dem Unfall ums Leben gekommen sei. Vater Günther Weller war nach schwieriger Genesungszeit seines Sohnes auf Rolf Milser, 1984 selbst Olympiasieger, zugegangen und hatte den Bundestrainer um Trainingshilfe für Ronny gebeten. Aus dieser Partnerschaft – weg von Frankfurt/Oder und

»Ich habe ein Rennen gewonnen, aber ich weiß noch nicht, welches«: Dieter Baumann (oben) brauchte eine Weile, um seinen Sieg im olympischen 5000- / Meter-Rennen zu begreifen. Krisztina Egerszegi (rechte Seite), die Siegerin über 100 und 200 Meter Rücken sowie 400 Meter / Lagen, nahm ihr Gold gelassener. Die deutschen Zehnkämpfer Paul Meier, Thorsten Dauth und Frank Müller (rechte Seite oben) waren von / solchen Freuden weit entfernt – und genossen ihren olympischen Auftritt dennoch.

Umzug nach Duisburg – erwuchs neue Hoffnung und neue Stärke, letztendlich der hart erarbeitete olympische Erfolg.

Wer die Geschichte nicht kennt, wird Ronny Weller leicht aus dem Gedächtnis verlieren. Bleibend sind dramatische Auseinandersetzungen, der unmittelbare Kampf Mann gegen Mann, die unerwarteten Sieger. Dieter Baumann zum Beispiel: 300 Meter vor dem Ziel schien er von der Konkurrenz hoffnungslos eingekeilt zu sein, der Weg zum Sprint versperrt. Doch auf der letzten Geraden bot sich plötzlich eine Lücke, durch die er hindurchstürmte, daß es Gegnern wie Zuschauern den Atem raubte. So ähnlich wie im 800-Meter-Lauf durch die Siegerin Ellen van Langen aus Holland.

Beispiel Anja Fichtel: Knapp zwei Monate vor der Abreise nach Barcelona war die Fechterin Mutter eines Sohnes geworden. Für Einzelgefechte hielt man sie nicht gut genug. Doch in der Mannschaft durfte sie mit den bis dahin erfolglosen Kolleginnen kämpfen und holte Silber.

Beispiel Nicole Uphoff, 24, Dressurreiterin: Auf »Rembrandt« wiederholte sie ihre beiden Siege von 1988 in Seoul und wurde zur erfolgreichsten deutschen Teilnehmerin. Und dies mit einer vorher auf der Welt nie erzielten Höchstnote an Punkten.

Beispiel Heike Drechsler und Heike Henkel: Beide sahen nach ihren ersten Sprüngen nicht wie die Siegerinnen aus. Am Ende aber baumelte doch Gold um ihren Hals – erwartetes Gold. Es ist doch zweierlei: draußen Prognosen zu stellen, Erwartungen zu hegen, drinnen mit eigenen Unzulänglichkeiten und mit der Konkurrenz fertig zu werden.

Olympische Wettbewerbe erreichen besondere Aufmerksamkeit, wenn wirklich überraschende Gewinner im Mittelpunkt stehen. Beispiele: Die 16jährige Jennifer Capriati bezwingt die Favoritin Steffi Graf. Der Schweizer Marc Rosset reist mit der Vorbereitung eines dänischen Fußballspielers nach Barcelona und erweckt auf dem Center-Court den Eindruck, als ginge es nur darum, sich, zwischendurch vielleicht auch dem Publikum, ordentlichen Spaß zu bereiten. Nach fünf Stunden liegt er rücklings platt auf dem Sandboden, sich wohl fragend, ob Gold nun Traum oder Wirklichkeit sei. Auch Ludger Beerbaum konnte erst beim dritten Blick auf die Anzeigetafel glauben, nach zwei fehlerfreien Ritten tatsächlich Goldmedaillengewinner geworden zu sein. Sicher fragt jemand nach den Erfolgreichsten dieser Spiele: dreimal Einzelgold für die hübsche ungarische Schwimmerin Krisztina Egerszegi, sechsmal Gold für den 20jährigen Kunstturner Witali Scherbo aus Weißrußland.

■ Die Geißel das Sports

Und die berühmtesten Verlierer? Die Sprinterin Marlene Ottey aus Jamaika, die statt zweimal Gold nur einmal Bronze gewann; der Stabhochsprung-Weltrekordler Sergej Bubka, dem kein einziger gültiger Versuch gelang; der deutsche Hochspringer Dietmar Mögenburg, Olympiasieger 1984: In der internen deutschen Ausscheidung hatte er noch 2,30 Meter übersprungen, in Barcelona schied er bei 2,15 Meter aus. Wer kennt schon die wahren Gründe enttäuschter Athleten? Oft nicht einmal der einzelne selbst. Eine andere bemerkenswerte Niederlage war die von Ibrahim Samadow. Aus Wut über die entgangene Goldmedaille warf der russische Gewichtheber seine Bronzemedaille zu Boden und verließ vorzeitig die Siegerehrung. Die Strafe dafür: Aberkennung der Medaille und lebenslange Sperre. Nicht ein bißchen viel für einen, der zumindest seinen Wettkampf regelgerecht durchgestanden hat?

In kaum einer Diskussion bei Olympia '92 wurde auf das Thema Doping verzichtet. Bei 1800 Untersuchungen sind

fünf Fälle bekannt geworden (1984 dreizehn, 1988 zehn; bei den Winterspielen in Albertville null). Auf den ersten Blick läßt solche Bilanz hoffen. Doch die Zahlen täuschen. Zu viele Athleten wurden nicht kontrolliert, weder in Trainingslagern noch nach Wettkämpfen. Sportlerinnen und Sportler in China bleiben in ihrer Heimat davon weitgehend unbehelligt. Das trifft auf Athleten anderer Länder selbstverständlich auch zu. Und mitten hinein in die Gespräche platzte die Nachricht von einer neuerlichen Kontrolle der deutschen Sprinterinnen Katrin Krabbe, Grit Breuer und Manuela Derr. Ergebnis: in allen Fällen positive Befunde. Danach ein Geständnis des Trainers Thomas Springstein, der seinen Läuferinnen seit April dieses Jah-

res das rezeptpflichtige Medikament Spiropent verabreichte, obwohl er hätte wissen müssen, daß dies zu den verbotenen steroiden Anabolen zählt und seit Jahren in Verruf geraten war bei der Aufzucht von Kälbern. Solche Aufdeckung schockt, rät zur Zurückhaltung im eigenen Bereich. Um so erstaunlicher, daß Gwen Torrence, die US-Sprinterin und Siegerin über 200 Meter, vor Journalisten in Barcelona unwidersprochen erklärte, zwei der drei vor ihr plazierten Läuferinnen über 100 Meter seien ihrer Meinung nach »not clean«, also gedopt gewesen. Warum tritt niemand aus der Internationalen Leichtathletikfederation

oder der Medizinischen Kommission des IOC auf, verlangt Beweise oder Hintergrundinformationen und rückt so dem schweren Vorwurf näher? Auch eine andere Reaktion wäre möglich: Die Beschuldigten übergeben die Angelegenheit ihren Anwälten. Das wiederum könnten Sponsorenfirmen für sie übernehmen. So jedoch nährt man Gerüchte und Beschuldigungen und erhärtet den Verdacht, Medaillen seien heutzutage, von Ausnahmen abgesehen, nur noch unter Zuhilfenahme verbotener Substanzen zu gewinnen. NOK-Präsident Willi Daume meinte dazu, Doping könne nur in enger internationaler Zusammenarbeit erfolgreich bekämpft werden. Trainingskontrollen seien zwar unerläßlich, aber von vielen Ländern eben nicht zu bezahlen. Doch was ist mit den mobilen Dopinglabors? Warum startet das im Geld schwimmende IOC mit Firmen wie Daimler Benz und Coca-Cola nicht eine weltweite Aktion gegen das Doping? Warum investieren große Konzerne Hunderte von Millionen Dollar in den Sport, weigern sich aber, Vorreiter in einer Sache zu sein, die vom Präsidenten der USA (Gastgeber der Spiele 1996) genauso wie vom deutschen Bundeskanzler (Berlin vielleicht Gastgeber der Spiele 2000) als eine der dringlichsten Aufgaben unserer Gesellschaft angesehen werden muß – weithin bekannt unter dem Slogan: Keine Macht den Drogen? Nach jüngsten Informationen sollen 1994 in Lillehammer Bluttests durchgeführt werden, trotz der bestehenden juristischen Bedenken. Zunehmend drängt sich jedoch die Vermutung auf, daß Verantwortliche des olympischen Sports nicht ernsthaft wollen, was sie ständig vorgeben zu tun. Erschwerend kommt hinzu, daß

die Gleichbehandlung aller Sportarten bei Kontrollen noch ebenso fehlt wie die Festsetzung harter Strafen. Ganz zu schweigen von den Stimmen einiger Trainer, Sportler und Funktionäre, die öffentlich den Standpunkt vertreten, man solle künftig wenigstens teilweise leistungsunterstützende Medikamente für die Aktiven freigeben. Soviel steht fest: der Weg zur Selbstreinigung ist lang und sehr steinig.

■ Schmerzvoller Weg der Vereinigung

Soll man nun über die deutsche Mannschaft jubeln oder unzufrieden sein? Im Zweifelsfall wohl doch jubeln. Die Bilanz sieht jedenfalls gut aus: Insgesamt 82 Medaillen (33/21/28), wor-

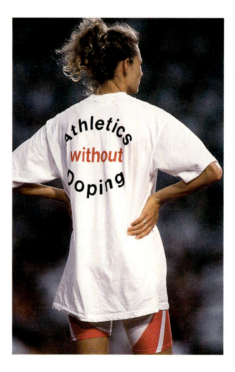

aus sich der dritte Rang in der Nationen-Wertung ergab. Diesem Ergebnis nun Zahlen von 1988 gegenüberzustellen – die DDR gewann damals allein 102 Medaillen und belegte Rang 2 – und daraus einen Niedergang des deutschen Sports abzuleiten, hieße, reale Veränderungen und Auswirkungen der Wiedervereinigung zu verkennen, ja zu unterschlagen. Erstaunt allerdings zeigte sich trotzdem ein großer Teil der Öffentlichkeit über die in Barcelona ausgebrochenen Zwistigkeiten und Vorwürfe von Aktiven gegenüber Funktionären. Angefangen von Olympiasiegerin Dagmar Hase

(»...jetzt müssen endlich Köpfe rollen...«) bis zum Aktivensprecher Heinz Weis (»...ich resigniere...«) reihen sich deftige Anschuldigungen gegen Präsidiumsmitglieder, Sportwarte und andere Funktionäre beliebig aneinander. Ulrich Feldhoff, Chef de Mission der deutschen Mannschaft (487 Aktive, 251 Begleiter), wollte sich Probleme zwischen Ost- und Westsportlern nicht einreden lassen. Die Aktiven untereinander vertrügen sich gut, wie ja die großen Erfolge bewiesen. Feldhoff weiter: »Wir müssen allerdings in den Verbänden, wie überhaupt im deutschen Sport, zu neuen Strukturen finden, wie sie sich in der Wirtschaft bewährt haben.« Offen bleibt, ob auf lange Sicht die Arbeit mit hauptamtlichen Kräften professionell angepackt werden kann. Noch wird behauptet, dies sei nicht finanzierbar. Eines unterschätzen in der hitzigen Debatte offensichtlich beide Seiten: Der langwierige Prozeß einer vernünftigen Angleichung von zwei sehr unterschiedlichen Systemen kann auf Anhieb nicht ohne empfindliche Reibungsverluste und Störungen ablaufen. Rund vierzig Jahre lang hat man mit gegensätzlichen Auffassungen und Methoden gearbeitet. Wie soll es da über Nacht Verständigung und Verschmelzung der Ansichten geben? Politik, Wirtschaft und Kultur haben schmerzlich erfahren, wie sehr sinnvolles Zusammenwachsen mit effektiven Ergebnissen Geduld und Einsicht erfordern. Olympiasieger Dieter Baumann hat für sich ein Rezept genannt: »Ich unterscheide grundsätzlich nicht in Ost und West...«

Und was erwartet die Welt 1996 im amerikanischen Atlanta, Georgia, beim hundertjährigen Jubiläum moderner Olympischer Spiele? Angesagt sind Superlative. Doch das Klima wird für die Europäer nicht angenehmer sein als in Spanien, das Programm keinesfalls maßvoller. Zunächst stehen Auseinandersetzungen bevor zwischen Fachverbänden und dem IOC. Beispiel Fußball: Willi Daume und NOK-Generalsekretär Walter Tröger erklärten in Barcelona übereinstimmend, entweder die FIFA meldet ohne jedes Alterslimit die besten Mannschaften (»Wo kämen wir hin, wenn Leichtathleten ähnliches forderten«), oder Fußball bleibt den Spielen völlig fern. Bis auf das Finale Spanien – Polen (3:2) zeigte das Turnier bei Olympia lediglich geringe Resonanz, eben wegen der zweitklassigen Besetzung. Im übrigen scheint das Beispiel Basketball nicht ohne Folgen zu bleiben. Die amerikanische Eishockey-Profiliga (NHL) will eine Teilnahme an den Spielen 1994 ernsthaft überlegen. Auch die Radprofis schlagen einen ähnlichen Weg ein, vorausgesetzt, die internationalen Rennställe ziehen mit und das IOC gestattet eine größere Anzahl von Teilnehmern pro Land. Im Gespräch sind auch andere Änderungen. Wenig publikumswirksame Sportarten sollen künftig durch populäre Wettbewerbe ersetzt werden. IOC-Präsident Samaranch nennt in diesem Zusammenhang den Mo-

dernen Fünfkampf, der ausgetauscht werden könnte gegen Triathlon. Heftig an die Tür des IOC pochen Vertreter internationaler Frauenfachverbände. Wieso nicht Fußball und Wasserball? Weshalb nicht Hammerwerfen und Gewichtheben? Und war nicht auch von Boxen und Ringen die Rede? Den Seglerinnen genügen auf Dauer drei Bootsklassen nicht – fünf sind ihr Ziel. Warum das weibliche Geschlecht einengen, zweitrangig behandeln, so argumentieren sie, denn die Bühne ist für alle da und groß genug, wie sie glauben. Ist sie natürlich nicht. Willi Daume hat auch über diese Wünsche nachgedacht und Lösungsvorschläge parat: Olympische Stammsportarten, so sein Gedanke, sollten regelmäßig alle vier Jahre zum Zuge kommen, nichttraditionelle dagegen nur alle acht Jahre. Über die Teilnehmerzahlen müßte neu gesprochen werden. Pro Land und Wettbewerb wenigstens ein

Aktiver, großen, leistungsstarken Nationen hingegen sollten mehrere Starter zugestanden werden. Alles rennt, alles drängt nach Medaillen. Geld scheint den Chauvinismus langsam aber sicher zu verdrängen. Die alte olympische Idee wird auf den Kopf ge-

stellt. War es nicht Christian Schenk, der Olympiasieger von 1988 im Zehnkampf, der in Barcelona, wohl nicht scherzhaft, voraussagte, daß bald schon Firmen über die Entsendung der besten Athleten entscheiden werden? Sollte zusätzlich Geld nötig sein, weil das Fernsehen die ständig steigenden Lizenzgebühren nicht mehr zahlen kann (die Spiele in Barcelona kosteten NBC 401 Millionen US-Dollar), Startnummern-Leiberl sind für Werbeaufdrucke immer noch frei, die langen Banden in Stadien und Hallen noch nicht im Angebot, auch Kleidung und Ausrüstung könnten üppiger bepflastert werden – wie lange haben die Chefs der Marketingfirmen darauf schon gewartet. Die Herren des IOC stünden für den Ernstfall immer noch mit guten Reserven da. Denn Olympia ist, wie alle Welt weiß, selbst mit Markt, Show und Pharmazie nicht kaputtzukriegen. Es sei denn, ein alter Freund hat recht, der beim Springreiten in Barcelona kurz und knapp feststellte: »Im Jahr 2000 kannste die Spiele vergessen...« Falls er an Olympia in Berlin dachte, wäre das gut möglich. Aber ansonsten gilt nach wie vor die Devise: The show must go on...

»Leichtathletik ohne Doping«: Heike Henkel (linke Seite Mitte) machte bei ihrem Sieg im Hochsprung Werbung für saubere Leistun-

gen. Auf sportlichem Wege machte auch der Straßenvierer von sich reden (linke Seite oben) und gewann

die erste von insgesamt 33 deutschen Goldmedaillen. Wo sich die olympischen Sommerspiele fortsetzen, zeigen die erneute Siebenkampf-Siegerin, Jackie Joyner-

Kersee (rechte Seite unten), und die Anzeigetafel: In Atlanta, Amerika, 1996.

Barcelona '92

Die Katalanen zeigen Flagge

Hostessen: Konkurrenzlos im gewinnenden Lächeln.

Daß 1992 das Jahr Spaniens werden würde, leuchtete selbst denen ein, die die Geschichte am liebsten rückgängig gemacht hätten; 500 Jahre zuvor war schließlich der von der spanischen Krone angeheuerte Abenteurer Christoph Kolumbus in die Neue Welt aufgebrochen, was es diesseits und jenseits des Atlantiks zu zelebrieren galt. Daß dem Land zur Ergänzung seiner Jubiläumsveranstaltungen die Weltausstellung – für Sevilla – zugesprochen werden müsse, erschien darum gerechtfertigt. Auch für die Organisation der auf dieses Jahr fallenden Olympischen Sommerspiele hatte Spanien damit eine Vorgabe, als über die Kandidatur Barcelonas zu entscheiden war. Ebenso fiel die Bereitschaft des erst nach dem Tod des Diktators Franco im Jahr 1975 zur Demokratie zurückgekehrten Staates ins Gewicht, für sein neugewonnenes Prestige tief in die Tasche zu greifen. Dennoch mußte noch eine Reihe weiterer Voraussetzungen hinzukommen, bevor die katalanische Hauptstadt mit der Durchführung der Spiele betraut werden konnte. Schließlich konnte das Internationale Olympische Komitee bei seiner Entscheidung über den Austragungsort nicht nur historische Tatsachen werten oder auf sentimentale Argumente zurückgreifen. Ebensowenig konnte es seinen Beschluß nur vom

Traum des IOC-Präsidenten Juan Antonio Samaranch abhängig machen, der die olympischen Wettkämpfe endlich einmal auch in seine Heimat holen wollte. Als vor sechs Jahren die Vergabe der Spiele zur Beratung anstand, zählte darum weit mehr, daß Barcelona bereits über einen großen Teil der notwendigen Infrastruktur und über genügend Sportstätten verfügte: Der weitere Ausbau der Stadt als Austragungsort der olympischen Wettbewerbe bis 1992 schien damit gesichert. Auch wurde gewertet, daß Spanien nach dem Übergang zu einer dynamischen, den Anschluß an Europa suchenden Regierung den Eindruck eines Landes im Aufwind machte, dem die olympische Unterstützung für sein Prestige nur förderlich sein konnte.

■ Olympia – ein Abenteuer

Das galt ebenso für die neu erblühte Region Katalonien, in der sich Tradition und Lebenskunst mit Industrialisierung und wirtschaftlichem Aufschwung paaren. Denn neben dem Staat sollte schließlich auch das autonome Territorium seinen Beitrag für das »Abenteuer Olympia« leisten. Daß sich das historisch-ehrwürdige und elegante Barcelona als sportfreundliche Stadt schon seit 1924 immer wieder um das Treffen der Jugend der Welt beworben hatte, galt gleichfalls zu berücksichtigen. (Die »Volks-

»Happy Birthday, Olympia« – zum 25. Jubiläum der Olympischen Spiele der Neuzeit durfte in Barcelona eine angemessen große Geburtstagstorte nicht fehlen; sie wurde den Gästen im Hafenbecken Port Vell serviert (links). Christoph Kolumbus, der hinter dem Riesenkuchen auf einer Säule thront, bezog die Aufmerksamkeit wohl auf sich: Schließlich hat er vor 500 Jahren die Neue Welt entdeckt. Im Bild oben das 1929 erbaute Stadion auf dem Montjuïc, das die Barcelonesen für Olympia '92 einer gründlichen Renovierung unterzogen. So wurde z. B. die Sportarena um elf Meter abgesenkt, um die Tribünen erweitern zu können. Rechts: einer von Tausenden Guardistas, die man aufbot, den olympischen Frieden zu sichern.

nehmer – verhehlte seine Begeisterung nicht, als er von Barcelonas Bürgermeister Pasqual Maragall als erster vom Zuschlag des IOC informiert worden war. Er sprach damit für die große Mehrzahl der Spanier. Opposition war lediglich in den relativ begrenzten Zirkeln der regionalen »Nationalisten« festzustellen, die die Unabhängigkeit Kataloniens suchen und durch die Vergabe der Spiele nach Spanien die Staatsregierung in Madrid zu sehr aufgewertet sahen. Doch auch die kritischen Betrachtungen in den internationalen Medien können die große Verehrung nicht schmälern, die der 71jährige Chefolympier Samaranch seitdem in Barcelona genießt. Die mit der Kritik verbundenen Attacken der Presse auf die immer stärkere Kommerzialisierung der olympischen Idee beeindruckten die geschäftstüchtigen Katalanen ohnehin nie so recht, zumal sie selbst aus den zu vergebenden Rechten herausholen wollten, was herauszuholen ging. Eine »sehr robuste« Finanzierung der Spiele hatten sie schließlich propagiert, um ohne Defizit aus ihnen hervorgehen zu können.

■ »Facelifting« für Barcelona

Das betrifft natürlich nur die Spiele selbst, deren Kosten auf 2,3 Milliarden Mark veranschlagt wurden, während sich die Einnahmen des Organisationskomitees auf 2,8 Milliarden Mark belaufen sollen. Was die Veranstalter in den Neubau oder in die Modernisierung der Sportstätten gesteckt hatten, würden sie damit wieder herausholen, rechnete Bürgermeister Maragall noch vor dem Auftakt zu den Wettbewerben vor. Auch für das IOC würde noch etwas übrigbleiben.

Doch vom Staat, der Region und der Stadt wurden für den Ausbau der am dichtesten besiedelten Stadt Europas – der Großraum Barcelona zählt rund vier Millionen Einwohner – und ihrer Sportstätten weit höhere Summen aufgewandt. Hohe private Investitionen, etwa in Hotels, kamen hinzu. Auf fast 45 Milliarden Mark wird ge-

olympiade«, die 1936 in Barcelona ersatzweise als Gegenveranstaltung zu den Spielen in dem von den Nationalsozialisten beherrschten Berlin angesetzt war, hatte wegen des Ausbruchs des Spanischen Bürgerkriegs ausfallen müssen).

Als am 17. Oktober 1986 schließlich die Entscheidung zu fällen war, stellten

die Juroren des Internationalen Olympischen Komitees angesichts dieser Argumente ihre bis dahin noch vorhandenen Bedenken zurück. Die bezogen sich vor allem auf die finanziellen Möglichkeiten des damals immer noch armen Spanien. Auch die Verkehrsprobleme der Stadt und die räumliche Entfernung zwischen den Sportstätten galten nicht gerade als ideal. König Juan Carlos – einst selbst Olympiateil-

schätzt, was in den letzten Jahren zusätzlich in diesen Wirtschaftsraum gepumpt wurde. Ein Drittel davon, etwa 15 Milliarden Mark, floß in dauerhafte Investitionen – von Sportstätten, Verkehrswegen und urbanistischen Anlagen bis hin zu einer voluminösen Wasserableitung bei Wolkenbrüchen. Dieser finanzielle Einsatz half freilich auch – wenigstens vorerst – einen guten Teil der Arbeitslosigkeit abzubauen: 128 000 Stellen wurden mit Hilfe dieser Mittel geschaffen.

Nicht alle Blütenträume reiften freilich: Barcelona erhielt zwar fast fünfzig Ki-

15 Tage und Nächte lang sonnte sich Kataloniens Hauptstadt in dem Ruhm, im Brennpunkt des Weltinteresses zu stehen. Die heißblütige Mittelmeermetropole hatte allerdings ihrer ewigen Konkurrentin Madrid im fernen Kastilien schon längst den Rang als quirligste Trendsetterin auf der Iberischen Halbinsel abgelaufen: Barcelona, das ist pulsierendes Leben und steingewordene Erotik. Linke Seite: Ein Bilderbuch-Katalane tanzt mit Grandezza auf Bar- celonas Lebensader »La Rambla« (mucho macho!); rechts: In liebestoller Verzückung zieht dieses Sinnbild des Ewig-Weiblichen im Maragall-Garten die Blicke aller Lustwandler auf sich; oben: Diese beiden stehen nicht auf Solos und huldigen der Sinnlichkeit zu zweit; unten: Senioren-Treff auf einer Parkbank. Auch im Sitzen läßt sich's leben in Barcelona.

lometer neuer Ringstraßen, auf denen sich die Metropole bei Normalverkehr nun in einer halben Stunde umrunden läßt, und es bekam auch einen erheblich erweiterten Flughafen – dessen Passagierzahlen noch vor dem Einsetzen des olympischen Spitzenverkehrs prompt um 20 Prozent anwuchsen – sowie viele andere Verbesserungen seiner Infrastruktur. Da aber alles viel teurer wurde als ursprünglich geplant, mußte vom notwendigen Ausbau der Metro manches auf die Jahre nach den Spielen verschoben werden.

Barcelona erhielt so zwar kein neues Gesicht, aber doch ein umfassendes Facelifting, zu dem der Ausbau seiner Kulturpaläste zählte. Auch ein großer

Teil seiner alten Viertel konnte herausgeputzt werden. Eine der entscheidenden Veränderungen des Stadtbilds bedeutete zweifellos der Bau einer Sport-Akropolis im einst vernachlässigten Parkgelände auf dem Montjuïc. Auf der das Stadtbild bestimmenden Anhöhe wurde unter anderem das aus dem Jahr 1929 stammende Leichtathletik-Stadion modernisiert und auf 650 000 Sitzplätze erweitert. Außerdem wurde auf dem Hügel die supermoderne, 15 000 Menschen fassende St.-Jordi-Sporthalle neben einer Sportakademie im griechisch-römischen Stil und einem Schwimmstadion errichtet. Zusammen mit dem riesigen Aufmarschgelände, gekrönt von einem spektakulären Antennenturm, entstand damit eine neue Weihestätte der olympischen Religion wie ein Pilgerzentrum für die gesamte Region, das noch durch das benachbarte katalanische Nationalmuseum ergänzt wird. Fast ebenso verändert wurde die Stadt aber durch die Errichtung des olympischen Dorfs im küstennahen »Poble Nou«, dem Neudorf. Die Wohnblocks zur Unterbringung der annähernd 16 000 Sportler und ihrer Betreuer – an deren Bau fast alle renommierten Architekten Barcelonas beteiligt waren – werden nach den Spielen in 2012 Eigentumswohnungen umgewandelt. Sie gruppieren sich um zwei wahrzei-

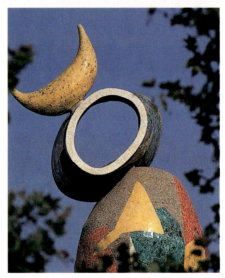

»Posa't guapa, Barcelona« – »mach dich hübsch!« Diese Devise gaben die Stadtoberen und Meinungsmacher aus, als Barcelona den Zuschlag für die Olympischen Sommerspiele 1992 erhielt. Was ihr kreatives Outfit betraf, konnte sich die Heimatstadt Picassos, Mirós, Tàpies' und Gaudís ohnehin schon sehen lassen: Barcelona ist ein Babel der Modernen Kunst voller architektonischer »Delikatessen« (wie z. B. links oben). Besonders augenfällig die zahlreichen Bauten des Modernisme-Papstes Antoni

Gaudí (1852–1926), der die spanische Variante des Jugendstils aus der Taufe gehoben hatte (auf dem großen Bild Gaudís »Casa Mila«, rechts oben die Türme seiner »Sagrada Familia«, der vielleicht phantasievollsten Kirche der Welt, darunter die anheimelnden Kamine seiner »Casa Battló«). Oben eine Skulptur des Surrealisten Joan Miró (1893–1983) im Parc de l'Escorxador, vom Volksmund »Dona i Ocell« (Frau und Vogel) genannt.

chenträchtige, als Hotel und als Bürogebäude benutzte Türme. Das Neubauviertel ersetzt ein verfallenes Industrieareal, durch das sich früher eine – inzwischen weiter landeinwärts verlegte – Bahnlinie zog. Die Bagger planierten auch ein etwas verkommenes, doch höchst beliebtes Strandrevier mit budenartigen Fischrestaurants. Nach den Spielen verfügen die Bewohner Barcelonas hier statt dessen über ein ausgedehntes Badegelände mit einem Jachthafen: Drei Milliarden Mark wurden allein an dieser Stelle in den Sand gesetzt.

■ Gewappnet für den Ernstfall

Natürlich gab es Parteienstreit und Gerangel zwischen den verschiedenen Behörden, als es ans Bezahlen ging, sowie Verzögerungen beim Bau. Samaranch sah sich darum mehrfach gezwungen einzugreifen und massiv zur Eile zu mahnen. Doch bereits Ende 1991 zeichnete sich ab, daß alles rechtzeitig fertig werden würde, was in Angriff genommen war. Daß damit nicht alle Verkehrsprobleme beseitigt werden konnten, lag freilich von vornherein auf der Hand. Die Bewohner

der Metropole, die die Umbauten mit großer Geduld hinnahmen, da sie ja wußten, daß sich ihre Stadt damit nicht nur auf die Spiele, sondern auch für das künftige Jahrtausend rüstete, sind darum bereits auf neue Bauarbeiten im Jahr 1993 eingestellt. Sie beunruhigt dabei allenfalls, daß die Schulden ihrer Stadt auf 4,8 Milliarden Mark angewachsen sind. Proteste gegen die olympischen Vorbereitungen kamen vor allem von regionalistischen Linksgruppen, die ein unabhängiges Katalonien auf ihre Fahnen geschrieben haben. Dabei machte insbesondere die Terra Lliure (»Freies Land«) mit einer Reihe – meist unblutiger – Terroranschläge auf sich aufmerksam. Auch Attentate der weit gefährlicheren Extremisten der ETA waren zu verzeichnen, die mehrfach verheerende Folgen hatten. Die Separatisten aus dem Baskenland wollten damit die Aufmerksamkeit auf sich lenken, da sie wußten, daß Barcelona im Blick der Weltöffentlichkeit stand. Auch zu den Spielen wollten sie mit ihren Bomben

für sich und ihre Ideen von einer unabhängigen und sozialistischen baskischen Nation »werben«. Doch war es der spanischen und der französischen Polizei im Frühjahr 1992 gelungen, die in Südfrankreich untergetauchte Führung der Baskenorganisation und einen großen Teil ihrer Kommandos in Spanien unschädlich zu machen. Auch einige Dutzend Anhänger der Terra Lliure wurden noch kurz vor Beginn der Wettkämpfe von den Sicherheitsbehörden ausgehoben. Weil die Polizei bei ihren Verhaftungsaktionen vor der Eröffnung nicht viel Federlesens machte, gab es bei den Katalanen heftige Proteste.

Da jedoch weiter ein gewisser Unsicherheitsfaktor bestand, wurden 24 000 Angehörige der Nationalpolizei und Guardia Civil zusätzlich zum lokalen und regionalen Polizeiaufgebot von 5500 Mann nach Barcelona geholt. Außerdem wurden 3500 Wachmänner von privaten Sicherheitsdiensten für Kontrollaufgaben engagiert: Auch die Restgruppen der Terrorbanden konnten schließlich noch gefährlich genug werden, auch wenn ihnen keine organisatorische Infrastruktur

mehr zur Verfügung stand. Selbst das Militär machte mobil und sandte fast 10 000 Soldaten zur Bewachung der Verkehrswege in die katalanische Hauptstadt – samt Hubschraubern, Flugzeugen und Schiffen, darunter kleinen Unterseebooten zur Kontrolle des Hafens mit seinen als Hotels genutzten Vergnügungsdampfern.

■ Provinzialismus – nein, danke

Doch wurde auch ein politisches Klima zu schaffen versucht, das den Katalanen, die dem von Madrid aus gelenkten spanischen Staat reserviert gegenüberstehen, keinen Anlaß zu störenden regional-nationalistischen Bekundungen geben sollte. Jordi Pujol, der der christdemokratischen Regionalbewegung CiU entstammende unbestrittene Herrscher aller Katalanen, schloß als Präsident der Regionalregierung mit dem sozialistischen Bürgermeister Barcelonas einen Pakt zur »Katalanisierung« der Olympischen Spiele. Danach sollte die – dem Spanischen

ähnliche – katalanische Sprache nicht nur Olympiasprache sein (neben Englisch, Französisch und dem »kastilischen« Spanisch), sondern sie sollte auch bevorzugt benutzt werden. Außerdem wurde ausgemacht (und schließlich auch vom IOC abgesegnet), daß neben den Fahnen Spaniens und Barcelonas auch die Flagge Kataloniens in den Stadien wehen würde; ebenso mußte bei der Eröffnung und der Abschlußveranstaltung neben der spanischen auch noch die katalanische Hymne erklingen. Schon vor den Spielen ging die Selbstdarstellung der Katalanen – etwa bei Anzeigen in der internationalen Presse – so weit, daß Bürgermeister Maragall klarstellen mußte, »die Spiele gehören der ganzen Welt«. Gleichzeitig ließ die Madrider Regierung die »Holsa«, die für Investitionsaufgaben zuständige Olympische Holding, darauf hinweisen, daß die Spiele ein gesamtspanisches Ereignis seien: Die Zentralregierung habe schließlich von den eigentlichen Investitionen rund 25 Prozent getragen – und damit mehr als die Region und die Stadt zusammen (der Rest entfiel vor allem auf private Firmen sowie auf die Telephongesellschaft und andere öffentliche Körperschaften).

■ Im Angebot: Kultur pur

Wenn mit der Darstellung eines eigenständigen Katalonien als Teil des spanischen Staates auch viele der regionalistischen Forderungen erfüllt und die aktuellen Spannungsmomente beseitigt schienen, so meinte Pujol seine Katalanen doch darauf hinweisen zu müssen, daß weder König Juan Carlos als Vertreter der Zentralgewalt noch die spanische Nationalhymne oder die Staatsflagge ausgebuht und ausgepfiffen werden sollten: Er hatte als schlechtes Beispiel die Demonstrationen der Nationalisten bei der Eröffnung des Stadions im Jahr 1989 im Gedächtnis. Auch die vom Zentralstaat befehligten Ordnungskräfte, so meinte der Präsident der »Generalitat«,

dürften nicht provoziert werden. Die katalanische Fahne allerdings könne durchaus geschwenkt werden.

Allerdings wollten die Katalanen mit ihrem regionalen Nationalismus keineswegs »provinziell« erscheinen: Mit ihrer »kulturellen Olympiade« suchten sie vielmehr zu zeigen, daß sie nicht nur Regionalisten, sondern auch gebildete Kosmopoliten sind. Das Programm dafür beschränkte sich nicht nur auf die Tage der Wettkämpfe, sondern setzte eigentlich schon 1991 ein, um die Barcelonesen über aufgerissene Straßen, Umleitungen und ständig steigende Preise hinwegzutrösten. Zwanzig größere Ausstellungen wurden durchgeführt und moderne Skulpturen an spektakuläre Ecken der Stadt plaziert. 150 Gastspiele von fremden Theatergruppen und Musikensembles wurden arrangiert, zusätzlich mobilisierte man die landeseigenen Komödianten und Musikanten. Die mittelalterliche und die zeitgenössische Kunst der Region wurden dabei in den Museen ebenso gewürdigt wie die Vergangenheit Barcelonas in der Darstellung von »Rom in Katalonien«. Auf die Rolle der Stadt bei der Entwicklung eines eigenständigen architektonischen Jugendstils, der ihren Charakter während der Wohlstandsepoche um die Jahrhundertwende so sehr beeinflußte, wurde gleichfalls hingewiesen. Auch eine Ausstellung zum Thema »Sport im alten Griechenland« durfte nicht fehlen, schließlich hatte die Stadt bereits im zweiten Jahrhundert nach Christus mit dem ihr entstammenden römischen General Lucius Minicius Natalis Quadronis Verus

Linke Seite: Vor der Kulisse Barcelonas geben diese Steinfiguren den katalanischen Nationaltanz »Sardana« zum Besten. Deutlich hebt sich aus dem Häusermeer Gaudís »Sagrada Familia« ab, die der Meister 1882 begonnen hatte. Seither ist das Werk – ganz im Sinne Gaudís – im beständigen Wachstum begriffen. Oben links: »Sind auch Sie wieder gewachsen?« Mit dieser Frage amüsierte Bundespräsident Richard von Weizsäcker den 1,92 Meter großen Tennis-Star Boris Becker (neben ihm Peggy Hardwiger aus dem deutschen Segel-Team). Die olympischen Dorfbewohner oben rechts posieren in Ermangelung eines sie begrüßenden Staatsoberhaupts mit Cobi, dem von dem katalanischen Künstler Javier Mariscal entworfenen Olympia-Maskottchen.

einen frühen Olympiasieger (beim Wagenrennen) gestellt. Ihrem bekanntesten zeitgenössischen Künstler, Antoni Tàpies, dem in Barcelona längst ein eigenes Museum gewidmet ist und der mit einer Sonderschau bei den Veranstaltungen vertreten war, verweigerten die Regionalbehörden allerdings die höchste olympische Ehre: Er hatte die Skulptur eines 18 Meter hohen Sportsockens – mit Loch in der Ferse – im Nationalmuseum auf dem Montjuic aufstellen wollen. Doch im letzten Moment schreckten die Katalanen vor ihrer eigenen Originalität zurück: Zu abwertend erschien ihnen die Symbolik des Werks für die Spiele.

Manfred F. Schröder

Unter dem Jubel von 65 000 Zuschauern, darunter die spanische Königsfamilie und 27 Staatsoberhäupter, verwandelten rund 7500 Darsteller das Olympiastadion auf dem Montjuïc in Barcelona zum Auftakt der XXV. Olympischen Sommerspiele in ein Reich Phantásien. »Die unendliche Geschichte« Olympias wurde um eine eindrucksvolle Ouvertüre bereichert, die eine Flut von optischen und akustischen Genüssen über das Publikum ergoß. Die Überbringung des olympischen Gedankens aus dem antiken Griechenland in die Neuzeit zum Beispiel wurde durch eine in einem blauen (Menschen-) Meer schlingernde Barke dargestellt, deren Besatzung sich diverser Monstren aus der Herkulessage zu erwehren hatte, wie den stymphalischen Vögeln und der neunköpfigen Hydra von Lerna. Die glückliche Ankunft der Olympioniken im Hafen von Barcelona konnten die unsportlichen Ungeheuer (dem Zeus sei Dank) nicht verhindern: Um 22.20 Uhr erklärte König Juan Carlos die Spiele für eröffnet.

Mit einer feurigen Eröffnungsfiesta machte Barcelona seinem Ruf als Welthauptstadt der künstlerischen Avantgarde, als Magnet der schrillen Maler, genialen Architekten und ausgeflippten Designer alle Ehre. Ein hinreißendes Potpourri aus katalanischer und spanischer Folklore, großer Oper und olympischem Märchen versetzte Tausende im Stadion und Milliarden vor den Fernsehern in helle Begeisterung. »Gazzetta dello Sport« schwärmte: »An diese Farben und Töne werden wir uns noch lange erinnern.« Rechts außen: Tänzer im gelb-roten Flammendreß sorgten für eine farbenfrohe Wiederbelebung des antiken Sonnenkults; rechts: Regenbogenfarbene Riesen hielten stellvertretend für die Götter Griechenlands Einzug ins Stadion.

Niemand Geringe-
rer als der Halbgott
Herkules wird in
der griechischen
Mythologie als Be-
gründer der Olym-
pischen Spiele aus-
gewiesen, die erst-
mals 776 v. Chr.
abgehalten wurden.
Irgendwann zwi-
schen der Erlegung
des Gürtels der
Amazonenkönigin
Hippolyte und der
Ausmistung des
Augiasstalls muß
der antike Kraft-
mensch, den Ka-
talanen zufolge,
dann noch Zeit ge-
funden haben, die
Stadt Barcelona zu
gründen. Das Thea-
ter »La Fura dels
Bauls« mixte diese
beiden Legenden zu
einer imponieren-
den Inszenierung
zusammen, wäh-
rend der das Sta-
dion in ein blaues
Meer verwandelt
und dessen tra-
gende Rolle als
Kulturvermittler
dargestellt wurde
(rechts außen). Als-
dann brauste Her-
kules höchstpersön-
lich heran, daß die
Funken stieben
(rechts).

Natürlich durfte ein von rassigen Señoritas vorgeführter feuriger Flamenco bei der Eröffnungsfeier in Barcelona nicht fehlen (rechts). Rechts außen hoch zu Roß und mit Kavalier am Zügel der Auftritt von Cristina Hoyos, die in Carlos Sauras preisgekröntem »Carmen«-Film die Gegenspielerin von Laura del Sol verkörperte. »El Mundo« (Madrid) resümierte die rundum gelungene Olympia-Ouvertüre wie folgt: »Barcelona gab vor den Augen der Welt seine Visitenkarte ab. Auf ihr steht geschrieben: Wir werden gute Gastgeber sein, hola!« Die Übersetzung des letzten Wortes lautet etwa: »Hallo, nett, daß ihr kommen konntet.«

Schwimmen

Viele Fischmenschen und ein erfrischendes Mädchen

Womit soll man anfangen beim Zusammenfassen des olympischen Schwimmfestes in Barcelona? Mit den schönen Geschichten, wie der von Franziska van Almsick? Oder doch lieber mit dem weniger Schönen, damit am Ende das Gute steht und den Gesamteindruck positiv färbt? Aber das träfe nicht die Stimmung dieser Tage im wunderbaren Stadion Bernat Picornell auf dem Montjuïc, von wo aus der Blick über Barcelona und in die Ferne schweifen kann. Dabei fing es so nett an für das deutsche Team mit einer wahrhaft olympischen Geschichte, mit der von Franziska van Almsick.

So schnell geht das. Ein, zwei Monate vor den Spielen schrieb eine deutsche Sportillustrierte noch über Franziska, die Kleine, die Pfiffige, über die große Hoffnung des deutschen Schwimmsports: Na ja, schrieb das Blatt sinngemäß, vielleicht wird es erstmals in Atlanta 1996 was mit Medaillen für Deutschland von van Almsick. Und dann schaffte die kleine, pfiffige 14jährige binnen nur eines Tages die – zumindest vorübergehende – Reifung zur Frau. »Wie fühlst du dich?« wurde sie nach ihrer ersten Medaille, einer bronzenen über 100 Meter Kraul, gefragt. »Wer das wissen will, muß eben selber mal eine gewinnen«, hatte sie darauf gesagt. Und als sie einen Tag später auch noch Silber abholte über

Eine 14jährige wurde zum Wunderkind der deutschen Schwimm-Nation: Bei den Jugend-Europameisterschaften im Vorjahr hatte Franziska van Almsick von alters wegen noch nicht einmal mitmachen dürfen, bei Olympia war sie mit Silber über 200 Meter Freistil und 4×100 Meter Lagen sowie Bronze über 100 Meter und 4×100 Freistil die jüngste deutsche Medaillengewinnerin aller Zeiten (Bilder oben und rechte Seite).

die doppelte Distanz, da war man schon fast enttäuscht, daß es nicht mehr war, weil sie im Vorlauf nur knapp den Weltrekord verpaßt hatte. Und niemand sprach mehr von Franziska. »Frau van Almsick, sind Sie enttäuscht?« hieß es auf einmal. Natürlich war sie enttäuscht. Wie auch nicht? »Ich hätte mich darum kümmern müssen, an welcher Leine Nicole schwimmt.« So aber bot sie Nicole Haislett ihre eigene an, schwamm die ersten hundert Meter los, als sei ein Krokodil hinter ihr her, und zog die Amerikanerin mit. Am Ende hatte Haislett, bulliger Typ, mehr Kraft – und die Goldmedaille. »Ich habe gemerkt, daß das nicht richtig war, aber wenn man unterwegs die Leine wechselt, kostet das unheimlich viel Zeit.« Aber sicher, schon verziehen.

■ 14 Jahr, schon ein Star

Mit 14 darf man sich noch irren. Besonders, wenn man erst fünf Jahre im Geschäft ist. Der Herr Papa hatte seinerzeit einen Aufkleber mit nach Hause gebracht – Barcelona '92 stand darauf, und Franziska, die Berliner Göre, entschied: »Da fahr ick hin.« Und da war sie nun, hat die Schwimmwelt auf sich aufmerksam gemacht, Medaillen gesammelt und Sympathien geerntet. »Zuerst möchte ich meine Katze grüßen, dann meine Eltern und alle, die mich kennen.« 14 Jahre, selbstbewußt, natürlich, schnell, das kann eine

hübsche Laufbahn werden. Wenn sie nun noch die Antworten ablegt, von denen sie glaubt, daß sie gehört werden wollen.

»Nein, daß der Bundespräsident Weizsäcker da war, habe ich nicht gewußt. Aber ich wußte, daß viele Deutsche da waren, die mir zujubelten, und die vielen deutschen Fahnen, das war schon ein besonderes Gefühl.« Ach, Franziska, solche Gefühle hat man nicht mit 14, und später sind sie überflüssig. Am Ende durfte man auch wieder du sagen, dafür hat das neue Knuddelkind des deutschen Schwimmsports selbst gesorgt. Was sie denn mit ihren vielen gesammelten Pins gemacht habe, wurde sie gefragt. »Hab ick all den Bullen jejebn«, hat sie geantwortet. Spricht so eine Dame?

■ Ihr Name ist Hase, sie weint vor Wut

Oder so: »Die kriechen denen ja in den Arsch.« Gemeint waren, ja wer eigentlich? Dagmar Hase hatte ihren Auftritt. Unmittelbar nach dem überraschenden Gewinn der Goldmedaille legte die Magdeburgerin los. Was war das für eine erschreckende Szene: Da erfüllt sich für eine Athletin nach jahrelangem härtesten Training und zahlreichen Entbehrungen der Traum jeden Sportlers, der Gewinn der olympischen Goldmedaille, doch statt in überschäumende Freude auszubrechen, wird sie von heftigen Weinkrämpfen geschüttelt. Es waren nicht Tränen der Freude, die Dagmar Hase nach ihrem Sieg über 400 Meter Kraul vergoß, es waren Tränen der Wut, der Verzweiflung und der Enttäuschung im Moment des Triumphs. Und schon sind wir leider beim Traurigen dieser Tage von Barcelona. Aufgerollt wurde erneut der Fall Strauß, der Fall jener Magdeburger Schwimmerin, die im Frühjahr mit zu viel Testosteron im Blut aufgefallen war und wegen der es bei den nationalen Meisterschaften in München eine spektakuläre und entwürdigende Demonstration gegeben hatte. Dagmar Hase ist die intimste Freundin von Astrid Strauß, ihre Trainingspartnerin und Vertraute. Als ausgerechnet der oberste Dopingfahnder im Deutschen Schwimm-Verband, Harm Beyer, die

Mit Freudentränen auf dem Siegertreppchen: Die Japanerin Kyoko Iwasaki (oben) ließ ihren Emotionen nach ihrem Sieg über 200 Meter Brust freien Lauf – und hatte auch guten Grund dazu, weil sie außer der Chinesin Li Lin auch der amerikanischen Favoritin Anita Nall davongeschwommen war.

Die deutschen Frauen durften sich darüber freuen, außer der eigenen auch die Bilanz des Schwimmverbandes zu schönen: Neun von elf Medaillen gewannen die weiblichen Vertreter des DSV, Silber beispielsweise die 4×100-Meter-Lagen-Staffel mit Dagmar Hase, Jana Dörries, Franziska van Almsick und Daniela Hunger (unten, von links nach rechts).

Schwimmen

50 m Freistil, Männer

		Sek.
1. Popow	GUS	21,91
2. Biondi	USA	22,09
3. Jager	USA	22,30
4. Williams	RSA	22,50
Kalfayan	FRA	22,50
6. Foster	GBR	22,52
7. Prigoda	GUS	22,54
8. Rudolph	GER	22,73

Schwimmen

100 m Freistil, Männer

		Sek.
1. Popow	GUS	49,02
2. Borges	BRA	49,40
3. Caron	FRA	49,50
4. Olsen	USA	49,51
5. Biondi	USA	49,53
6. Werner	SWE	49,63
7. Tröger	GER	49,84
8. Prigoda	GUS	50,25

Schwimmen

200 m Freistil, Männer

		Min.
1. Sadowyi	GUS	1:46,70
2. Holmertz	SWE	1:46,86
3. Kasvio	FIN	1:47,63
4. Wojdat	POL	1:48,24
5. Pyschnenko	GUS	1:48,32
6. Hudepol	USA	1:48,36
7. Zesner	GER	1:48,84
8. Gjertsen	USA	1:50,57

Schwimmen

400 m Freistil, Männer

		Min.
1. Sadowyi	GUS	3:45,00
2. Perkins	AUS	3:45,16
3. Holmertz	SWE	3:46,77
4. Wojdat	POL	3:48,10
5. Brown	AUS	3:48,79
6. Wiese	GER	3:49,06
7. Pfeiffer	GER	3:49,75
8. Loader	NZL	3:49,92

Schwimmen

1500 m Freistil, Männer

		Min.
1. Perkins	AUS	14:43,48
2. Housman	AUS	14:55,29
3. Hoffmann	GER	15:02,29
4. Pfeiffer	GER	15:04,28
5. Wilson	GBR	15:13,35
6. Majcen	SLO	15:19,12
7. Frostad	USA	15:19,41
8. Andrejew	GUS	15:33,94

Schwimmen

100 m Rücken, Männer

		Sek.
1. Tewksbury	CAN	53,98
2. Rouse	USA	54,04
3. Berkoff	USA	54,78
4. Lopez-Zubero	ESP	54,96
5. Selkow	GUS	55,49
6. Schott	FRA	55,72
7. Cabrera	CUB	55,76
8. Richter	GER	56,26

Schwimmen

200 m Rücken, Männer

		Min.
1. Lopez-Zubero	ESP	1:58, 47
2. Selkow	GUS	1:58, 87
3. Battistelli	ITA	1:59, 40
4. Itoi	JPN	1:59, 52
5. Schwenk	USA	1:59, 73
6. Weber	GER	1:59, 78
7. Deutsch	HUN	2:00, 06
8. Maene	BEL	2:00, 91

Schwimmen

100 m Brust, Männer

		Min.
1. Diebel	USA	1:01,50
2. Rozsa	HUN	1:01,68
3. Rogers	AUS	1:01,76
4. Hayashi	JPN	1:01,86
5. Iwanow	GUS	1:01,87
6. Wolkow	GUS	1:02,07
7. Gillingham	GBR	1:02,32
8. Moorhouse	GBR	1:02,33
13. Warnecke	GER	1:02,73

Schwimmen

200 m Brust, Männer

		Min.
1. Barrowman	USA	2:10,16
2. Rozsa	HUN	2:11,23
3. Gillingham	GBR	2:11,29
4. Lopez	ESP	2:13,29
5. Guttler	HUN	2:13,32
6. Rogers	AUS	2:13,59
7. Watanabe	JPN	2:14,70
8. Hayashi	JPN	2:15,11

Schwimmen

100 m Delphin, Männer

		Sek.
1. Morales	USA	53,32
2. Szukala	POL	53,35
3. Nesty	SUR	53,41
4. Knikin	GUS	53,81
5. Stewart	USA	54,04
6. Gery	CAN	54,18
7. Lopez-Zubero	ESP	54,19
8. Kulikow	GUS	54,26
9. Keller	GER	54,30
14. Herrmann	GER	54,94

Schwimmen

200 m Delphin, Männer

		Min.
1. Stewart	USA	1:56,26
2. Loader	NZL	1:57,93
3. Esposito	FRA	1:58,51
4. Szukala	POL	1:58,89
5. Kawanaka	JPN	1:58,97
6. Pankratow	GUS	1:58,98
7. Pinter	ROM	1:59,34
8. Roberts	AUS	1:59,64

Schwimmen

200 m Lagen, Männer

		Min.
1. Darnyi	HUN	2:00,76
2. Burgess	USA	2:00,97
3. Czene	HUN	2:01,00
4. Sievinen	FIN	2:01,28
5. Geßner	GER	2:01,97
6. Karnaugh	USA	2:02,18
7. Dunn	AUS	2:02,79
8. Anderson	CAN	2:04,30

Schwimmen

400 m Lagen, Männer

		Min.
1. Darnyi	HUN	4:14,23
2. Namesnik	USA	4:15,57
3. Sacchi	ITA	4:16,34
4. Wharton	USA	4:17,26
5. Geßner	GER	4:17,88
6. Kühl	GER	4:19,66
7. Marinjuk	GUS	4:22,93
8. Fujimoto	JPN	4:23,86

Schwimmen

4×100 m Freistil, Männer

		Min.
1. USA		3:16,74
2. GUS		3:17,56
3. GER	Tröger, Richter, Zesner, Pinger	3:17,90
4. FRA		3:19,16
5. SWE		3:20,10
6. BRA		3:20,99
7. GBR		3:21,75
8. AUS		3:22,04

Schwimmen

4×200 m Freistil, Männer

		Min.
1. GUS		7:11,97
2. SWE		7:15,51
3. USA		7:16,23
4. GER	Sitt, Zesner, Szigat, Pfeiffer	7:16,58
5. ITA		7:18,10
6. GBR		7:22,57
7. BRA		7:24,03
8. AUS		disqualifiziert

Schwimmen

4×100 m Lagen, Männer

		Min.
1. USA		3:36,93
2. GUS		3:38,56
3. CAN		3:39,66
4. GER		3:40,19
5. FRA		3:40,51
6. HUN		3:42,03
7. AUS		3:42,65
8. JPN		3:43,25

Ein starker Arm – gestählt mit erlaubten Mitteln? Mit kraftvollen Zügen verbesserte Li Lin (oben) über 200 Meter Lagen den elf Jahre alten Weltrekord von Ute Geweniger und machte die Konkurrenz argwöhnisch. »Ja, ich weiß, daß man uns verdächtigt«, sagte ihre Kollegin

Yong Zhuang, »aber das ist falsch. Es gibt keine Beweise.« Wie auch: Doping-Kontrolleure läßt China gar nicht erst ins Land. Da wirkte die Gymnystik von Summer Sanders (rechts) schon unverdächtiger …

… gegen Krisztina Egerszegi (rechts unten) allerdings hatte die Amerikanerin keine Chance, über 400 Meter Lagen ließ die Ungarin sogar Li Lin hinter sich, Franziska van Almsick (rechts oben) kraulte über 200 Meter auf Platz zwei, unbeein-

druckt von der namhaften Konkurrenz: »Ick hab' nur starr nach unten gekuckt, hab' keine Gegnerinnen gesehen.«

Im Anflug auf Gold: 1984 in Los Angeles war Pablo Morales (großes Bild) dem Deutschen Michael Groß über 100 Meter Delphin um winzige 15 Hundertstelsekunden unterlegen gewesen, acht Jahre später holte der amerikanische Weltrekordler seinen ersehnten Olympiasieg endlich nach. Der Russe Wolkow (oben) überzeugte über 100 Meter Brust zwar mit ansehnlichem Stil, die Medaillen aber gewannen andere.

Siegerehrung vornahm, brach es aus ihr heraus. In der Sache völlig falsch, beschimpfte sie Beyer und den DSV. Beyer trat von seinem Amt zurück. Was haften bleibt, sind neben den Details jedoch bedenkenswerte Aspekte. Beyer trat nicht wegen der unrichtigen Vorwürfe Hases zurück, sondern weil der DSV unter seinem neuen Präsidenten Klaus Henter einen Zickzackkurs in der Dopingbekämpfung betrat. Man mußte in Barcelona den Eindruck gewinnen, der DSV wolle lieber Ruhe als Aufklärung. Der andere nachdenklich stimmende Aspekt: Wie ist eine solche Kluft entstanden zwischen Athleten Ost und Funktionären West? Warum fühlen sich die Athleten aus den neuen Bundesländern derart persönlich und unberechtigt verfolgt, wo einer, in diesem Fall Harm Beyer, allein der Pflicht genüge tut und um Aufklärung und damit um Abbau von Mißtrauen bemüht ist? Um derart neben der Logik empfinden zu können, bedarf es

schon auch falschen Verhaltens von der anderen Seite: Die Arroganz westlicher Funktionäre, immer gerne bereit, mit erfolgreichen Sportlern aus dem Osten in die Kamera zu lächeln, war auch in Katalonien zu spüren. Der Westen hat sich den Osten einverleibt und profitiert von ihm, gerade sportlich, gerade im Schwimmsport. Ist es da so unverständlich, wenn selbst rechtlich einwandfreie Beschlüsse als Triumphgeheul verstanden und mit einem emotionalen Ausbruch wie dem von Dagmar Hase beantwortet werden? Die Vorwürfe, die sie in Barcelona vorbrachte, sind zum großen Teil ungerechtfertigt, die Stimmung, aus der heraus sie entstanden sind, haben sich die Angegriffenen selber zuzuschreiben.

■ Auch im Wasser: Keine Macht den Drogen!

Nein, vergnüglich waren die Tage nicht. Jörg Hoffmann, der enttäuscht war von seinem dritten Platz über 1500 Meter Kraul hinter dem fabelhaften Weltrekordmann Kieren Perkins und dessen australischem Landsmann Glen Housman, brachte es auf den Punkt: »In dieser Stimmung in Deutschland, bei der jede Leistung in Frage gestellt wird, macht es mir keinen Spaß mehr. Am liebsten bringe ich Leistung im Training. Da werde ich nicht mißtrauisch beäugt.« So wirkt sich die Debatte aus, doch hat der Sport das Thema gesät, als er zu betrügen begann, und nun fällt es auch auf solche zurück, die vielleicht nie etwas mit dem Teufelszeug zu tun hatten und es nicht zu tun bekommen wollen. Dabei war augenscheinlich in Barcelona: Doping ist kein urdeutsches Problem. Nichts ist unmöglich im Schwimmen. Betrachtet man Chinas Schwimmerinnen, unweigerlich kommen einem die nachweislich gedopten Siegerinnen der DDR in den Sinn: Muskelprotze, hinter deren Rücken sich ausgewachsene Männer umziehen könnten, ohne schamrot zu werden; oder Ungarns bekannt gewordene Trainingspläne: Übungseinheiten von über vier Stunden, nicht einmal am Tag, sondern zweimal; das sind Fälle für die Menschenrechtskonvention, zu überstehen nur durch unterstützende Maßnahmen. Kann man sich da noch freuen, wenn Tamas Darnyi wieder beide Goldmedaillen auf den Lagenstrecken gewinnt? Kann man noch ohne Arg der fulminanten Krisztina Egerszegi zuschauen, die einsam und scheinbar unbeschwert ihre Bahnen auf dem Rücken zieht? Kann man sich ergötzen an dem wunderbar gelassenen Schwimmstil eines Sprinters wie Alexander Popow, der die US-Krauler Matt Biondi und Tom Jager in die Schranken wies? Kann man noch Jewgeni Sadowyi, dem überragenden Schwimmer von Barcelona, zujubeln, wenn er über 400 Meter Kraul den Weltrekord auf unglaubliche 3:45,00 Minuten schraubt? Oder darf man naiv an Naturgegebenheiten glauben, wenn Amerikas Schwimmerinnen wie Möbelpacker daherkommen, wenn Nicole Haislett nur durch den Namen als Mädchen auszumachen ist? Was stimmt noch im Schwimmen?

Dabei sind mancherlei Auswüchse noch vergleichsweise harmlos. Erstmals wurde in Barcelona ein neuartiger Badeanzug vorgeführt: absolut wasserdicht, absolut plan, nicht wie die unzuverlässige Haut, die – das wurde tatsächlich getestet – bei einer durchschnittlichen Geschwindigkeit von zwei Metern pro Sekunde bremsende Falten wirft. Erzählt irgendwo ein windiger Wissenschaftler, er hätte das Rezept für den Gewinn einer Winzigkeit, die Schwimmer erproben es. Rasieren sich Schädel, Arme, Beine kahl, zwängen sich in angeblich aquadynamische Badeanzüge; irgendwann werden sie sich ihrer Geschlechtsorgane entledigen, wenn das mehr Schlüpfrigkeit verspricht. Schneller, schneller, schneller, auf dem Weg zum Fisch ist alles recht. Schön ist das nicht, Einhalt aber gebietet niemand. Ausnahmetalente wie Michael Groß, zu dessen Zeiten man noch über Schwimmen berichten konnte und nicht über seine Auswüchse, sind selten. Also wird der Natur auf die Sprünge geholfen.

Vielleicht gibt es dennoch Hoffnung. Zum Beispiel bei Franziska van Almsick, von der angenommen werden darf, sie sei unbelastet mit ihren 14 Jahren. Laßt bloß die Finger von dem Mädchen, ihr Dopingpanscher! In vier Jahren wollen wir endlich wieder über Schwimmen berichten.

Zweimal Bronze, mehr blieb den deutschen Männern nicht. Die 4×100-Meter-Kraulstaffel mit Mark Pinger, Christian Tröger, Dirk Richter und Steffen Zesner (links, von links nach rechts) konnte sich darüber noch freuen. Jörg Hoffmann (unten links) hingegen war weniger begeistert über die deutliche Niederlage gegen den Australier Kieren Perkins über 1500 Meter Kraul: »Er schwamm in einer anderen Welt.«

Was nicht zuletzt auch für den kahlköpfigen Russen Jewgeni Sadowyi (oben) zutraf, der mit Goldmedaillen über 200 und 400 Meter Freistil sowie mit der Staffel maßgeblich beitrug zum beeindruckenden Abschied der GUS. Mike Barrowman (unten rechts) gewann mit Weltrekord über 200 Meter Brust.

Die Anstrengung wich dem Jubel. In 1:01,50 Minuten entschied der Amerikaner Nelson Diebel die 100 Meter Brust für sich und half mit, die Nation ein wenig zu entschädigen für die bitteren Niederlagen gegen die Krauler der GUS. 17 Goldmedaillen hatten die Amerikaner eingeplant, deren zwölf durften sie mitnehmen. »Vielleicht«, so Cheftrainer Mark Schubert, »haben wir unsere Schwimmer mit den hochgesteckten Erwartungen zu sehr unter Druck gesetzt.«

Schwimmen

50 m Freistil, Frauen

		Sek.
1. Wenyi Yang	CHN	24,79
2. Yong Zhuang	CHN	25,08
3. Martino	USA	25,23
4. Plewinski	FRA	25,36
5. Thompson	USA	25,37
6. Mechtscheriakowa	GUS	25,47
7. Osygus	GER	25,74
8. de Bruijn	NED	25,84

Schwimmen

100 m Freistil, Frauen

		Sek.
1. Yong Zhuang	CHN	54,64
2. Thompson	USA	54,84
3. van Almsick	GER	54,94
4. Haislett	USA	55,19
5. Plewinski	FRA	55,72
6. Jingyi Lee	CHN	55,89
7. Osygus	GER	55,93
8. Brienesse	NED	56,59

Schwimmen

200 m Freistil, Frauen

		Min.
1. Haislett	USA	1:57,90
2. van Almsick	GER	1:58,00
3. Kielgaß	GER	1:59,67
4. Plewinski	FRA	1:59,88
5. Dobrescu	ROM	2:00,48
6. Chiba	JPN	2:00,64
7. Kiritschenko	GUS	2:00,90
8. Bin Lu	CHN	2:02,10

Schwimmen

400 m Freistil, Frauen

		Min.
1. Hase	GER	4:07,18
2. Evans	USA	4:07,37
3. Lewis	AUS	4:11,22
4. Hansen	USA	4:11,50
5. Kielgaß	GER	4:11,52
6. Arnould	BEL	4:13,75
7. Nilsson	SWE	4:14,10
8. Chiba	JPN	4:15,71

Schwimmen

800 m Freistil, Frauen

		Min.
1. Evans	USA	8:25,52
2. Lewis	AUS	8:30,34
3. Henke	GER	8:30,99
4. Langrell	NZL	8:35,57
5. Dalby	NOR	8:37,12
6. Splichalova	TCH	8:37,66
7. Hansen	USA	8:39,25
8. Arnould	BEL	8:41,86

Schwimmen

100 m Rücken, Frauen

		Min.
1. Egerszegi	HUN	1:00:68
2. Szabo	HUN	1:01:14
3. Loveless	USA	1:01:43
4. Stevenson	AUS	1:01:43
5. Wagstaff	USA	1:01:81
6. Meehan	AUS	1:02:07
7. Jiwanewskaja	GUS	1:02:36
8. Koikawa	JPN	1:03:23
9. Hase	GER	1:02,93
16. Völker	GER	1:04,52

Schwimmen

200 m Rücken, Frauen

		Min.
1. Egerszegi	HUN	2:07,06
2. Hase	GER	2:09,46
3. Stevenson	AUS	2:10,20
4. Loveless	USA	2:11,54
5. Simcic	NZL	2:11,99
6. Szabo	HUN	2:12,94
7. Poll	CRC	2:12,97
8. Habler	AUS	2:13,68

Schwimmen

100 m Brust, Frauen

		Min.
1. Rudkowskaja	GUS	1:08,00
2. Nall	USA	1:08,17
3. Riley	AUS	1:09,25
4. Cloutier	CAN	1:09,71
5. Dörries	GER	1:09,77
6. Csepe	HUN	1:10,19
7. Dalla Valle	ITA	1:10,39
8. Brendel	GER	1:11,05

Schwimmen

200 m Brust, Frauen

		Min.
1. Iwasaki	JPN	2:26,65
2. Li Lin	CHN	2:26,85
3. Nall	USA	2:26,88
4. Rudkowskaja	GUS	2:28,47
5. Cloutier	CAN	2:29,88
6. Giguere	CAN	2:30,11
7. Dalla Valle	ITA	2:31,21
8. Peczak	POL	2:31,76
10. Brendel	GER	2:32,05

Schwimmen

100 m Delphin, Frauen

		Sek.
1. Hong Qian	CHN	58,62
2. Ahmann-Leigthon	USA	58,74
3. Plewinski	FRA	59,01
4. Wang	CHN	59,10
5. O'Neill	AUS	59,69
6. Sanders	USA	59,82
7. van Almsick	GER	1:00,70
8. Shito	JPN	1:01,16

Schwimmen

200 m Delphin, Frauen

		Min.
1. Sanders	USA	2:08,67
2. Wang	CHN	2:09,01
3. O'Neill	AUS	2:09,03
4. Haruna	JPN	2:09,88
5. Shito	JPN	2:10,24
6. Wester-Krieg	USA	2:11,46
7. Jacobsen	DEN	2:11,87
8. Tocchini	ITA	2:13,78

Schwimmen

200 m Lagen, Frauen

		Min.
1. Li Lin	CHN	2:11,65
2. Sanders	USA	2:11,91
3. Hunger	GER	2:13,92
4. Dundeberowa	GUS	2:15,47
5. Overton	AUS	2:15,76
6. Limpert	CAN	2:17,09
7. Sweetnam	CAN	2:17,13
8. Synowska	POL	2:18,85

Schwimmen

400 m Lagen, Frauen

		Min.
1. Egerszegi	HUN	4:36,54
2. Li Lin	CHN	4:36,73
3. Sanders	USA	4:37,58
4. Lewis	AUS	4:43,75
5. Hiranaka	JPN	4:46,24
6. Hunger	GER	4:47,57
7. Kimura	JPN	4:47,78
8. Synowska	POL	4:53,32

Schwimmen

4×100 m Freistil, Frauen

		Min.
1. USA		3:39,46
2. CHN		3:40,12
3. GER	van Almsick, Osygus, Hunger, Stellmach	3:41,60
4. GUS		3:43,68
5. NED		3:43,74
6. DEN		3:47,81
7. SWE		3:48,47
8. CAN		3:49,37

Schwimmen

4×100 m Lagen, Frauen

		Min.
1. USA		4:02,54
2. GER	Hase, Dörries, van Almsick, Hunger	4:05,19
3. GUS		4:06,44
4. CHN		4:06,78
5. AUS		4:07,01
6. CAN		4:09,26
7. JPN		4:09,92
8. NED		4:10,87

Schießen

Schnelles Feuer aus ruhiger Hand

Geduld ist die größte Tugend des Sportschützen. Wo Bruchteile von Millimetern über Triumph oder Niederlage entscheiden, wappnet sich der Könner am besten rechtzeitig mit Langmut. Die Dame Fortuna kehrt mit Vorliebe ihre kapriziöse Seite heraus, wenn um olympische Ehren gestritten wird. Diesmal schien sie den mit großen Hoffnungen gipfelwärts gestarteten Deutschen die kalte Schulter zu zeigen. Nach sieben von 13 Wettbewerben standen sie mit einer einzigen Bronzemedaille da, und die hatte der Münchner Luftgewehrschütze Hans Riederer ja bereits vier Jahre zuvor in Seoul gewonnen. Schon ertönten die ersten Unkenrufe.

■ Fünf Schüsse in vier Sekunden

Da kam der unscheinbare Ralf Schumann, legte in aller Seelenruhe mit der Schnellfeuerpistole in der stickigheißen Halle der Polizeischule von Mollet de Valles auf die 25 Meter entfernte Scheibe an und siegte mit drei Ringen Vorsprung vor jenem alten Kämpen Afanasis Kusmins aus Lettland, der in Seoul vor ihm Gold gewonnen hatte. So als wäre es die selbstverständlichste Sache der Welt. War es eigentlich auch, betrachtete man all die Welt- und Europatitel, die der 30jährige Weltrekordler Schumann schon eingeheimst hatte seit 1985. Schumanns

Meisterschaft, fünf Schüsse in vier Sekunden mitten ins Ziel zu feuern, schien nach der politischen Wende in Deutschland aber nicht mehr gefragt. Dann fand sich im Westen, in Merchweiler, ein Sponsor für den gelernten Feinmechaniker, er zog Anfang 1991 mit Frau und drei Kindern von Leipzig ins Saarland um, und die große Show des kleinen Mannes konnte weiter in Szene gehen: die Pistole in 1,5 Sekunden ansetzen im Finale für die Fünferserie, 0,5 bis 0,6 Sekunden pro Schuß und Scheibe – so einfach ist das.

Doch alles mit Weile, ohne Hast. Unruhe habe er zu keiner Sekunde gespürt, beteuerte Schumann, kaum daß er gelassen Brille, Mütze und Ohrschützer ab- und die ersten Glückwünsche entgegengenommen hatte. Der Treffliche lachte, und dann hat er tatsächlich dem fröhlich lärmenden deutschen Zuschauerchor die hochgereckten Arme gezeigt. Weil's so schön war, kündigte er umgehend an, es auch in Zukunft tüchtig krachen lassen zu wollen, wenn die Augen mitmachten: »Dann kann ich noch in fünfzehn Jahren dabeisein.« Dann wäre er genauso alt wie der alte Fuchs Kusmins, der sich zu Schumanns Überraschung zurückmeldete, obwohl er doch »schon ewig nichts mehr getroffen« habe.

Eine Chinesin schockte die Männerwelt: Mit der 24jährigen Shan Zhang (oben) gewann erstmalig in der olympischen Geschichte eine Frau das Skeetschießen, noch dazu mit dem eingestellten Weltrekord von 200 Treffern. »Von den Asiatinnen wissen wir gar nichts«, gestand die Deutsche Silvia Sperber (rechte Seite unten), doch das sollte sich auch in ihrer Disziplin bald ändern. Das Luftgewehr betätigte die Koreanerin Kab-Soon Yeo (links,) treffsicherer als alle anderen inklusive der Penzingerin Sperber, die überdies im Kleinkaliber-Dreistellungskampf leer ausging, in jener Disziplin, die ihr 1988 in Seoul sogar die Goldmedaille beschert hatte. Platz neun nur, und das Luftgewehr-Finale erlebte Sperber dann in ungewohnter Position: als Co-Kommentatorin im Fernsehen.

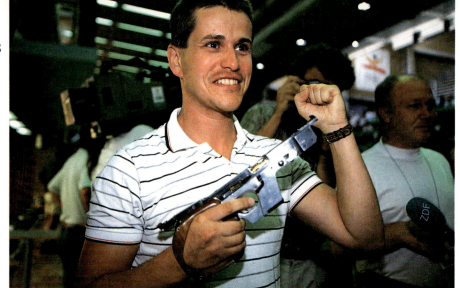

22 Lenze jung und ähnlich fix wie Schumann ist der Saarländer Michael Jakosits, doch der Sieg beim jagdlichen Schießen auf die Laufende Scheibe ist ihm ganz offensichtlich weit schwerer gefallen. »Fix und fertig« war Jakosits, die Luftdruckbüchse hat er zuletzt »gerade noch hochgebracht«. Er traf mit dem letzten Schuß nochmal die Zehn und siegte in einer Disziplin, die zu den ältesten olympischen zählt, jedoch durch ein neues Reglement ein Höchstmaß an Schwierigkeiten bietet: Die winzig kleine, zuletzt in vier Sekunden vorbeihuschende Scheibe muß

aus zehn Metern Entfernung millimetergenau getoffen werden. Anatoli Asrabajew, der Usbeke aus Taschkent, leistete sich beim vierten Finalschuß eine Sechs, und Jakosits bedankte sich bei den olympischen Göttern, daß seine knappen Treffer so eben noch die Neun streiften.

■ Jakosits: Fix – und fertig!

»Großen Fehler durfte ich mir keinen erlauben«, sagte der Homburger erleichtert, reine Glückssache eben. Der Zeitsoldat bedankte sich bei seinem Vater Tibor, einem ehemaligen Weltklasseschützen, daß der doch noch nachgereist war und ihm mit Rat und Tat beigestanden hatte. Kollege Jens Zimmermann aus Braunschweig stand leicht deprimiert daneben. Dritter vor dem Finale, blieb ihm am Ende nur der sechste Platz, nachdem ihn eine Verletzung an der Handwurzel behindert hatte.

Sein herbes Schicksal teilte einer, der nicht unbedingt zu den Medaillenanwärtern gezählt worden war: Hubert Bichler (32), der Polizist aus München. Im Liegendkampf mit dem Kleinkalibergewehr traf er bei 60 Schüssen 58mal die Zehn, einmal öfter als alle anderen sieben Finalisten. Bis zum fünften Schuß des Endkampfes lag er vorn, nach dem neunten war er noch Zweiter, nach dem zehnten und letzten Vierter. Aus der Traum. Mit jeweils 10,7 waren der alte Recke Harald Stenvaag aus Norwegen und auch Stevan Pletikosic an ihm vorbeigezogen, der Serbe mit genau derselben Leistung aufgrund des besseren Finalresultats. Oberbayer Bichler nahm's gleichwohl mit der Gelassenheit des

aus Erfahrung klug Gewordenen: »Irgendwann geht immer einer daneben. Damit muß man leben.«

Ganz ähnlich äußerte sich der Berliner Jörg Damme (33), nachdem er im Trap-Finale im Stechen mit dem Italiener Marco Venturini die neunte Tontaube unversehrt hatte davonfliegen lassen und damit die Bronzemedaille. Nach dem Vorkampf war der ehemalige Weltmeister noch in Führung gelegen, ins Finale kam er gerade noch als Sechster – Schützenschicksal.

Zumindest der wackere Münchner Hans Riederer (34) konnte sich angesichts solcher Wechselfälle als wahrer Hans im Glück fühlen. Als Achter rutschte er ins Finale der Luftgewehrschützen. Bereits nach dem dritten von zehn Schüssen lag er auf dem dritten Rang, und die Halle tobte. Bis zum letzten Versuch war der Fernmeldetechniker sogar auf den zweiten Platz nach vorn geklettert, am Ende war er Dritter, zwei Zehntelringe hinter dem Franzosen Franck Badiou, ein winziges Zehntel vor dessen Landsmann Jean-Pierre Amat und »einfach überglücklich«. Fortunas Gunst bewahrt und nicht auf Rang neun abgerutscht wie Silvia Sperber, die 1988 reich beschenkt mit Gold und Silber heimwärts gefahren war.

■ Die Chinesin auf Tontaubenjagd

Zweimal Gold durch Schumann und Jakosits, Bronze dank Riederer – die deutschen Schützen durften am Ende mit dem dritten Rang hinter den überragenden Athleten aus der Gemeinschaft Unabhängiger Staaten (GUS), die fünfmal siegten, und den Chinesen (je zweimal Gold und Silber) zufrieden sein. Die GUS stellte mit der 31jährigen Pistolenschützin Marina Logwinenko aus Rostow die einzige Doppelsiegerin, China feierte mit der zierlichen 24jährigen Skeetschützin Shan Zhang aus der Provinz Sechuan ein Novum besonderer Art: Sie schockte die Männerwelt in diesem offenen Wettbewerb mit dem eingestellten Weltrekord von 200 Treffern und siegte in der wilden Tontaubenjagd als erste Frau der olympischen Geschichte.

Die geballte Faust des Siegers, fast schon Routine für Ralf Schumann (oben): Nach Welt- und Europameisterschaften leistete der 30jährige Feinmechaniker auch bei Olympia Maßarbeit, gewann Gold vor dem Letten Afanasis Kusmins, der ihm vier Jahre zuvor den Titel weggeschnappt hatte, und drohte der Konkurrenz Schlimmes an: Wenn die Augen mitmachten, so Schumann, »dann kann ich noch in fünfzehn Jahren dabeisein«. Konstanz bewies auch Hans Riederer (34) aus München (unten): Bronze in Seoul, Bronze in Barcelona.

Schießen

Luftgewehr, Frauen

		Ringe
1. Kab-Soon Yeo	KOR	498,2
2. Letschewa	BUL	495,3
3. Binder	IOP	495,1
4. Bilkova	TCH	494,9
5. Tscherkassowa	GUS	494,6
6. Eun-Chul Lee	KOR	492,6
7. Forian	HUN	492,4
8. Horvat	IOP	491,6
9. Sperber	GER	392,0

Schießen

Luftgewehr, Männer

		Ringe
1. Fedkine	GUS	695,3
2. Badiou	FRA	691,9
3. Riederer	GER	691,7
4. Amat	FRA	691,6
5. Maksimovic	IOP	690,6
6. Farnik	AUT	690,2
7. Foth	USA	689,4
8. Keun-Bae Chae	KOR	687,8

Schießen

Luftpistole, Frauen

		Ringe
1. Logwinenko	GUS	486,4
2. Sekaric	IOP	486,4
3. Grusdewa	BUL	481,6
4. Lin Wang	CHN	479,7
5. Kajd	SWE	478,9
6. Fernandez	ESP	478,5
7. Dumitrascu	ROM	478,1
8. Sagun	POL	477,8
15. Breker	GER	377,0
Stein	GER	377,0

Schießen

Luftpistole, Männer

		Ringe
1. Yifu Wang	CHN	684,8
2. Pyjianow	GUS	684,1
3. Babii	ROM	684,1
4. Haifeng Xu	CHN	681,5
5. Paasonen	FIN	680,1
6. Pietrzak	POL	680,1
7. Kiryakow	BUL	679,7
8. di Donna	ITA	678,5
12. Neumaier	GER	578,0
19. Eder	GER	576,0

Schießen

Sportpistole, Frauen

		Ringe
1. Logwinenko	GUS	684,00
2. Duihong Li	CHN	680,00
3. Munkhbayar	MGL	679,00
4. Skoko	CRO	677,00
5. Salukwadse	GUS	677,00
6. Sekaric	IOP	676,00
7. Freh	AUS	675,00
8. Macur	POL	674,00
10. Breker	GER	577,26

Schießen

Freie Pistole, Männer

		Ringe
1. Loukatschik	GUS	658
2. Yifu Wang	CHN	657
3. Skanaker	SWE	657
4. Young	USA	655
5. Babii	ROM	653
6. Agh	HUN	652
7. Haifeng	CHN	652
8. Kiryakow	BUL	618
20. Eder	GER	554

Schießen

Schnellfeuerpistole, Männer

		Ringe
1. Schumann	GER	885
2. Kusmins	LAT	882
3. Wochmianin	GUS	882
4. Kucharczyk	POL	880
5. McNally	USA	781
6. Ignatiuk	GUS	779
7. Kaczmarek	POL	778
8. Ante	COL	776

Schießen

Kleinkalibergewehr, Frauen

		Ringe
1. Meili	USA	684,3
2. Matova	BUL	682,7
3. Ksiazkiewicz	POL	681,5
4. Forian	HUN	679,5
5. Skoko	CRO	678,7
6. Letschewa	BUL	678,0
7. Bowes	CAN	673,6
8. Joo	HUN	673,6
20. Sperber	GER	574,0

Schießen

Kleinkaliber liegend, Männer

		Ringe
1. Eun-Chul Lee	KOR	702,5
2. Stenvaag	NOR	701,4
3. Plelikoslc	IOP	701,1
4. Bichler	GER	701,1
5. Bury	FRA	700,0
6. Hirvi	FIN	699,5
7. Gabrielsson	SWE	699,5
8. Petikjan	GUS	699,2

Schießen

Kleinkaliber Dreistellungskampf, Männer

		Ringe
1. Petikian	GUS	1267,4
2. Foth	USA	1266,6
3. Koba	JPN	1265,9
4. Hirvi	FIN	1264,8
5. Stenvaag	NOR	1264,6
6. Debevec	SLO	1262,6
7. Gabrielsson	SWE	1262,1
8. Vari	HUN	1258,6
17. Bichler	GER	1158,0

Schießen

Laufende Scheibe, Männer

		Ringe
1. Jakosits	GER	673
2. Asrabajew	GUS	672
3. Racansky	TCH	670
4. Wassiljew	GUS	667
5. Sike	HUN	667
6. Zimmermann	GER	667
7. Man-Chol Kim	PRK	573
8. Qingyan Su	CHN	573

Schießen

Skeet, Männer/Frauen

		Tauben
1. Shan Zhang	CHN	223
2. Giha Yahur	PER	222
3. Rossetti	ITA	222
4. Toman	ROM	222
5. Colorado Gonzalez	ESP	222
6. Dryke	USA	221
7. Scribiani	ITA	197
8. Swinkels	NED	197
16. Hochwald	GER	196

Schießen

Trap, Männer/Frauen

		Tauben
1. Hrdlicka	TCH	219
2. Watanabe	JPN	219
3. Venturini	ITA	218
4. Damme	GER	218
5. Kubec	TCH	218
6. Waldron	USA	217

Moderner Fünfkampf

Eigenwillige Athleten auf unwilligen Gäulen

S chon vor den Olympischen Spielen hatte der Münchner Uli Czermak zugegeben, vom Modernen Fünfkampf habe er manchmal »die Schnauze voll«. Fechten, Schießen, Schwimmen, Laufen, Reiten: Täglich bis zu zwölf Stunden trainierte er, ohne Gesellschaft zu haben, und zwar nur aus einem Grund: weil er unbedingt nach Barcelona wollte. Die Aussichten waren nicht einmal schlecht, denn Czermak war deutscher Meister geworden mit 5636 Punkten. »Mit so einer Punktzahl wirst du Olympiasieger«, sagte Czermak.

Um es gleich vorwegzunehmen: Zeitsoldat Czermak (24) hatte in Barcelona dann endgültig die Schnauze voll von seinem Sport. Rang 45 war herausgesprungen in der Einzelwertung, Rang elf mit der Mannschaft, und nicht nur das. Nach einer Dopingkontrolle war er des Nachts vergessen worden vom olympischen Fahrdienst, beim abschließenden Springreiten fiel er vom Pferd, kam zu Fuß ins Ziel, aber neben der Zielschranke: »Ich höre auf, in dieser Sportart macht das Schinden keinen Sinn«, erkannte er. Jetzt wolle er sein Abitur nachholen.

Ein Teamkollege hat sich ihm gleich angeschlossen auf dem Weg von den olympischen Stätten ins Zivilleben. Der Warendorfer Dirk Knappheide (25), immerhin bester Deutscher auf Rang 22, nahm umgehend die Vorbereitungen für seine Hochzeit in Angriff und dann die Prüfung zum Schwimmmeister: »Da verdiene ich mehr Geld.«

Den definitiven Rücktritt erwog zunächst der Berliner Pawel Olschewski (30). Nachdem er in allen fünf Disziplinen danebengelegen war, wollte er sich »am liebsten erschießen«. Dann aber entschloß er sich zum Weitermachen bis zur nächsten Weltmeisterschaft 1993 in Darmstadt, »um die Schmach von Barcelona vergessen zu

machen«. Vielleicht hat ihn auch angestachelt, daß ausgerechnet Polen die Goldmedaillen gewonnen hatten, mit der Mannschaft vor der GUS und Italien und auch im Einzel mit Arkadiusz Skrzypaszek. Olschewski ist gebürtiger Pole und hatte sich 1988 abgesetzt.

So richtig erklären konnte das Debakel von Barcelona keiner. Eingebrochen waren sie im 4000-Meter-Lauf in der Gluthitze von Barcelona. Pech kam hinzu, als sie beim Reiten auf unwillige Gäule gesetzt wurden. Aber gleich Platz elf? Bundestrainer Mike de Vries sprach von einem »knüppelharten Rückschlag« und einem »unvorstellbaren Ergebnis«, nachdem er einen Platz unter den besten sechs als Ziel ausgegeben hatte.

Verbandspräsident Klaus Schormann machte sich ernsthaft Sorgen um seine Sportart. Das Bundesinnenministeri-

um, so war zu erwarten, würde den Zuschuß von bislang 300 000 Mark kürzen, und die Sponsorensuche war nicht gerade leichter geworden. Ohnehin ist diese Sportart der deutschen Öffentlichkeit nur schwer vermittelbar mit ihren fünf Disziplinen, die scheinbar nicht zusammenpassen und die militärischen Ursprungs sind. Zugrunde liegt die Fabel eines Kuriers, der sich den Weg durch die feindlichen Linien reitend, laufend, schwimmend und mit Pistole und Degen kämpfend bahnt.

Sechs Mann hoch ist die deutsche Elite, 1700 Mitglieder zählt der Verband. Nur zum Vergleich: In Ungarn ist der Fünfkampf Nationalsport, 50 bis 60 fast gleichwertige Athleten bewerben sich um olympische Ehren, und Cheftrainer Ferenc Török (57), Olympiasieger von 1964 und 1968, ist so populär, daß er ins nationale Parlament gewählt wurde.

Linke Seite: Arkadiusz Skrzypaszek aus Polen auf dem beschwerlichen Weg zum olympischen Gold im Modernen Fünfkampf. Ihm liegt die Legende eines Kuriers zugrunde, der sich reitend, laufend, schwimmend, schießend und fechtend seinen Weg durch die feindlichen Linien bahnt.

Moderner Fünfkampf		
Einzel		**Punkte**
1. Skrzypaszek	POL	5559
2. Mizser	HUN	5446
3. Zenowka	GUS	5361
4. Starostin	GUS	5347
5. Bomprezzi	ITA	5326
6. Norebrink	SWE	5321
7. Gheorghe	ROM	5293
8. Brookhouse	GBR	5292
22. Knappheide	GER	5195
45. Czermak	GER	4893
49. Olschewski	GER	4843

Moderner Fünfkampf	
Mannschaftswertung	**Punkte**
1. POL	16 018
2. GUS	15 924
3. ITA	15 760
4. USA	15 649
5. HUN	15 571
6. GBR	15 571
7. FRA	15 441
8. SWE	15 428
11. GER	14 931

Radsport

Die deutschen Radler im Goldrausch

An manchen Tagen schien es, es werde mehr über die Räder gesprochen als über die Fahrer. Und mal profitierten die Deutschen von den technischen Finessen der Berliner Forschungs- und Entwicklungsstelle für Sportgeräte (FES), mal reichte deren offenkundiger Erfindungsreichtum jedoch nicht aus. Der deutsche Straßenvierer mit Uwe Peschel, Bernd Dittert (beide Berlin), Michael Rich und Christian Meyer (Freiburg) gewann den allererst olympischen Wettbewerb, obwohl die italienischen Weltmeister auf Velos Marke Ferrari saßen. Und als Weltmeister Jens Lehmann aus Leipzig im 4000-Meter-Einzelverfolgungs-Finale Christopher Boardman unterlag, staunten alle über das unkonventionelle Fahrzeug des Briten: Räder nur an einer Seite aufgehängt, der pechschwarze Kunststoffrahmen schmal und aerodynamisch. Gebaut hatten das Wunderrad die Ingenieure von Lotus, in der Formel 1 Ferraris Konkurrent.

Doch ob FES, Ferrari oder Lotus als Erklärung für Sieger herhalten mußten: Als alle Disziplinen beendet waren und resümiert wurde, zollten alle wieder den Fahrerbeinen Respekt. Vor allem den deutschen Sportlern, denn die hatten ihre verblüffende Siegesserie von der Weltmeisterschaft 1991 in Stuttgart fortgesetzt. Viermal gewan-

Freitag, der 31. Juli '92, wird in die Geschichte des deutschen Radsports eingehen. Die Medaillenausbeute dieses erfolgreichsten Wettkampftages deutscher Radler in der olympischen Geschichte: dreimal Gold und einmal Silber! Den Auftakt machte der 22jährige Sprint-Weltmeister Jens Fiedler, der nach einem äußerst »engen Duell« mit dem Australier

Gary Neiwand (linke Seite) mit einer Reifenbreite Vorsprung durchs Ziel preschte und damit die 1000. Olympia-Medaille für Deutschland nach Hause fuhr. »Ich brauche bestimmt eine Woche, das zu verarbeiten«, ließ sich der Glückliche nach der Siegerehrung vernehmen (oben).

nen sie in Barcelona Gold. Erst der Straßenvierer, dann, am letzten Juli-Tag, binnen weniger Stunden die in Köln lebende Leipzigerin Petra Roßner (3000-Meter-Einzelverfolgung der Frauen), der Berliner Jens Fiedler (Sprint Männer) und der Bahnvierer Jens Lehmann, Michael Glöckner (Stuttgart), Stefan Steinweg und Guido Fulst (beide Berlin) samt Reservefahrer Stefan Walzer (Stuttgart).

■ Erst ein flotter Straßenvierer...

Darf's noch etwas mehr sein? Auch in fast allen restlichen Wettbewerben war ein Abgesandter des Bundes Deutscher Radfahrer (BDR) mit vorn dabei. Die Cottbuserin Annett Neumann holte Silber im Frauensprint, Lehmann in der Einzelverfolgung. Nur knapp verpaßten 1000-Meter-Bahn-Zeitfahrer Jens Glücklich (Cottbus) und Straßenfahrer Erik Zabel (Dortmund) als Viertplazierte Medaillen. Nur im Rudern waren deutsche Athleten ähnlich dominant – einzig die Straßenfahrerinnen radelten hinterher. Es waren Triumphe einer ausgeklügelten Vorbereitung. Für den Straßenvierer hatte Bundestrainer Peter Weibel eine Taktik zurechtgelegt, die einen eher zurückhaltenden Beginn vorschrieb, »denn wenn dich festfährst am Anfang, ist gleich alles vorbei«. Nach halber Distanz (50 Kilometer) betrug der Rückstand auf die Italiener 14 Sekunden, 16 weniger als Weibel

kalkuliert hatte. Als seine vier Schützlinge im Ziel waren, hatten sie exakt eine Minute Vorsprung herausgefahren, weil sie bis über die Schmerzgrenze hinaus in die Pedale getreten hatten. Im Ziel waren Peschel, Dittert, Rich und Meyer viel zu ausgepowert, um Regungen der Freude zu zeigen, das übernahm der Trainer. Kaum daß Weibel aus dem Begleitwagen gestiegen war, warf er sich weinend einem Mechaniker an die Brust und sprach nach seinem ersten Olympiagold von seinem bislang »größten Triumph«.

■ ... dann ein flotter Bahnvierer

Daß die DDR-Chefcoaches ganze Arbeit geleistet hatten, bewies auch der Bahnvierer. Rad-Mannschaften sind sensibel abzustimmende Gemeinschaften, egal ob sie 100 Kilometer auf der Straße oder nur vier auf dem Holzoval absolvieren müssen. Bahn-Bundestrainer Wolfgang Oehme konnte auf seine Weltmeister von Stuttgart zählen, nur eine Position änderte er und ließ Fulst statt Walzer fahren. Die hocheingeschätzten Australier waren im Endlauf chancenlos, Oehmes Quartett fuhr auf der 250-Meter-Bahn des Velodroms Vall d'Hebron sogar Welt-

Die ersten Olympiasieger der Sommerspiele in Barcelona waren Bernd Dittert und Uwe Peschel aus Berlin und Christian Meyer und Michael Rich aus Freiburg im Breisgau. Zusammengewachsen auf 30 000 Trainingskilometer, bezwang der deutsche Straßenvierer (rechte Seite) die favorisierten Italiener (linke Seite oben), die mit Scheibenrädern von Ferrari angetreten waren, mit einer Minute Vorsprung. So mancher Konkurrent war auf dem mörderischen katalanischen Grand-Prix-Kurs auf der Strecke geblieben (oben und rechts).

rekord. Schöner Trost für Jens Lehmann: Im Einer-Finale war er tags zuvor von Boardman auf dem Lotus-Rad deklassiert worden. Der Brite vollbrachte das in der Weltspitze seltene Kunststück, seinen Gegner vor Ende der Distanz einzuholen und damit das Rennen vorzeitig zu entscheiden. Lag es am Material? Lehmann verneinte: »An diesem Tag hätte der mich auch auf einem Damenrad besiegt.«

Doch Boardmans Gold blieb ebenso ein britisches Einzelstück wie sein bestauntes Fahrrad. Auch das vielumjubelte Gold des Spaniers José Manuel Moreno im 1000-Meter-Zeitfahren war das herausragende Radsport-Ergebnis der gastgebenden Nation. Daß das junge Estland seine erste güldene Medaille erwarb, war zwar ein historisches Ereignis, freilich kam es nicht unerwartet. In Seoul hatte die Sprinterin Erika Salumae schon gewonnen, damals allerdings noch als UdSSR-Athletin unter dem Zeichen von Hammer und Sichel. Diesmal fuhr die Estin mit der wehenden Flagge ihrer selbständigen Heimat die Ehrenrunde, nachdem sie Annett Neumann im entscheidenden Finallauf bezwungen hatte.

■ Fiedlers atemberaubende »Antritts-Vorstellung«

Neumann fehlte das Quentchen Nervenstärke, das Sprinter Jens Fiedler hatte. Mit für Zuschaueraugen kaum

Radsport		
Einer-Straßenrennen (194 km), Männer		Std.
1. Casartelli	ITA	**4:35:21**
2. Dekker	NED	**4:35:22**
3. Ozols	LAT	**4:35:24**
4. Zabel	GER	**4:35:56**
5. Aus	EST	
6. Sypykowski	POL	
7. Bolay	FRA	
8. Piziks	LAT	

Radsport		
Sprint, Männer		
1. Fiedler	GER	
2. Neiwand	AUS	
3. Harnett	CAN	
4. Chiappa	ITA	
5. Carpenter	USA	
6. Lovito	ARG	
7. Kowsch	GUS	
8. Moreno	ESP	

Radsport		
4000 m Einzelverfolgung, Männer		
1. Boardman	GBR	
2. Lehmann	GER	
3. Anderson	NZL	
4. Kingsland	AUS	
5. Hermenault	FRA	
6. Mathey	BEL	
7. Alperi	ESP	
8. Beltrami	ITA	

Radsport		
100 km Mannschaftsfahren, Männer		Std.
1. GER	Dittert, Meyer, Peschel, Rich	**2:01:39**
2. ITA		**2:02:39**
3. FRA		**2:05:25**
4. GUS		**2:05:34**
5. ESP		**2:06:11**
6. POL		**2:06:34**
7. SUI		**2:06:35**
8. TCH		**2:06:44**

Radsport		
1000 m Zeitfahren, Männer		Min.
1. Moreno	ESP	**1:03,34**
2. Kelly	AUS	**1:04,28**
3. Hartwell	USA	**1:04,75**
4. Glücklich	GER	**1:04,79**
5. Capelli	ITA	**1:05,06**
6. Lancien	FRA	**1:05,15**
7. Andrews	NZL	**1:05,24**
8. Samuel	TRI	**1:05,48**

Radsport		
4000 m Mannschaftsverfolgung, Männer		
1. GER	Glöckner, Lehmann, Steinweg, Fulst	Min. **4:08,79**
2. AUS		**4:10,21**
3. DEN		**4:15,86**
4. ITA		
5. GBR		
6. GUS		
7. TCH		
8. NZL		

Nur 77 Minuten nach Fiedlers Sprint-Triumph siegten die deutschen Radler auch in der 4000-Meter-Mannschaftsverfolgung. Das Quartett Michael Glöckner, Jens Lehmann, Guido Fulst und Stefan Steinweg (großes Bild) bewältigte die Strecke in sensationellen 4:08,79 Minuten und knüpfte damit erfolgreich an die große Tradition der deutschen Bahnvierer an.
In der 4000-Meter-Einzelverfolgung mußte sich Weltmeister Jens Lehmann (oben) mit Silber begnügen: Gold ging an den Briten Christopher Boardman, der den Leipziger mit seinem titaniumverstärkten »Wunderrad« aus dem Lotus-Rennstall sogar überrunden konnte.

Radsport

Punktefahren (50 km), Männer		Punkte
1. Lombardi	ITA	44
2. van Bon	NED	43
3. Mathy	BEL	41
4. McLeay	NZL	30
5. Cesar	TCH	30
6. Magnin	FRA	24
7. Fulst	GER	24
8. Aeschbach	SUI	23

Radsport

Sprint, Frauen	
1. Salumae	EST
2. Neumann	GER
3. Haringa	NED
4. Ballanger	FRA
5. Enukhina	GUS
6. Dubnicoff	CAN
7. Kuroki	JPN
8. Yan Wang	CHN

Radsport

Einer-Straßenrennen (81 km), Frauen		Std.
1. Watt	AUS	2:04:42
2. Longo	FRA	2:05:02
3. Knol	NED	2:05:03
4. Kistschuk	GUS	
5. Valvik	NOR	
6. Golay	USA	
7. Shannon	AUS	
8. Zberg	SUI	
19. Paulitz	GER	

Radsport

3000 m Einzelverfolgung, Frauen	
1. Roßner	GER
2. Watt	AUS
3. Twigg	USA
4. Malmberg	DEN
5. Longo-Ciprelli	FRA
6. Samochwalowa	GUS
7. Vikstedt-Nyman	FIN
8. van Moorsel	NED

wahrzunehmender Trittfrequenz war er im ersten Finalrennen seinem Gegner Garry Neiwand entwischt; in Lauf zwei wurde Fiedler vom Australier im 70-Stundenkilometer-Tempo mit einem Schlenker in der Steilwand abgedrängt – die fällige Disqualifikation machte den Berliner Elektrofacharbeiter zum Olympiasieger. Erst Weltmeister, nun das: »Ich brauche wohl eine Woche, bis ich das kapiert habe«, sagte Fiedler unter Tränen. Ein bißchen schnell ging das alles auch für BDR-Präsident Werner Göhner: In Windeseile warf er sich in Schale, borgte fürs Zeremoniell ein Jackett von einem russischen Kollegen und die passende

»Ich habe hier viel mehr erreicht, als ich mir in meinen kühnsten Träumen ausgemalt habe«, freute sich Petra Roßner über ihr olympisches Gold in der 3000-Meter-Einzelverfolgung (oben). Dabei hatte es zu Beginn gar nicht gut für die in Köln lebende Leipzigerin ausgesehen, als ihre australische Gegnerin zwei Sekunden vorn lag. Doch dem sagenhaften Endspurt der »schnellen Petra« (links) zeigte sich Kathryn Watt dann doch nicht gewachsen.

Krawatte vom spanischen Teamarzt. Was ihr geschehen war, werde sie »erst in ein paar Tagen begreifen«, sagte fast gleichlautend mit Fiedler Verfolgerin Petra Roßner. Die Worte, die sie dennoch fand, beschäftigten sich mehr mit der Vorgeschichte als mit dem olympischen Rennen selbst. Wie die anderen '91er Weltmeister mußte auch Roßner durch die normale Qualifikation für Barcelona, als einzige meuterte sie, weil sie sich schließlich auch für den Straßenwettbewerb vorbereiten müsse. Gut, daß sie zweifache Teilnehmerin war: Erst wurde sie auf der Asphaltstrecke bloß 28., auf der Bahn dann indes Olympiasiegerin.

Annett Neumann (oben) gewann Silber im Radsprint der Frauen. Im ersten Finallauf gegen die Estin Erika Salumae (im Bild rechts die beiden Kontrahentinnen auf der Start-Lauer) hatte die Cottbuserin noch die Nase vorn gehabt, aber am Ende mußte sie sich der routinierten Olympiasiegerin von 1988 geschlagen geben.

Judo

Schwarze Tage ganz in Weiß im Palau Blaugrana

Die Hochrechnungen beliefen sich auf ein rundes halbes Dutzend olympischer Medaillen, bis zu zehn versprachen sich die Optimisten von den Damen und Herren des Deutschen Judo-Bundes. Doch im Verlaufe des siebentägigen Turniers wurden die Gesichter der Verantwortlichen lang und länger und die Mienen immer bänglicher. Nach fünf Tagen und zehn Entscheidungen standen für den DJB mehr als magere Plazierungen, insgesamt sechs fünfte Plätze, zu Buche – eine Art Götterdämmerung für die Männer und Frauen in Weiß. Schon rumorte es hinter den Kulissen der Verbandsführung, und es wurde bekannt, daß Cheftrainer Han Ho San bereits vor den Spielen sein Amt zur Verfügung gestellt hatte, sich Ende des Jahres auf die Position des Koordinators zurückziehen wolle.

Kritische Stimmen wiesen darauf hin, daß es womöglich nicht richtig war, die Mannschaften frühzeitig zu nominieren und sie bereits von März an eine Turnierpause einlegen zu lassen. Weltmeister Daniel Lascau (Rüsselsheim) im Halbmittelgewicht und die ebenfalls hoch eingeschätzten Henry Stöhr (Abensberg) im Schwer- sowie Detlef Knorrek (Hannover) im Halbschwergewicht waren bereits nach dem ersten Vorrundenkampf mit ihrem Latein am Ende, die anderen

deutschen Weißkittel, ob Männlein oder Weiblein, kamen über den fünften Rang nicht hinaus, unterlagen sämtlich im Kampf um Bronze: ob die Weltmeisterin Frauke Eickhoff (Braunschweig) oder ihre Leverkusener Mitstreiterinnen Claudia Weber, Alexandra Schreiber und Regina Schüttenhelm, ob die Europameister Axel Lobenstein (Leipzig) oder Stefan Dott (Urmitz).

■ Deutschlands Judokas matt auf der Matte

Wütend schleuderte die ehemalige Weltmeisterin Alexandra Schreiber den schweißdurchnäßten Judogi in die Ecke. Zuerst verlor die Mittelgewichtlerin das Duell um den Einzug ins Finale mit der Italienerin Emanuela Pierantozzi nach nur zwölf Sekunden, dann

Nach ihrem Finalsieg im Mittelgewicht über die Italienerin Emanuela Pierantozzi versuchte sich die kubanische Judoka Odalis Reve vor lauter Freude noch in einer anderen Disziplin: im Luftsprung (Bild). Die olympische Premiere der Judo-Frauen kann als rundum gelungen gewertet werden, nicht zuletzt in den

Augen des Gastgebers: Dank der beiden jungen Damen Miriam Blasco (Gold im Leichtgewicht) und Almudena Muñoz (Gold im Halbleichtgewicht) konnte die heimische Presse »den Aufstieg Spaniens zur Judo-Großmacht« verkünden ...

»Rutsch mir doch den Buckel runter!«, mag Byung-Joo Kim (Korea) bei dieser Attacke seines Gegners Johan Laats aus Belgien gedacht haben (oben). Kim hatte die besseren Griffe und Kniffe in petto und gewann Bronze im Halbmittelgewicht. Bronzen glänzten auch die beiden »Trostpreise«, die Udo Quellmalz (Halbleichtgewicht) und Richard Trautmann (Extraleichtgewicht) für den DJB gewannen – ansonsten haben die deutschen Judoka in Barcelona »nur zu-, aber nicht angegriffen«, wie Co-Trainer Dietmar Hötger resümierte. Ganz im Gegensatz zu dem angriffslustigen Hidehiko Yoshida aus Japan (rechts), dem Olympiasieger in der Halbmittelgewichtsklasse.

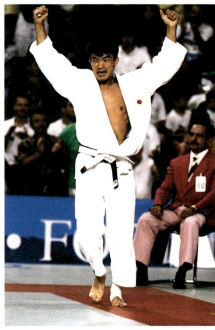

streckte sie auch noch vergebens die Hand nach Bronze aus. »Was zählt ein fünfter Platz?« fragte die tief enttäuschte Leverkusener Diplom-Sportlehrerin, und gab gleich die bittere Wahrheit preis: »Das interessiert niemanden und bringt auch nichts ein.« Beim ersten olympischen Frauen-Tur-

nier waren die Deutschen wahrlich nicht vom Glück begünstigt. Frauke Eickhoff weinte herzergreifend, weil ihr das Kampfgericht übel mitgespielt habe. Im Halbfinale des Halbmittelgewichts wähnte sie sich um den Sieg gegen Yael Arad aus Israel betrogen. »Es war mein Punkt und nicht eine entscheidende Wertung für die Israelin«, ereiferte sich die EM-Zweite, ein Protest wurde aber als sinnlos verworfen.

Als die Kritiker schon von einer Nullnummer sprachen, retteten an den beiden letzten Tagen die zwei leichtesten Kämpfer die deutsche Bilanz mit Bronzemedaillen. Udo Quellmalz aus Ingolstadt, ein Jahr vorher in Barcelona zum Weltmeister aufgestiegen, unterlag zwar im Halbfinale des Halbleichtgewichts gegen den Brasilianer Rogerio Sampaio, doch im Kampf um den dritten Rang gegen den Belgier Philip Laats gab er so eindrucksvoll das Tempo an, daß ihn am Ende alle drei

Kampfrichter zum Sieger erkoren. Eine kleine Unachtsamkeit kostete den 25jährigen Diplom-Sportlehrer, der aus Leipzig in den goldenen Westen gewechselt war, das olympische Gold: »Ich habe einen taktischen Fehler gemacht.« Nach diesem Regelverstoß im Halbfinale hat er schon gedacht: »Jetzt ist alles vorbei!« Nach dem Gewinn von Bronze war er »überglücklich« und schon wieder dabei, neue Pläne zu schmieden: »Warum soll ich in vier Jahren in Atlanta nicht noch einmal angreifen?«

Den versöhnlichen Schlußpunkt setzte ausgerechnet der Judoka, mit dem die Experten am wenigsten gerechnet hatten: Richard Trautmann (23) aus München-Großhadern, 1990 EM-Fünfter. Im Extraleichtgewicht wurde seine Hungerkur der letzten Wochen mit Bronze belohnt. Vor allem aber seine beherzte Kampfesweise, mit der der Sportstudent in der Vorrunde viermal zum Ziel kam, ehe ihn im Halbfinale der WM-Zweite Hyon Yoon bremste. Im Kampf um Bronze hielt Trautmann jedoch den Ungarn Jozef Wagner sicher nieder und durfte sich diebisch freuen: »Ich habe gewußt: Irgendwann kommt einmal der Tag, da packe ich es.« Mit fünf Jahren begann er mit dem Judo, nun will er doch bis Atlanta 1996 weitermachen. Wenn da nur die Tortur des Abhungerns auf das 60-Kilo-Limit nicht wäre.

■ Gelungene Premiere der Judo-Frauen

Beim großen Mattentanz im »Palau Blaugrana« von Barcelona blieben aber auch andere nicht ungeschoren. Die Vormachtstellung der Japaner ist dünner denn je, obgleich sie immer noch am höchsten in der Gunst der Unparteiischen zu stehen scheinen. Vor 6000 begeisterten Zuschauern, darunter das spanische Königspaar, schwang sich Spanien dank zweier junger Damen zur Judo-Großmacht auf. Miriam Blasco und Almudena Muñoz durften sich als Siegerinnen bejubeln lassen. Doch nicht allein diese beiden bewiesen mit ihren Auftritten, daß die Judo-Amazonen nicht zu Unrecht Gnade gefunden haben vor den Augen der Olympier.

Judo

Schwergewicht (über 72 kg), Frauen

1.	Xiaoyan Zhuang	CHN
2.	Rodriguez Villanueva	CUB
3.	Lupino	FRA
	Sakaue	JPN
5.	Weber	GER

Judo

Halbschwergewicht (bis 72 kg), Frauen

1.	Mi-Jung Kim	KOR
2.	Tanabe	JPN
3.	Meignan	FRA
	de Kok	NED
5.	Schüttenhelm	GER

Judo

Mittelgewicht (bis 66 kg), Frauen

1.	Reve	CUB
2.	Pierantozzi	ITA
3.	Howey	GBR
	Rakels	BEL
5.	Schreiber	GER

Judo

Halbmittelgewicht (bis 61 kg), Frauen

1.	Fleury	FRA
2.	Arad	ISR
3.	Petrowa	GUS
	Di Zhang	CHN
5.	Eickhoff	GER

Judo

Leichtgewicht (bis 56 kg), Frauen

1.	Blasco	ESP
2.	Fairbrother	GBR
3.	Tateno	JPN
	Gonzales	CUB

Judo

Halbleichtgewicht (bis 52 kg), Frauen

1.	Muñoz	ESP
2.	Mizoguchi	JPN
3.	Rendle	GBR
	Zhongyun Li	CHN

Judo

Extraleichtgewicht (bis 48 kg), Frauen

1.	Nowak	FRA
2.	Tamura	JPN
3.	Savon	CUB
	Senyurt	TUR

Judo

Schwergewicht (über 95 kg), Männer

1.	Chachaleschwili	GUS
2.	Ogawa	JPN
3.	Douillet	FRA
	Czosz	HUN

Judo

Halbschwergewicht (bis 95 kg), Männer

1.	Kovacs	HUN
2.	Stevens	GBR
3.	Meijer	NED
	Sergejew	GUS

Judo

Mittelgewicht (bis 86 kg), Männer

1.	Legien	POL
2.	Tayot	FRA
3.	Okada	JPN
	Gill	CAN
5.	Lobenstein	GER

Judo

Halbmittelgewicht (bis 78 kg), Männer

1.	Yoshida	JPN
2.	Morris	USA
3.	Byung-Joo Kim	KOR
	Damaisin	FRA

Judo

Leichtgewicht (bis 71 kg), Männer

1.	Koga	JPN
2.	Hajtos	HUN
3.	Hoon Chung	KOR
	Smagda	ISR
5.	Dott	GER

Judo

Halbleichtgewicht (bis 65 kg), Männer

1.	Sampaio	BRA
2.	Csak	HUN
3.	Quellmalz	GER
	Hernandez	CUB

Judo

Extraleichtgewicht (bis 60 kg), Männer

1.	Gussejnow	GUS
2.	Hyon Yoon	KOR
3.	Trautmann	GER
	Koshino	JPN

Turnen

Scherbo schraubt sich auf den Olymp

Was bleiben wird als Erinnerung vom turbulenten Turnen auf den rosaroten Matten unter der Kuppel des Palau Sant Jordi? Vermutlich die alte Primadonna Swetlana Boginskaja, vielfache Welt- und Olympiasiegerin, wie sie quälend langsam aus der Halle schreitet nach der letzten Übung, ein Symbol des Abschieds der Turngroßmacht UdSSR. Die Kampfrichter versagten ihrem langjährigen Lieblingskind die Gunst und schickten sie ohne Einzelmedaille 19jährig in den Ruhestand. Sinnbilder des Aufbruchs: wie die Mehrkampfsiegerin Tatjana Gutsu (15) der ukrainischen Nationalhymne lauscht, Mehrkampfsieger Witali Scherbo (19) der weißrussischen. Beide hatten zwei Tage zuvor als Teamsieger mit der Auswahl der GUS noch die neutrale Olympiafanfare gespielt bekommen. Das Bild des Superstars schließlich, nochmal Scherbo, der kleine Kraftprotz mit dem Bubengesicht: Vier von sechs Gerätefinals gewann er, sechs Goldmedaillen insgesamt.

Der Berliner Andreas Wecker hätte sich unsterblich gemacht. Als einziger hatte er im Mehrkampf-Finale den GUS-Turnern Scherbo, Misjutin und Belenkij folgen können, war aber nur Vierter geworden, weil er beim Pferdsprung über eine 9,5 nicht hinauskam.

Für fünf Gerätefinals hatte er sich qualifiziert, was außer ihm nur Scherbo schaffte. Bronze an Ringen und Seitpferd gehörte ihm schon, als es zum Königsgerät ging: Reck. Die Zuschauer hielten den Atem an, als Wecker zweimal über die Stange flog und sich wieder abfing. Dann drei Salti zum Abgang – und das winzige Ausfallschrittchen nach der Landung. »Wer steht, gewinnt«, wußte Wecker. Das tat dann Trent Dimas aus den USA.

■ Aufgeweckter Wecker

Natürlich war Wecker (22), ehrgeizig wie kein anderer, nicht zufrieden mit Silber und zweimal Bronze. Zweite Plätze hat er schon genug, beispielsweise jenen an den Ringen 1989 hinter Andreas Aguilar bei der WM in Stuttgart. Aber in die Herzen der Zuschauer in der Halle und am Bildschirm hat er sich doch geturnt, was ihm nebenbei noch mehr einbringen könnte als die 25 000 Mark Prämie von der Sporthilfe. Trotz seiner nur 162 Zentimeter wirkt er elegant an den Geräten, hinterher verkörpert er die Berliner Schnauze. Manchmal schon hat er geredet und gehandelt, bevor er nachdachte. Nach der Wende zog er nach Hannover und dann gleich wieder zurück, lernte Kfz-Mechaniker, dann Versicherungskaufmann. Und mit so manchem Trainer und Kollegen hat er sich schon angelegt. In Barcelona nun zeigte er sich gereift.

Drei Medaillen, aber am Reck keine goldene: Mit Silber sowie Bronze an Ringen und Seitpferd war Andreas Wecker (22) der überragende deutsche Turner, der große Triumph jedoch, der blieb ihm versagt. Im Mehrkampffinale verpaßte er durch einen mißglückten Pferdsprung eine bessere Plazierung als die vierte, an den Ringen schnappte ihm im letzten Moment der Amerikaner Trent Dimas den ersehnten Sieg weg. »Es sollte nicht sein«, erklärte der Berliner, »aber ich kann nicht klagen.« Kann er auch nicht angesichts der erstaunlichen Ausbeute binnen eines einzigen Tages, außerdem gibt's in vier Jahren wieder Olympia. Bis 1996 in Atlanta will Wecker weitermachen – »wenn meine Knochen bis dahin halten«.

Manchmal ist er auch noch ein arger Kindskopf, aber die deutschen Turner werden ihn dringend brauchen als Lichtgestalt und Führerfigur in den nächsten Jahren, denn abgesehen von Wecker boten die Deutschen in Barcelona wenig. Manche gar nichts.

Der Mantel des Schweigens ist zu hüllen über die deutschen Mädchen, die Rang neun belegten. Aufsehen erregten sie vor allem durch Stürze vom Stufenbarren. Mit Wucht klatschten sie auf die Matte, der Magnesiumstaub spritzte nur so. Auf einem »Gau-turnfest« wähnte sich da ein deutscher Funktionär, Trainer Wolfgang Bohner sah dem Los aller erfolglosen Trainer entgegen: Entlassung.

■ Das verspielte Erbe der Turnmacht DDR

Rang vier belegten die Männer, obwohl eine Medaille fest avisiert war. Die Perspektiven indes erschienen noch weit trister als die Plazierung hinter der GUS, Japan und China. Nur vordergründig lag es an den Unsicherheiten beim Pferdsprung: Das Erbe der Turnmacht DDR war offenbar schneller als erwartet verspielt worden. Nach

Der Herr der Ringe, und nicht nur das: Witali Scherbo (rechts) war mehr als die Lichtgestalt der Turner, er war mit sechs Goldmedaillen der meistdekorierte Athlet von Barcelona überhaupt. Mannschaft, Mehrkampf, Seitpferd, Ringe, Pferdsprung, Barren – der 20jährige Weißrusse aus Kherson düpierte die Konkurrenz. »Mindestens die Olympischen Spiele will ich gewinnen«, hatte er erklärt, und setzte sein bescheidenes Vorhaben im ersten Versuch gleich mehrfach um. Die internationalen Widersacher waren bei seiner Show mitunter Komparsen, beispielsweise der Amerikaner Lynch (links). Er wurde am Barren Sechster, vom Sieger Scherbo indes trennten ihn mehr als nur zwei Zehntel-Punkte. Eberhard Gienger, ehemals selbst Weltmeister: »Das ist Turnen vom anderen Stern.«

Turnen

Mannschaft, Männer

		Punkte
1.	GUS	585,450
2.	CHN	580,375
3.	JPN	578,250
4.	GER	575,575
5.	ITA	571,750
6.	USA	571,725
7.	ROM	571,150
8.	KOR	570,850

Turnen

Mehrkampf, Männer

			Punkte
1.	Scherbo	GUS	59,025
2.	Misjutin	GUS	58,925
3.	Belenki	GUS	58,625
4.	Wecker	GER	58,450
5.	Li Xiaoshuang	CHN	58,150
6.	Linyao Guo	CHN	57,925
7.	Gherman	ROM	57,700
8.	Lee Joo Hyung	KOR	57,675

Turnen

Boden, Männer

			Punkte
1.	Li Xiaoshuang	CHN	9,925
2.	Misjutin	GUS	9,787
	Iketani	JPN	9,787
4.	You-Ok Youl	KOR	9,775
5.	Aihara	JPN	9,737
6.	Scherbo	GUS	9,712
7.	Wecker	GER	9,687
8.	Chunyang Li	CHN	9,387

Turnen

Seitpferd, Männer

			Punkte
1.	Scherbo	GUS	9,925
	Gil-Su Pae	PRK	9,925
3.	Wecker	GER	9,887
4.	Linyao Guo	CHN	9,875
5.	Waller	USA	9,825
6.	Hatakeda	JPN	9,775
7.	Jing Li	CHN	9,250
	Belenki	GUS	9,250

Turnen

Ringe, Männer

			Punkte
1.	Scherbo	GUS	9,937
2.	Jing Li	CHN	9,875
3.	Li Xiaoshuang	CHN	9,862
	Wecker	GER	9,862
5.	Belenki	GUS	9,825
6.	Csollany	HUN	9,800
7.	Iketani	JPN	9,762
8.	Kristozow	BUL	9,750

Turnen

Pferdsprung, Männer

			Punkte
1.	Scherbo	GUS	9,858
2.	Misjutin	GUS	9,781
3.	You-Ok Youl	KOR	9,762
4.	Li Xiaoshuang	CHN	9,731
5.	Supola	HUN	9,674
6.	Kroll	GER	9,662
7.	Csollany	HUN	9,524
8.	Aihara	JPN	9,450

Turnen

Barren, Männer

			Punkte
1.	Scherbo	GUS	9,900
2.	Jing Li	CHN	9,812
3.	Korobtschinski	GUS	9,800
	Linyao Guo	CHN	9,800
	Matsunaga	JPN	9,800
6.	Lynch	USA	9,712
7.	Wecker	GER	9,612
8.	Nishikawa	JPN	9,575

Turnen

Reck, Männer

			Punkte
1.	Dimas	USA	9,875
2.	Wecker	GER	9,837
	Misjutin	GUS	9,837
4.	Linyao Guo	CHN	9,812
5.	Nishikawa	JPN	9,787
	Belenki	GUS	9,787
	Hatakeda	JPN	9,787
8.	Jing Li	CHN	9,425

Turnen

Mannschaft, Frauen

		Punkte
1.	GUS	395,666
2.	ROM	395,079
3.	USA	394,704
4.	CHN	392,941
5.	ESP	391,428
6.	HUN	388,602
7.	AUS	387,502
8.	FRA	386,052
9.	GER	385,875

Turnen

Mehrkampf, Frauen

			Punkte
1.	Gutsu	GUS	39,737
2.	Miller	USA	39,725
3.	Milosovici	ROM	39,687
4.	Bontas	ROM	39,674
5.	Boginskaja	GUS	39,673
6.	Gogean	ROM	39,624
7.	Lyssenko	GUS	39,537
8.	Onodi	HUN	39,449
29.	Schröder	GER	38,624

Turnen		
Boden, Frauen		Punkte
1. Milosovici	ROM	**10,000**
2. Onodi	HUN	**9,950**
3. Miller	USA	**9,912**
Bontas	ROM	**9,912**
Gutsu	GUS	**9,912**
6. Zmeskal	USA	**9,900**
7. Tschussowitina	GUS	**9,812**
8. Mitowa	BUL	**9,400**

Turnen		
Pferdsprung, Frauen		Punkte
1. Onodi	HUN	**9,925**
Milosovici	ROM	**9,925**
3. Lyssenko	GUS	**9,912**
4. Boginskaja	GUS	**9,899**
5. Gogean	ROM	**9,893**
6. Miller	USA	**9,837**
7. Rueda Bravo	ESP	**9,787**
8. Zmeskal	USA	**9,593**

Turnen		
Stufenbarren, Frauen		Punkte
1. Li Lu	CHN	**10,000**
2. Gutsu	GUS	**9,975**
3. Miller	USA	**9,962**
4. Milosovici	ROM	**9,912**
Gwang-Suk Kim	PRK	**9,912**
Pasca	ROM	**9,912**
7. Fraguas Sanchez	ESP	**9,900**
8. Li Li	CHN	**9,887**

Turnen		
Schwebebalken, Frauen		Punkte
1. Lyssenko	GUS	**9,975**
2. Li Lu	CHN	**9,912**
Miller	USA	**9,912**
4. Bontas	ROM	**9,875**
5. Boginskaja	GUS	**9,872**
6. Okino	USA	**9,837**
7. Bo Yang	CHN	**9,300**
8. Milosovici	ROM	**9,262**

Einen festen Stand bewies Li Xiaoshuang vor allem in dieser Übung: In seiner Spezialdisziplin, dem Bodenturnen, verwies er die Gegner auf den Boden der Tatsachen und gewann Gold. Mit seiner Mannschaft bekam der Chinese darüber hinaus Silber, an den Ringen durfte er sich mit dem Deutschen Wecker Bronze teilen, beim Pferdsprung wurde er Vierter, im Zwölfkampf Fünfter. Nach Superstar Scherbo war Li der auffälligste Turner im Palau Sant Jordi.

Hoch das Bein: Nach Meinung der Kampfrichter gab Tatjana Lyssenko (rechts) am Schwebebalken die ungleich bessere Figur ab als ihre Rivalin Bo Yang (links). Die Ukrainerin bekam in der Addition 9,975 Punkte und wurde Olympiasiegerin, die Chinesin landete mit der Wertung 9,300 auf Platz sieben. Nicht viel schlechter als diejenige Lyssenkos war nach manchem Geschmack zwar die Kür der Titelverteidigerin Swetlana Boginskaja, doch die erhielt lediglich 9,872 Punkte und wurde enttäuschende Fünfte.

Hannover war Ralph Büchner gewechselt, nachdem er Reck-Weltmeister geworden war 1992 in Indianapolis, nach Deilinghofen Sven Tippelt. Das Leben im Westen sei ihnen wohl nicht bekommen, vermutete Eduard Friedrich, Sportdirektor im Deutschen Turnerbund. Auch Altmeister Sylvio Kroll zeigte zum Abschied ungewohnte Schwächen. Alte Hasen seien die drei ja, sagte Andreas Wecker süffisant, »aber eben auch alt«.

■ Dringend gesucht: Talentsucher und Talente

Für künftige Aufgaben empfahl sich neben Wecker allein der 19jährige Hallenser Oliver Walther. Gesucht waren Talente und ein neuer Trainer. Klaus Milbradt aus Halle war als Chef kurz vor Olympia abgelöst worden, weil ihm die Aufgabe über den Kopf gewachsen war. Als Nachfolger erntete Franz Heinlein Lob für solide Arbeit. Aber man bezweifelte, ob er Impulse geben konnte beim Umbau. In Barcelona bemühte sich Friedrich um Leonid Arkajew (50), den langjährigen Cheftrainer der UdSSR, mußte aber kämpfen mit den Japanern; die boten ihm 200 000 Mark, zwei Monate Urlaub, freies Auto, freie Wohnung.

■ Der letzte Turn-Tango der GUS-Equipe

Kein Wunder, daß Arkajew in Barcelona zugänglich war wie nie zuvor. Launig zog er Bilanz über seine 20 Jahre als Cheftrainer in Moskau mit den ungezählten Titeln; nach den sozialistischen Privilegien winkte ihm nun das große Geld im Westen. Wie ein Pauker am Ende des Schuljahres wirkte er, und die Turner aus der alten UdSSR wie eine Abschlußklasse: die einen voller Vorfreude auf die Selbständigkeit, die anderen ungewiß, wie sie zurechtkommen würden ohne die Hilfe der langjährigen Weggefährten. Witali Scherbo: »Ich sehe die Fahne Weißrußlands für mein Leben gern.« Tatjana Lyssenko aus der Ukraine: »Es ist schade, daß wir uns trennen müssen.

Was wirklich zählt, ist der Sport, und nicht der Stolz auf irgendein Land.« Gemeinsam hatten sie jedenfalls noch einmal eine rauschende Klassenfete gefeiert und die Konkurrenz deklassiert.

Ein letztes Mal? Scherbo (Weißrußland) siegte vor Misjutin (Ukraine) und Belenki (Aserbaidschan) im Männermehrkampf. Künftig sind die Kräfte gesplittet, das Geld wird fehlen, die Republiken der GUS haben dringendere Sorgen als Kunstturnen.

Bei den Frauen ging es ohnehin knapp wie selten zuvor, gering war der Abstand zu Rumänien und den USA. Und im Einzel mußten die GUS-Trainer tricksen. Nach dem Teamfinale war Tatjana Gutsu noch weinend gesichtet worden, in den Arm genommen von Boginskaja – lachend jene, welch seltener Anblick von der melancholischen Schönen. Gutsu war am Schwebebalken gestolpert, nur Viertbeste ihres Teams gewesen und damit nicht qualifiziert für den Einzelwettbewerb, bei dem nur drei pro Nation starten dürfen. Über Nacht bekam deshalb Rozalia Galiewa eine Knieverletzung verordnet, am Ende lachte Gutsu. Und Boginskaja weinte. Die letzte Klassikerin, 1,61 Meter groß, einen Hauch von Weiblichkeit und Erotik versprühend, wurde geschlagen von Kindern des Rock 'n' Roll, die ihr kaum bis an die Schultern reichen. Shannon Miller (USA), Lavinia Milosovici (Rumänien) sind Zwerge, die Koreanerin Gwang-Suk Kim und die Chinesin Li Lu (mit 10,0 Barren-Siegerin) sind regelrecht Däumlinge: Haut und Knochen, Sehnen und Muskeln – und Gesichter, die unendlich alt aussehen.

■ Der Abschied der Boginskaja, der »letzten Klassikerin«

Jener, der den Trend eingeleitet hat, einst in Rumänien, erklärte in Barcelona seinen Rücktritt als Cheftrainer der US-Turnerinnen: Bela Karolyi. Er war verärgert, weil seine Musterschülerin Kim Zmeskal, die Weltmeisterin, zweimal auf den Hintern gefallen war. Karolyi hat es in Texas zum Multimillionär gebracht. Aber was wird aus dem Frauen(?)-Turnen, da Swetlana nicht mehr mitmacht?

Mädchengesichter, Frauengesichter? »Die Mädchen heute sind Zwerge, Swetlana sieht aus wie eine reife Frau«, fand Alexander Alexandrow, Trainer der GUS. Doch Swetlana Boginskaja (unten) half ihre Ausstrahlung diesmal wenig, Olympiasiegerin wurde die Russin einzig mit der Mannschaft der GUS. Den Mehrkampf gewann die 15jährige Tatjana Gutsu (Mitte), die überdies Silber am Barren und Bronze am Boden holte. Ohnehin nur Randerscheinungen waren die dunkelhäutige Kanadierin Stella Umeh (oben) und Diana Schröder (rechts): Sie wurde im Mehrkampf 29. – als beste Deutsche.

Rudern

Jetzt rudert zusammen, was zusammen- gehört…

So ein Stück Deutschland liegt manchmal ganz weit weg. In Banyoles zum Beispiel, 120 Kilometer nordwestlich von Barcelona, an einem malerischen See in den Ausläufern der Pyrenäen. Eine wunderbare Kulisse, um den vom Schreibtisch gesteuerten Prozeß der Wiedervereinigung auf seine Substanz zu prüfen. Und da der kleinste gemeinsame Nenner einer Mannschaft immer der Erfolg ist, können die Ruderer von sich behaupten, in ihrem Mikrokosmos sei gelungen, wonach andere Olympiasparten vergeblich strebten. Nüchterne Zahlen (viermal Gold, dreimal Silber, dreimal Bronze) sprechen dafür, aber auch ein Athlet wie Thomas Lange mit seinem ausgeprägten Hang zur Nüchternheit: »Beim Deutschlandlied habe ich schon schlucken müssen. Das ist gar nicht so einfach. Das Deutschlandlied ist etwas anderes. Aber ich weiß, daß mein Stück Heimat, die Stadt Halle, auch davon repräsentiert wird.«

Gold auf Bestellung: Wer sonst als Thomas Lange hätte den Einer-Wettbewerb gewinnen sollen? Bereits 1988 in Seoul war der 28jährige Hallenser Olympiasieger, damals vor Peter-Michael Kolbe, der inzwischen sein Sportdirektor ist beim geeinten Verband. Diesmal ließ er den Tschechoslowaken Vaclav Chalupa 1000 Meter vorwegfahren, dann machte der Favorit ernst, ohne sich dabei zu überanstrengen: »Ich bin ganz locker gerudert.«

Vier Jahre zuvor, in Seoul, hatten sie bei seinem ersten Olympiasieg im Einer noch die Becher-Hymne aufgelegt, und Thomas Lange war »sehr stolz«, durch »Auferstanden aus Ruinen« geehrt zu werden. Als dann die neue deutsche Wirklichkeit mit »Einigkeit und Recht und Freiheit« über ihn hereinbrach, hat er nicht gleich die alten Ideale aufgegeben und den Musikgeschmack gewechselt. Die Wanderung zwischen den politischen Systemen fiel dem 28jährigen schwer, und warum das so war und bleiben wird, darüber gab es fernab in Spanien eine kleine Deutschstunde mit dem Olympiasieger.

■ »Deutschstunde« mit Thomas Lange

Den Lebensabschnitt, der hinter ihm liege, den wolle er nicht verdammen, »einige Ideen waren nicht so schlecht. Leider hat sich gezeigt, daß sie in der Praxis nicht funktionieren«. Vor der Wende hatten die Sportvisionen gegriffen, umgesetzt in erlaubter Trainingsfron und durch verbotene Substanzen. Lange war ein Privilegierter der Trimmschule der verblichenen DDR. Plötzlich mußte der Rundumversorgte nach dem Mauerfall feststellen, daß »Geld eine so wichtige Rolle spielt«. Lange verspürte »existenzielle Zwänge«, vernachlässigte die Familie,

Medaillenflut auf dem Llac de Banyoles: Viermal Gold, viermal Silber, dreimal Bronze – die Ruderer waren der erfolgreichste Fachverband der deutschen Mannschaft. Kein Wunder, daß etwa beim Doppelvierer (rechts) die Anstrengungen nach der gelungenen Fahrt wie weggeblasen schienen. In bester Laune präsentierten André Willms, Andreas Hajek, Stephan Volkert und Michael Steinbach (Bild unten, von links nach rechts) ihre kostbaren Plaketten und gaben überdies ein treffliches Beispiel geglückter Vereinigung ab: Willms und Hajek stammen aus dem Osten, Volkert und Steinbach aus dem Westen. Die Kollegen vom Vierer mit Steuermann Uwe Kellner, Ralf Brudel, Toralph Peters, Karsten Finger und Steuermann Hendrik Reiher (oben, von links nach rechts) durften mit Platz zwei zufrieden sein, auch wenn ein solcher bei vier Siegen schon kaum mehr auffiel. Bundestrainer Ralf Holtmeyer jedenfalls hatte zweifellos recht: »Wir haben eine glänzende Nationalmannschaft.«

unterbrach das Medizinstudium, trainierte, trainierte, trainierte, und stellte nach Zieldurchfahrt in Banyoles sachlich fest: »Voll gekeult und doch nicht arg angestrengt.«

Er hatte Konkurrenten, aber keine Gegner. Bis zur 1000-Meter-Marke ließ Lange den Tschechoslowaken Vaclav Chalupa vorneweg rudern, dann zog er seinen Zwischenspurt an, setzte sich an die Spitze und war nicht mehr zu erreichen. Zur Belohnung gab es Gold, Geld (Lange: »Das ist die Triebfeder der menschlichen Entwicklungen«) und ein paar gute Ratschläge. »Es ist irgendwann wichtig, den richtigen Zeitpunkt des Abschieds zu wählen«, sagte ihm Peter-Michael Kolbe, sein langjähriger Rivale, und hatte dabei am Finaltag einen prominenten Kollegen vor Augen. Als Vierter des B-Endlaufes, mit elf Sekunden Rückstand, war Pertti Karppinen ins Ziel gekommen. Dreimal dominierte der Finne bei Olympia, die fünfte Teilnahme wurde für den 41jährigen zu einem stillen, traurigen Abschied. Fast unbeobachtet ging in Banyoles eine der eindrucksvollsten olympischen Karrieren zu Ende.

■ Mit vereinten Kräften: Deutschlands »Goldflotte«

Mögen für Deutschland noch so viele Boote erfolgreich gewesen sein, für die meisten Betrachter zählen nur zwei: Einer und Achter. Diese beiden Klassen haben Drama und Triumph für sich reserviert. Dabei wurde in anderen Kategorien historisch Zeugnis abgelegt, bestätigte sich im Ergebnis eine kleine

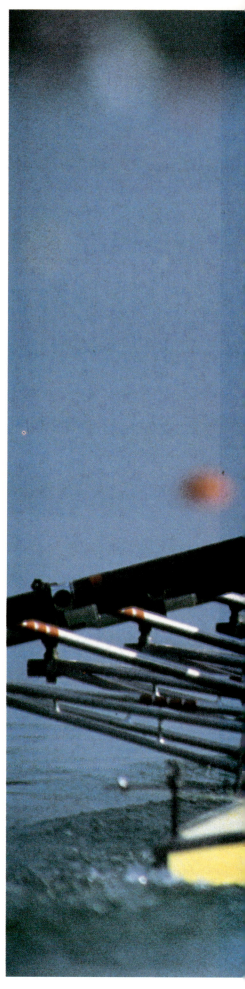

Rudern

Einer, Männer		Min.
1. Lange	GER	6:51,40
2. Chalupa	TCH	6:52,93
3. Broniewski	POL	6:56,82
4. Verdonk	NZL	6:57,45
5. Jaanson	EST	7:12,92
6. Fernandez	ARG	7:15,53

Rudern

Zweier ohne Steuermann		Min.
1. Redgrave/Pinsent	GBR	6:27,72
2. Hoeltzenbein/ von Ettinghausen	GER	6:32,68
3. Cop/Zvegelj	SLO	6:33,43
4. Andriev/Rolland	FRA	6:36,34
5. van Driessche/Goiris	BEL	6:38,20
6. Sharis/Pescatore	USA	6:39,23

Rudern

Zweier mit Steuermann		Min.
1. J. Searle, G. Searle, Herbert	GBR	6:49,83
2. C. Abbagnale, G. Abbagnale, di Capua	ITA	6:50,98
3. Popescu, Taga, Raducanu	ROM	6:51,58
4. Woddow, Peters, Thiede	GER	6:56,98
5. Carbonell, Rodriguez, Ojedo	FRA	7:03,01

Rudern

Doppelzweier, Männer		Min.
1. Hawkins/Antonie	AUS	6:17,32
2. Jonke/Zerbst	AUT	6:18,42
3. Zwolle/Rienks	NED	6:22,82
4. Tasana/Lutoskin	EST	6:23,34
5. Marszalek/Krzepinski	POL	6:24,32
6. Alvarez/Merin	ESP	6:26,96

Rudern

Vierer ohne Steuermann		Min.
1. AUS		5:55,04
2. USA		5:56,86
2. SLO		5:58,24
3. GER	Weyrauch, Ungemach, Balster, Vogt	5:58,39
4. NED		5:59,14
5. NZL		6:02,13

Rudern

Vierer mit Steuermann		Min.
1. ROM		5:59,37
2. GER	Kellner, Brudel, Peters, Finger, Reiher	6:00,34
3. POL		6:03,27
4. USA		6:06,03
5. FRA		6:06,82
6. GUS		6:12,13

Rudern

Doppelvierer, Männer		Min.
1. GER	Willms, Hajek, Steinbach, Volkert	5:45,17
2. NOR		5:47,09
3. ITA		5:47,33
4. SUI		5:47,39
5. NED		5:48,92
6. FRA		5:54,80

Rudern

Achter, Männer		Min.
1. CAN		5:29,53
2. ROM		5:29,67
3. GER	Richter, Steppelhoff, Kirchhoff, Eichholz, Rabe, Sennewald, Wessling, Baar, Klein	5:31,00
4. USA		5:33,18
5. AUS		5:33,72
6. GBR		5:39,92

Ausgerechnet das Flaggschiff kam ab vom Erfolgskurs. 1988 war der deutsche Achter (links oben) Olympiasieger, 48 Kandidaten hatte Bundestrainer Ralf Holtmeyer seither getestet, und die Auserwählten schienen geradezu unschlagbar zu sein. Bis die Kanadier die Favoriten im Endlauf überholten und die Rumänen auch. Bei 1000 Metern ging den Deutschen die Luft aus. »Die letzten zehn Schläge hatten wir nichts mehr drin«, gestand Armin Eichholz, »die anderen waren einfach besser«. Vier Jahre der Entbehrung für einen unbefriedigenden Ertrag? »Ich fühle mich wie ein Verlierer«, erklärte Holtmeyer, und fand das Selbstvertrauen am Ende doch wieder. »Wir brauchen uns nicht verstecken, wir haben Rudern in Deutschland vorwärts gebracht, im Sog des Achters sind andere Boote mit hochgekommen.« Peter Hoeltzenbein und Colin von Ettinghausen (oben) zum Beispiel, die im Zweier ohne Steuermann Zweite wurden ...

... aber auch die Frauen. Kerstin Müller, Sybille Schmidt, Birgit Peter und Christina Mundt (oben, von links nach rechts) etwa ruderten der Konkurrenz im Doppelvierer auf und davon, waren mehr als vier Sekunden früher im Ziel als die besten Verfolger.

Der weibliche Achter (Mitte und rechts oben) ließ zwar wie sein männliches Pendant Rumänien und Kanada den Vortritt – doch die Emotionen bei der Siegerehrung fielen ganz anders aus als bei den enttäuschten Männern.

Rudern

Einer, Frauen		Min.
1. Lipa	ROM	7:25,54
2. Bredael	BEL	7:26,64
3. Laumann	CAN	7:28,85
4. Marden	USA	7:29,84
5. Brandin	SWE	7:37,55
6. Le Moal	FRA	7:41,85

Rudern

Zweier ohne Steuerfrau		Min.
1. McBean/Heddle	CAN	7:06,22
2. Werremeier/ Schwerzmann	GER	7:07,96
3. Seaton/Pierson	USA	7:08,11
4. Gosse/Danjou	FRA	7:08,70
5. Turvey/Batten	GBR	7:17,28
6. Zarewa/Zarewa	BUL	7:32,67

Rudern

Doppelzweier, Frauen		Min.
1. Köppen/Boron	GER	6:49,00
2. Cochelea/Lipa	ROM	6:51,47
3. Xiaoli Gu/Huali Lu	CHN	6:55,16
4. Baker/Lawson	NZL	6:56,81
5. Eyres/Gill	GBR	7:06,62
6. Sakrowa/Frolowa	GUS	7:09,45

Rudern

Vierer ohne Steuerfrau		Min.
1. CAN		6:30,85
2. USA		6:31,86
3. GER	Frank, Mehl, Siech, Horn	6:32,34
4. CHN		6:32,50
5. ROM		6:37,24
6. AUS		6:41,72

Rudern

Doppelvierer, Frauen		Min.
1. GER	Müller, Schmidt, Peter, Mundt	6:20,18
2. ROM		6:24,34
3. GUS		6:25,07
4. NED		6:32,40
5. USA		6:32,54
6. TCH		6:35,99

Rudern

Achter, Frauen		Min.
1. CAN		6:02,62
2. ROM		6:06,26
3. GER	Strauch, Dördelmann, Haacker, Pyritz, Petersmann, Wagner, Harzendorf, Zeidler, Neunast	6:25,07
4. NED		6:32,40
5. USA		6:32,65
6. TCH		6:35,99

Im Zweier ohne Steuerfrau waren Stefanie Werremeier aus Osnabrück und Ingeborg Schwerzmann aus Dortmund (oben und unten) zwar langsamer als Marnie McBean und Kathleen Heddle aus Kanada, Silber aber war den beiden auch eine innige Umarmung wert.

Überwindung der geographischen Trennung von Ost und West: Lange fuhr vorne weg, dahinter fanden Kerstin Köppen und Kathrin Boron (Potsdam), der Frauen-Doppelvierer (Leipzig/Berlin/Karlsruhe) und der Männer-Doppelvierer (Hamburg/Leverkusen/Magdeburg/Halle) zu Gold, letzterer ein Prunkstück der Verbandsarbeit, waren doch Michael Steinbach, Stephan Volkert, Andreas Hajek und André Willms eine Saison lang hinterhergerudert, ehe zu einem Rhythmus fand, was für viele nicht zusammenzugehören schien.

Eine Ost/West-Besatzung stellte Bundestrainer Ralf Holtmeyer auch für das Großschiff zusammen. 48 Recken hatten sich im Frühjahr für einen Rollsitz beworben, acht überstanden den knallharten Darwinismus. Ein Stammsitz im Achter schien wie ein Abonnement auf Gold. Vier Jahre lang hatten die Deutschen an der Weltspitze dominiert, nur zweimal wurden gegen Kanada eher belanglose Rennen verloren. Die Sache schien so sicher, daß selbst der mächtige Bundeskanzler aus dem fernen Bonn das Olympiaboot eigenhändig auf den Namen »Deutschland« getauft hatte. Der kann es sich eigentlich nicht leisten, auf Verlierer zu setzen. Siegessicher auch das Nationale Olympische Komitee, welches Steuermann Manfred Klein, abgespeckt auf 50 Kilogramm, für die Eröffnungsfeier als Fahnenträger ausgewählt hatte. Und dann diese Niederlage, und niemand da, der Schuld übernehmen konnte. Allenfalls höhere Mächte, auf die Ansgar Wessling, der Dienstälteste im Achter, verwies: »Der liebe Gott hilft auch den anderen.«

Nur zog der gewiß nicht am Riemen, als sich Kanadier und Rumänen im Zwischenspurt absetzten. »Wir sind stehengeblieben, und die anderen haben einen Schritt nach vorne gemacht. Das war es«, beklagte Roland Baar. Der Schlagmann versuchte noch ein paar Sätze, sprach von Frau, Kind, Be-

Die Erschöpfung wich dem Jubel. Jahrelang hatten sie auf das Ereignis hingearbeitet, die angenehmen Dinge des Lebens vernachlässigt zugunsten zielgerechten Trainings – das Ergebnis entschädigte für alles. Die Potsdamerinnen Kathrin Boron und Kerstin Köppen (Bilder Mitte und oben) zogen ihre Bahn im Doppelzweier flotter als alle anderen, distanzierten das rumänische Duo um knapp zwei Sekunden.

Der Steuermann wird naß, so ist es Brauch beim Sieger. Mit Gebrüll und in hohem Bogen warfen acht kräftige Kanadier ihren schmächtigen Anführer Terrence Paul ins Wasser – eine beliebte Übung nach der erfolgreichen Fahrt zum olympischen Gold (großes Bild). Eigentlich hätte sich wie schon 1988 in Seoul Pauls Kollege Manfred Klein feiern lassen wollen, doch der Fahnenträger der deutschen Mannschaft wurde nur

Dritter. Da halfen auch die »Hackebeile«, wie die Paddel ihrer Form wegen genannt werden, nichts (oben).

ruf, den Verzicht der letzten Monate »für das große Ziel«. Dann kamen die Tränen. 93 Kilo, verteilt auf 1,96 Meter, geschüttelt von Enttäuschung und Fassungslosigkeit, die Wessling in Worten bündelte: »Wir freuen uns über die Medaille, wenn auch mit hängenden Köpfen.«

Die Fehlersuche wird schwer in der Gewißheit, alles wie früher, und darum alles gut gemacht zu haben. Nur eine Frage blieb, über die sich die Crew wohl bis in alle Ewigkeit streiten wird: Hackebeil oder normaler Riemen? Wer keine Probleme hat, der schafft sie sich selbst, und so waren die Deutschen mal ohne und mal mit den für die Olympiasaison neuentwickelten Ruderblättern angetreten. Beim Hackebeil setzt der Schaft etwas höher an dem um 20 Prozent vergrößerten Ruderblatt an. Pro Zug soll das ein paar Zentimeter bringen. Ob's wirklich schneller vorantreibt, wußte auch Bundestrainer Holtmeyer nach der Niederlage nicht zu sagen: »Ich seh' da keinen Unterschied.« Zum Vorlauf gegen Rumänien trat der Achter ohne, zum Finale mit Hackebeilen an – verloren wurde beidesmal.

Dennoch hatten die Deutschen der Welt bewiesen, auch vereint eine treibende Kraft im Rudersport zu sein. Nur nicht ganz so souverän wie vielleicht erhofft, denn kanadische Boote legten ebenfalls viermal am Siegersteg zum Goldempfang an. »Nicht immer die richtige Farbe« hatten die deutschen Medaillen für Peter-Michael Kolbe. Der muß die Plaketten zählen und auswerten, nachdem er zwischen Seoul und Barcelona die Athletenkluft ablegte und aus dem Einer ins Amt des Sportwartes umgestiegen war. Nun fehlte ihm »ein Sahnehäubchen auf diesen Spielen«, das der Renommierachter hätte mitbringen sollen.

■ Aus dem Achter vor den Altar

Für süßen Zierat sorgten am Tag nach den Endläufen andere. Cerstin Pertersmann (Bronze im Achter) und Stefan Scholz (Ersatz) heirateten am Ufer in Banyoles. Die deutsche Rudercrew feierte das Paar aus Dortmund. In Kolbes Medaillenbilanz taucht diese olympische Großtat nicht auf.

Segeln

Die deutschen Segler vom Winde verweht

Wem sonst schon nichts gelungen ist, der sollte sich vielleicht an Details erfreuen. Jochen Schümann (38), entthronter Olympiasieger der Soling-Klasse, darf sich immerhin rühmen, einen blaublütigen Widersacher besiegt zu haben mit Prinz Felipe (24), Thronfolger des Königs, Fahnenträger der spanischen Mannschaft und Vorschoter im Boot von Fernando Leon. Doch die düstere Bilanz der deutschen Segler hat auch dieses Ereignis nicht wesentlich aufhellen können. Zu deren Bilanz fiel Vizepräsident Dirk Thomsen aus Kiel nur eines ein: »Ein Alptraum ist wahr geworden.«

Essig ist's gewesen mit der geplanten Rehabilitierung für die Schmach von 1988. Auch vor Barcelona gewann eine einstmals große Seglernation keine einzige Medaille, derweil das Gastgeberland viermal Gold abräumte. Nach dem Konzept »durch Individualität zur Leistung« (Thomsen) hatten sich die Deutschen vorbereitet, ganz individuell trug dann jeder seinen Teil bei zum kollektiven Reinfall.

Schon vor der ersten Regatta hatten die olympischen Gewässer den Deutschen und nicht nur ihnen gestunken. Von den überriechenden Ausscheidungen des Molochs Barcelona saugten Spezialschiffe immerhin das Gröbste ab, gegen die Gluthitze allerdings gab's kein Mittel, zumal allzuviel Trinkwasser Gewicht und mithin Fahreigenschaften der Boote verändert. Doch den ärgsten Kampf führten die Deutschen schließlich gegen sich selbst, ein jeder auf seine Weise. Das begann bereits in der ersten Regatta mit dem zweimaligen Weltmeister in der 470er-Jolle, Wolfgang Hunger aus Kiel, und seinem Berliner Vorschoter Rolf Schmid. Die beiden schlossen sich dem Fehlstart des benachbarten Bootes aus Bermuda an und wurden ebenfalls disqualifiziert. »Mit klarem Kopf wäre das nicht passiert«, erklärte ein Teamarzt und diagnostizierte einen fiebrigen Magen-Darm-Virus des Piloten, doch beim zweiten Versuch klaffte dann plötzlich ein riesiges Loch im Spinnaker, worauf die erhoffte Plakette endgültig vom Winde verweht wurde. Albert Batzill, eigenwilliger Bio-Bauer aus Schlier und viermaliger Weltmeister im Flying Dutchman, hatte für seinen schwachen fünften Platz an der Seite von Peter Lang immerhin eine einfache Erklärung: »Wir sind einfach sauschlecht gesegelt.«

Seine Landsleute Hans Vogt und Jörg Fricke aus München, die erfolgreich neun respektive 14 Kilo Gewicht zugelegt hatten, schienen es besser zu machen, nach einer Behinderung am Start der letzten Wettfahrt aber blieb nur Rang sechs. Umsonst das große Fressen. Die professionelle Vorbereitung des Bremers Roland Gäbler und seines Vorschoters Frank Parlow im Tornado wurde lediglich mit Platz elf belohnt, Nachwuchshoffnung Peter Aldag (27) aus Fellbach bei Stuttgart gewann zwar den Streit mit Bundestrainer Klaus-Peter Stohl, der wegen seiner Nominierung zu Hause blieb, wurde aber im vierten Rennen disqualifiziert, Surfer Timm Stade lag im sechsten Rennen an der Spitze, dann brach die Mastschiene – Platz 18. Bei soviel Pech blieb der kaltgestellte Sekt ungetrunken. Ein paar Flaschen haben dafür die Spanier aufgemacht an den heimatlichen Gewässern – geschlagener Prinz hin oder her.

Vom Winde verweht wurden die deutschen Segler vor Barcelona. Die Starsegler Hans Vogt und Jörg Fricke (oben) durften sich zwar bis zur abschließenden Wettfahrt noch Hoffnungen auf eine Medaille machen, doch beim Start kam ihnen eine gegnerische Crew in die Quere, im Gesamtklassement blieb nur Platz sechs. Das führten am Ende die Amerikaner Mark Reynolds und Hal Haenel (rechts) an – und trugen ihre weiße Weste auch so gesehen durchaus mit Recht.

Segeln

Finn-Dinghy

			Punkte
1.	van der Ploeg	ESP	33,4
2.	Ledbetter	USA	54,7
3.	Monk	NZL	64,7
4.	Chidderley	GBR	68,1
5.	Loof	SWE	68,7
6.	Müller von Blumencron	SUI	70,0
7.	Rohart	FRA	75,0
8.	Spitzauer	AUT	79,4
15.	Aldag	GER	108,0

Segeln

Flying Dutchman

			Punkte
1.	Doreste/Manrique	ESP	29,70
2.	Foerster/Bourdow	USA	32,70
3.	Jorgen Bojsen/ Jens Bojsen	DEN	37,70
4.	Jones/Knowles	NZL	68,00
5.	Batzill/Lang	GER	70,40
6.	Nyberg/Lindell	SWE	78,40
7.	Pollen/Frostad	NOR	80,70
8.	J. Eckert/P. Eckert	SUI	82,70

Segeln

470er, Männer

			Punkte
1.	Calafat/Sanchez Luna	ESP	50,0
2.	Reeser/Burnham	USA	66,7
3.	Tonu Toniste/ Toomas Toniste	EST	68,7
4.	Leskinen/Aarnikka	FIN	69,7
5.	Johannessen/McCarthy	NOR	71,7
6.	Brotherton/Hemmings	GBR	76,4
7.	Greenwood/Bilger	NZL	80,4
8.	Hunger/Schmidt	GER	82,4

Segeln

Soling

1.	DEN	
2.	USA	
3.	GBR	
4.	GER	Schümann, Flach, Jäkel
5.	SWE	
6.	ESP	

Segeln

Starboot

			Punkte
1.	Reynolds/Haenel	USA	31,4
2.	Davis/Cowie	NZL	58,4
3.	McDonald/Jespersen	CAN	62,7
4.	Neelemann/Schrier	NED	64,0
5.	Wallen/Lohse	SWE	65,0
6.	Vogt/Fricke	GER	69,7
7.	Beashel/Giles	AUS	71,4
8.	Kisseoglou/Boukis	GRE	84,0

Das Zeichen GER war bei den olympischen Regatten selten an der Spitze zu sehen, auch nicht im Falle von Albert Batzill und Peter Lang (oben). Viermal Weltmeister ist Batzill im Flying Dutchman gewesen, bei den Sommerspielen aber ging auch der ebensovielte Versuch daneben. Platz fünf war die bescheidene Ausbeute, und nicht unberechenbaren Wind, widrige Bedingungen oder eine nervenaufreibende Qualifikation wollte Batzill dafür verantwortlich machen, sondern einzig seine schlechten Leistungen. Auch beim Windsurfen (unten) hatten die Deutschen mit den Medaillen nichts zu tun, Timm Stade aus Blaichach wurde nur 18. Bis zum nächsten Mal, einen festen Platz im olympischen Programm hat sich der Modesport inzwischen gesichert.

Segeln

Tornado

			Punkte
1.	Loday/Henard	FRA	40,4
2.	Smyth/Notary	USA	42,0
3.	Booth/Forbes	AUS	44,4
4.	Sellers/Jones	NZL	51,7
5.	Sweeney/Smith	CAN	62,7
6.	van Teylingen/Manuel	NED	65,0
7.	A. Hagara/R. Hagara	AUT	65,4
8.	Grael/Freitas	BRA	69,7
11.	Gäbler/Parlow	GER	90,7

Segeln

Lechner A-390, Männer

1.	David	FRA
2.	Gebhardt	USA
3.	Kleppich	AUS
4.	Kendall	NZL
5.	Sieber	AUT
6.	Fernandez	ESP
7.	van den Berg	NED
8.	Inbar	ISR
18.	Stade	GER

Segeln

Europe

			Punkte
1.	Andersen	NOR	48,7
2.	via Dufresne	ESP	57,4
3.	Trotman	USA	62,7
4.	Armstrong	NZL	65,0
5.	Jensen	DEN	65,7
6.	Kruuv	EST	67,1
7.	van Leeuwen	NED	67,7
8.	Bugatec	ITA	69,0

Segeln

470er, Frauen

			Punkte
1.	Zabell/Guerra	ESP	30,7
2.	Egnot/Shearer	NZL	39,7
3.	Isler/Healey	USA	42,4
4.	Moskalenko/ Pacholtschik	GUS	45,0
5.	Shige/Kinoshita	JPN	56,0
6.	le Brun/Barre	FRA	65,7
7.	Quarra/Barabino	ITA	71,4
8.	Hardwiger/Pinnow	GER	71,7

Segeln

Lechner A-390, Frauen

1.	Kendall	NZL
2.	Xiaodong Zhang	CHN
3.	de Vries	NED
4.	Herbert	FRA
5.	Butler	USA
6.	Way	GBR
7.	Sensini	ITA
8.	Horgen	NOR

Badminton

Dominanz des Fernen Ostens

Kennen Sie Susi Susanti? Oder Hye Young Hwang und ihre Partnerin So-Young Chung? Und wie sieht es aus mit Alan Budi Kusuma respektive die Herren Moon-Soo Kim und Yoo-Bong Park? Nie gehört? Dann fehlt es am rechten Einblick in die geheimnisvolle Welt des Badminton, hierzulande auch bekannt als Federball mit gehobenem Schwierigkeitsgrad. Genannte Herrschaften sind allesamt Olympiasieger geworden in Barcelona, und es muß keine Schande sein, über ihre Kunstfertigkeit vorher nichts gewußt zu haben. Was jeder aber hinterher ganz sicher wußte, ist, daß die Europäer in dieser Sportart international gesehen keine dominierende Rolle spielen. 15 von 16 Medaillen gingen an Teilnehmer aus Indonesien, Südkorea, China und Malaysia. Und die 16.? Die ging an den Herrn Thomas Stuer-Lauridsen.

Der kommt aus Dänemark und muß sich arg verloren vorgekommen sein zwischen all den fremdländischen Kontrahenten. Die Dominanz des Fernen Ostens ist wohl selten in einer Sportart dermaßen erdrückend gewesen, besonders die Abkömmlinge des Inselstaats Indonesien taten sich dabei hervor und gewannen zwei von vier Goldmedaillen, im Herren-Einzel sogar bis auf Stuer-Lauridsens Bronze alle verfügbaren Edelmetalle. Die Asiaten beherrschen das Spiel mit dem gefiederten Bällchen aufgrund ihrer Geschmeidigkeit und Reaktionsschnelligkeit geradezu perfekt. Und der Berliner Stephan Kuhl, zusammen mit Stefan Frey immerhin Europameisterschaftsdritter, meinte sogar: »Die haben die Kluft zu den Europäern vergrößert, wir sind jetzt Olympiatouristen.«

Lehrstunde für die Europäer: Alan Budi Kusuma aus Indonesien gewann Gold im Männer-Einzel, und die Asiaten beherrschten auch den überwiegenden Rest bei der olympischen Premiere von Badminton. Den Vertretern aus dem alten Kontinent flog der wenige Gramm leichte Federball meist um die Ohren, der Däne Thomas Stuer-Lauridsen war die Ausnahme.

Badminton	
Einzel, Frauen	
1. Susanti	INA
2. Soon Hyun Bang	KOR
3. Yiuhong Tang	CHN
Hua Huang	CHN
5. Jaroensiri	THA
Heung-Soon Lee	KOR
Kusumawardhani	INA
Lao	AUS

Badminton	
Einzel, Männer	
1. Kusuma	INA
2. Wiranata	INA
3. Stuer-Lauridsen	DEN
Susanto	INA
5. Yianhua Zhao	CHN
R. Sidek	MAS
Hoyer-Larsen	DEN
Hak-Kyun Kim	KOR

Badminton	
Doppel, Frauen	
1. Hye Young Hwang/	
So-Young Chung	KOR
2. Wai-Zhen Guan/Qunhua Nong	CHN
3. Young-Ah Gil/Eun-Yung Shim	KOR
Yan-Fen Lin/Fen Yao	CHN

Badminton	
Doppel, Männer	
1. Moon-Soo Kim/	
Yoo-Bong Park	KOR
2. Hartono/Gunawan	INA
3. R. Sidek/J. Sidek	MAS
Yonbo Li/Bingyi Tian	CHN

Kunst- und Turmspringen

Chinas »großer Sprung nach vorn«

Es war einmal ein kleiner Junge zur Zeit der Olympischen Spiele in München. Der Junge ging mit seiner Mutter in die Schwimmhalle und sah dort den gelenkigen, mutigen Männern und Frauen beim Kunstspringen zu. Das gefiel ihm gut. Nach den Spielen meldete er sich bei einem Verein an, übte viel und wurde ein berühmter Kunstspringer. 20 Jahre später waren wieder Olympische Spiele, diesmal in Barcelona. Der inzwischen zum Mann gereifte Junge sprang noch einmal, fiel auf den Bauch – und nun ist das Märchen aus.

■ Killat klatschte auf den Bauch …

Das hätte noch eine schöne runde Sache werden können. Zwei Jahrzehnte nachdem sich Albin Killat fürs Kunstspringen erwärmte einen Abgang mit einer Medaille vom Dreimeterbrett, davon träumt ein Sportler. Der Traum platzte bei Sprung acht, einem dreieinhalbfachen Salto vorwärts. So war er geplant, mit dem wollte Killat einen Patzer beim vorherigen Sprung wettmachen. Der Plan mißlang, statt kopfüber ins Wasser zu gleiten, klatschte Killat auf den Bauch. Völlig mißglückt, neun Punkte – anstatt erhoffter 68. Statt mitzuspringen um die Medaillen, die sich anschließend der Amerikaner Mark Lenzi, der Chinese Liangde Tan

und Dimitri Saoutine aus dem Team der GUS umhängen ließen, landete Killat auf Platz zehn.

Alles war drin gewesen für ihn während des Wettkampfes, Bronze das Ziel. »Ich schinde mich mehr für meine Ziele als andere«, hatte er früher einmal gesagt. Diesmal auch. Verletzt hatte er sich noch im Juni, im Training war ein Muskel im linken Unterschenkel gerissen. Rangearbeitet hatte er sich wieder und war in bester Verfassung in Barcelona. Nach dem Vorkampf lag er auf dem dritten Platz, der sollte gehalten werden. Und auf einmal – der für unbesiegbar gehaltene Chinese zeigte Schwächen – schien mehr möglich, Silber vielleicht, sogar

Gold. Nach dem vierten, fünften und sechsten Sprung wies die Anzeigentafel aus: 1. Albin Killat GER. Es folgte Sprung sieben, der nicht gelang wie gewohnt, und anschließend die bewußte Bauchlandung.

■ … doch das Publikum klatschte auch!

Ein unangenehmer Abschied von Olympia, denn Killat hört aller Wahrscheinlichkeit nach auf, nach 20 Jahren schließt sich der Kreis. Beklagen muß er sich nicht, er hat genug erlebt in seinem Sport, seit er als Zehnjähriger daheim in München erstmals Kopfsprünge probierte (und wahrscheinlich damals schon ab und an auf den Bauch klatschte). 44 nationale Titel gewann er, so viele wie noch nie ein deutscher Wasserspringer. 1987, 1989, 1991 stand er bei Europameisterschaften ganz oben, und letztes Jahr in Perth bei der Weltmeisterschaft wurde er von den Kampfrichtern auf Platz drei gewertet. »Ein Jahrhunderttalent«, wie ihn Sportwart Hans-Peter Burk bezeichnete, elegant wie kein zweiter, nur manchmal zu flapsig. Ein Sprung aus der Elfer-Serie mißglückt ihm meistens, auch schon vor vier Jahren in Seoul, wo ihm am Ende lächerliche drei Punkte zur Bronzemedaille fehlten. Kurz vor dem Sprung auf den Gipfel seiner Glückseligkeit wurde er nervös. »Und das nach 20 Jahren, das hat mich schon überrascht.«

Und als der Mann, dem das Kunst-

Schreck laß nach: Albin Killat (links) wird eine Zeitlang gebraucht haben, sich vom achten Sprung zu erholen. Als Führender war der dreimalige Europameister aufs Dreimeterbrett gestiegen, das Wasser aber erreichte der Münchner in ungünstiger Bauchlage und sah nach dem Auftauchen läppische neun Punkte auf der Anzeigetafel leuchten. Wieder futsch die Medaille, wieder verpaßt das große Ziel. Bereits 1988 in Seoul war Killat knapp an Bronze vorbeigesprungen. Perfekte Haltung bewies dagegen Mingxia Fu (oben): Vom Turm gewann die erst 14jährige Chinesin bei den Frauen ebenso überlegen wie Landsmann Shuwei Sun bei den Männern. Der goße Sprung – in diesem Fall erfolgreich.

springen in München so gut gefallen hatte, aus dem Wasser kroch, war er zunächst furchtbar traurig. Dann aber durfte er sich auch schon wieder freuen. Die Menschen nämlich, die ihm zugesehen hatten, wußten, daß er eigentlich viel besser springen kann und nur ganz selten auf den Bauch fiel. Und dann klatschten sie vor jedem Sprung ganz lange Beifall. Da lächelte der Mann wieder, und das Märchen hatte doch noch ein Happy-End.

Allerdings nur für Killat persönlich. Den anderen im Team war eher zum Heulen zumute. »Da hat irgend jemand einen Kübel Pech über uns ausgeschüttet«, vermutete Bundestrainerin Ursula Klinger. Nichts klappte im deutschen Verband, mit Ausnahme der Bronzemedaille für Brita Baldus vom Dreimeterbrett. »Die Vorbereitung war gut, alle haben fleißig gearbeitet, es ist unverständlich.« Wahrscheinlich waren es die Nerven, die zu oft versagten. Wie bei Jan Hempel, der vom Turm lange Zeit auf aussichtsreicher Position lag, die Silbermedaille schon fast sicher hatte und sich mit nur einem Sprung ganz vom Siegerpodest verabschiedete. Ein dreieinhalbfacher Auerbach-Salto, es war sein vorletzter Sprung, mißlang ihm völlig. Bronze war eingeplant, Silber schien möglich, an Gold war nicht zu denken.

Im freien Fall zu Bronze: Nach eineinhalbfachem Auerbachsalto mit zweieinhalb Schrauben landete Brita Baldus (Bild) vom Dreimeterbrett auf Platz drei und sicherte den deutschen Kunstspringern wenigstens eine Medaille. »Ich war unheimlich gut drauf«, erklärte die 37jährige Leipzigerin, die sich sogar Hoffnung auf mehr gemacht hatte. Noch viel besser drauf allerdings war einmal mehr die Chinesin Min Gao und gewann vor Europameisterin Irina Latschko (GUS) nach 1988 auch diesmal überlegen Gold.

Das machen im Wasserspringen immer mehr die Chinesen unter sich aus. Min Gao vom Dreimeterbrett und die kleine Mingxia Fu vom Turm sowie Shuwei Sun vom Turm holten Gold, lediglich der Amerikaner Mark Lenzi vom Brett konnte die chinesische Serie durchbrechen. Shuwei Sun gelang dabei eine besondere Demonstration der Übermacht. 16 Jahre alt ist er, 1,55 Meter klein und 45 Kilo leicht, und die versteht er mit unglaublicher Präzision und Eleganz zu verwinden, bevor er nahezu lautlos ins Wasser gleitet. Bereits in Perth bei der Weltmeisterschaft überzeugte er die Preisrichter, diesmal versetzte er sie in Entzücken. Gleich serienweise zogen sie die Zehn für seine Darbietungen. Ein wenig aber kann auch Shuwei Sun sogar noch von Jan Hempel lernen. Der hatte in Barcelona der Fach-Kommission einen neuen von ihm kreierten Sprung vorgeführt, einen Handstand mit anschließendem dreifachen gehechteten Salto. Bei Olympia durfte er ihn noch nicht in das Wettkampfprogramm aufnehmen. Aber künftig, wenn Hempel schon längst nicht mehr seiner verpatzten Medaille nachtrauert, werden Legionen von Wasserspringern auf den Turm klettern und zum dreieinhalbfachen Hempel-Salto ansetzen. Und so kommt auch der Dresdener zu olympischen Ehren. Auch ein kleines Happy-End.

Kunstspringen

Männer		Punkte
1. Lenzi	USA	676,53
2. Liangde Tan	CHN	645,57
3. Sautine	GUS	627,78
4. Murphy	AUS	611,97
5. Ferguson	USA	609,12
6. Mondragon	MEX	604,14
7. Jongejans	NED	581,40
8. Stazenko	GUS	577,92
10. Killat	GER	556,35
18. Hempel	GER	353,85

Kunstspringen

Frauen		Punkte
1. Min Gao	CHN	572,400
2. Latschko	GUS	514,140
3. Baldus	GER	503,070
4. Bartova	TCH	491,490
5. Ovenhouse	USA	477,840
6. Ilina	GUS	470,670
7. Koch	GER	468,960
8. Depiero	CAN	449,490

Turmspringen

Männer		Punkte
1. Shuwei Sun	CHN	677,31
2. Donie	USA	633,63
3. Ni Xiong	CHN	600,15
4. Hempel	GER	574,17
5. Morgan	USA	568,59
6. Sautine	GUS	565,95
7. Kühne	GER	558,54
8. Kaneto	JPN	529,14

Turmspringen

Frauen		Punkte
1. Mingxia Fu	CHN	461,43
2. Miroschina	GUS	411,63
3. Clark	USA	401,91
4. Zhu	CHN	400,56
5. Afonina	GUS	398,43
6. Izguerra	MEX	394,35
7. Owen	USA	392,10
8. Canales	ARG	384,03
14. Wetzig	GER	284,13
20. Kühn	GER	270,51

Im Pavillon der spanischen Industrie lagen sich junge und schon etwas angegraute Männer in den Armen, Freude pur beherrschte die Szene. Nur einer konnte sein Glück zunächst gar nicht fassen und ließ den Freudentränen ihren Lauf: Ronny Weller, Olympiasieger im Gewichtheben, zweites Schwergewicht (bis 110 Kilo). Er schlug die Hände vors Gesicht, als müßte er sich des Triumphs über den Weltmeister Artur Akojew aus der Gemeinschaft Unabhängiger Staaten schämen, während die Fangruppe aus Duisburg jubelnd das Transparent und das schwarzrotgoldene Tuch schwenkte.

»Auf diesen Augenblick habe ich fast 20 Jahre gewartet«, sagte Ronny Weller später, der mit 23 Lenzen den Gipfel des Olymps bestieg. Kein Irrtum, nein, der 1,80 Meter große kernige Bursche, vor allem aber sein Vater, Günther Weller, kannten tatsächlich schon früh nur dieses höchste Ziel. »Für mich als Trainer ist ein Traum in Erfüllung gegangen, das Idealbild eines Hebers in meinem Sohn erfüllt zu sehen«, erklärte denn auch freudestrahlend Weller senior. Er hätte noch einmal die Geschichte einer hundertjährigen Familientradition im Stemmen schwerer Gewichte erzählen können, von den Anfängen in der Mühle im Vogtland und von der Goldmedaille, die Klein-Ronny während eines Besuchs beim früheren Gewichtheber-Olympiasieger Kurt Helbig im Wohnzimmer vergnügt vor sich herrollte.

Für den Zehnjährigen arbeitete Weller einen Plan aus, der über Jahre regelmäßige Steigerungen der Lasten vorsah. Ronny Weller brachte es nebenbei zum »stärksten Pionier« der DDR unter anderem mit 96 Liegestützen in einer Minute und zum Spartakiadesieger. Mit 18 stieg er zum Junioren-Weltmeister auf, mit 19 war er Olympiadritter – unaufhaltsam auf dem Weg nach oben. Doch dann traf ihn ein Schicksalsschlag, der allem Streben unwiderruflich ein Ende zu setzen schien. Kurz vor Weihnachten 1989 verunglückte Weller mit dem Auto auf

Gewichtheben

Ronny Weller hebt Olympia aus den Angeln

Üppiger Lohn nach mageren Tagen: Beinahe eine Woche lang hat Andreas Behm kaum gegessen und trotz der Hitze von Barcelona fast nichts getrunken, um das Limit seiner Klasse zu erreichen, 67,5 Kilogramm. Doch die Fastenzeit machte sich bezahlt, mit einer Zweikampfleistung von 320 Kilo gewann der 29jährige Hausmeister aus Stralsund hinter dem Armenier Israil Militosjan und dem Bulgaren Joto Jotow Bronze. Eine Medaille, auf die der frühere Weltrekordhalter wegen des Olympiaboykotts der DDR 1984 und seiner Verletzung 1988 lange warten mußte. Die fünf Kilo hatte Behm anderntags übrigens schon fast wieder drauf.

regennasser Fahrbahn in der Nähe seines Heimatortes Neu-Hardenberg, die Freundin starb am Unfallort, er selbst kam mit schwersten Frakturen vom Kopf bis zu den Beinen ins Krankenhaus. Ärztliche Kunst und ein eiserner Wille schafften das Unmögliche: Weller biß sich durch und stand 1991 als WM-Zweiter wieder auf der Heber-Bühne, die ihm die Welt bedeutet.

Gegen den Osseten Artur Akojew kam er damals noch nicht auf, jetzt ging er aufs Ganze. Mit drei neuen deutschen Rekorden und insgesamt 432,5 Kilo (192,5/235), in einem spannungsgeladenen Finale, von der 240 Kilo schweren Hantel schier erdrückt, distanzierte er den zuvor an 237,5 Kilo gescheiterten Akojew um 2,5 Kilo. Der Sieg war Bestätigung auch dafür, daß die Familie Weller erst zu Jahresbeginn aus Brandenburg zur Vorbereitung unter Bundestrainer Rolf Milser nach Duisburg umgezogen war. »Ronny hat sechs tolle Versuche hingelegt«, freute sich Milser, der Olympiasieger von 1984, dessen zweiter Schwergewichtler Frank Seipelt mit 390 Kilo und Rang sechs überzeugte.

Ronny Weller trat strahlend aus dem breiten Schatten des zuvor im einstigen bundesdeutschen Heberteam dominierenden Superschwergewichtlers Manfred Nerlinger, den er ein paar

Wochen vorher bei der deutschen Meisterschaft schon bezwungen hatte. Der 32jährige Münchner mußte sich der russischen Übermacht wieder einmal beugen, kämpfte tapfer, doch mehr als Bronze bekam er nicht in den Griff. Am deutschen Rekord, an 247,5 Kilo, versuchte er sich zuletzt im Stoßen, um dem Russen Leonid Taranenko noch Silber zu entreißen, doch die Last prallte von seiner mächtigen Brust ab, als er mit ihr aus der Hocke aufstand, und warf ihn auf den breiten Rücken.

■ Kurlowitsch, »der stärkste Mann der Welt«

Mit der Zweikampfleistung von 450 Kilo (205/245) siegte neuerlich Weltmeister Alexander Kurlowitsch aus Grodno in Weißrußland vor seinem Landsmann Leonid Taranenko (425 Kilo). Nerlinger fing noch den Kubaner Ernesto Aguero ab, der ihn im Reißen mit 182,5 Kilo um 2,5 Kilo auf den

Ronny Weller (rechts) hebt Olympia aus den Angeln. Keiner hatte damit gerechnet, doch nach seinem dritten Platz 1988 für die DDR bezwang der Duisburger im zweiten Schwergewicht diesmal die gesamte Elite. Weder Weltmeister Artur Akojew aus der GUS noch der Bulgare Stefan Botew waren dem deutschen Rekord von 432,5 Kilo gewachsen. Im Fliegengewicht bis 60 Kilogramm war der kleine Türke Nahim Suleymanoglu (oben) erneut der Größte: Wie 1988 hob er mehr als die Konkurrenz – und mithin das Selbstbewußtsein seiner Nation.

Ausgerutscht ist Manfred Nerlinger (oben) im Superschwergewicht, doch Bronze wie 1984 blieb dem 31jährigen Münchner immerhin mit 412,5 Kilogramm und gleichzeitig die 50. deutsche Medaille in Barcelona. Das Silber von Seoul aber war unerreichbar, Platz eins sowieso. »Gold«, so Nerlinger, »war bei der Überlegenheit von Kurlowitsch nicht möglich.« Dessen Trainer Wassili Alexejew (rechts), 1972 und 1976 selbst Olympiasieger, durfte sich freuen – ob der Triumph indessen ohne verbotene Hilfsmittel zustande kam, durfte bezweifelt werden.

vierten Rang abgedrängt hatte. Auch er schaffte im Zweikampf 412,5 Kilo, brachte aber noch zwölf Kilo mehr auf die Waage als der rund drei Zentner schwere Bundeswehr-Feldwebel. Nerlinger, der vorher schon angekündigt hatte, er wolle seine Karriere fortsetzen, womöglich vier Jahre, nahm sein Schicksal gelassen an: »Ich bin glücklich, weil ich wieder eine Medaille geholt habe. Gold war bei der Überlegenheit von Kurlowitsch nicht möglich, und ob es Silber oder Bronze wird, war nicht entscheidend. Schließlich habe ich beides schon einmal gewonnen.« Daß der Weißrusse zuletzt vergebens versuchte, seinen Rang als stärkster Mann der Welt mit der Last von 250 Kilo zu untermauern, mag ihm zusätzlicher Trost und Fingerzeig gewesen sein.

■ Auf-Reißer Andreas Behm

Auf den Geschmack gebracht hatte die schweren Männer des Bundesverbandes Deutscher Gewichtheber erst so richtig der alte Kämpe Andreas Behm (29) aus Stralsund, der ehemalige Europameister, der 1984 drei Weltrekorde gehoben hatte, als der Osten die Spiele von Los Angeles boykottierte. Wie schon 1988 schien eine Verletzung den aufkeimenden Hoffnungen ein Ende zu setzen; die Hüfte schmerzte, doch die Behandlung von Verbandsarzt Bernd Dörr schlug an. Behm kämpfte entschlossen um Bronze, legte im Reißen mit 145 Kilo einen deutschen Rekord vor und zehrte davon im Duell mit dem Chinesen Yong Wang. Trotz des Abkochens von vier Kilogramm blendend in Form, stieß Behm 175 Kilo, während der Chinese vollends scheiterte. Mit den Plazierungen von Ingo Steinhöfel aus Chemnitz (5.) sowie Marc Huster aus Meißen und Udo Guse aus Stralsund (jeweils 7.) gestaltete sich die deutsche Bilanz ausgesprochen positiv.

■ Wer Bronze nicht ehrt, ist Gold nicht wert

Den Ton gaben wieder einmal die starken Männer aus der GUS an mit insgesamt fünfmal Gold. Einer der ihren sorgte aber auch für den Skandal des Turniers: Der Tschetschene Ibrahim Samadow warf bei der Siegerehrung die im Leichtschwergewicht gewonnene Bronzeplakette achtlos zu Boden und verließ demonstrativ das Podium. Das IOC erkannte ihm daraufhin die Medaille ab, und der Weltverband IWF sperrte ihn auf Lebenszeit. Samadow war im letzten Augenblick dem zweimaligen Weltmeister Orasdurdjiew vorgezogen worden vom Cheftrainer Wassili Alexejew und hatte sich als schwerster von drei leistungsgleichen Spitzenreitern als Pechvogel erwiesen. Das könnte seine Reaktion erklären. Sein Entschuldigungsbrief nützte dem 24jährigen aber nichts mehr, Bronze wurde nicht vergeben.

Gewichtheben

Fliegengewicht (bis 52 kg)		kg
1. Iwanow	BUL	265,0
2. Qisheng Lin	CHN	262,5
3. Ciharean	ROM	252,5
4. Kwang-Ku Ko	KOR	252,5
5. Mutlu	TUR	247,5
6. Nam-Su Gil	PRK	235,0
7. Rodriguez	VEN	230,0
8. Puig	ESP	227,5

Gewichtheben

Bantamgewicht (bis 56 kg)		kg
1. Byung-Kwan Chun	KOR	287,5
2. Shoubin Liu	CHN	277,5
3. Jianming Luo	CHN	277,5
4. Sakuma	JPN	255,0
5. Yong-Chol Kim	KOR	255,0
6. Gorzelniak	POL	255,0
7. Lenart	HUN	252,0
8. Sodikin	INA	250,0

Gewichtheben

Federgewicht (bis 60 kg)		kg
1. Suleymanoglu	TUR	320,0
2. Peschalow	BUL	305,0
3. Yingqiang He	CHN	295,0
4. Terziski	BUL	295,0
5. Leonidis	GRE	295,0
6. Hyon Ro	KOR	287,5
7. Czanka	HUN	285,0
8. Jae Li	KOR	280,0

Gewichtheben

Leichtgewicht (bis 67,5 kg)		kg
1. Militosjan	GUS	337,5
2. Jotow	BUL	327,5
3. Behm	GER	320,0
4. Yahiaoui	ALG	315,0
5. Gronman	FIN	305,0
6. Tabares	COL	300,0
7. Sang-Ho Im	PRK	300,0
8. Bushi	ALB	290,0

Gewichtheben

Mittelgewicht (bis 75 kg)		kg
1. Kassapu	GUS	357,5
2. Lara	CUB	357,5
3. Myong-Nam Kim	PRK	352,5
4. Koslowski	POL	352,5
5. Steinhöfel	GER	347,5
6. Licea	CUB	345,0
7. Chlebosz	POL	340,0
8. Gang Lu	CHN	335,0

Gewichtheben

Leichtschwergewicht (bis 82,5 kg)		kg
1. Dimas	GRE	370,0
2. Siemion	POL	370,0
(3.)Samadow (disqu.)	GUS	370,0
4. Chol Ho Chon	PRK	365,0
5. Bratoitchew	BUL	365,0
6. Elias	CUB	365,0
7. Huster	GER	362,5
8. Heredia	CUB	262,5

Gewichtheben

Mittelschwergewicht (bis 90 kg)		kg
1. Kachiachwili	GUS	412,5
2. Syrtsow	GUS	412,5
3. Wolczaniecki	POL	392,5
4. Byung-Chan Kim	KOR	380,0
5. Tschakarow	BUL	377,5
6. Lara Rodriguez	CUB	375,0
7. May	GBR	355,0
8. Goodman	AUS	350,0

Gewichtheben

1. Schwergewicht (bis 100 kg)		kg
1. Tregubow	GUS	410,0
2. Taimazow	GUS	402,5
3. Malak	POL	400,0
4. Tournefier	FRA	387,5
5. Stefanow	BUL	380,0
6. Danisow	ISR	377,5
7. Guse	GER	377,5
8. Nishimoto	JPN	372,5

Gewichtheben

2. Schwergewicht (bis 110 kg)		kg
1. Weller	GER	432,5
2. Akojew	GUS	430,0
3. Botew	BUL	417,5
4. Vlad	ROM	405,0
5. Osuch	POL	397,5
6. Seipelt	GER	390,0
7. Saltsidis	GRE	385,0
8. Dekaj	ALB	380,0

Gewichtheben

Superschwergewicht (über 110 kg)		kg
1. Kurlowitsch	GUS	450,0
2. Taranenko	GUS	425,0
3. Nerlinger	GER	412,5
4. Aguero	CUB	412,5
5. Mitew	BUL	400,0
6. Zubricky	TCH	392,5
7. Arslan	TUR	390,0
8. Martinez	USA	385,0
9. Zawieja	GER	380,0

Bogenschießen

Robin Hoods olympische Erben

Sie mußten sich ein bißchen wie die Außenseiter der olympischen Gesellschaft vorkommen: Von den Bogenschützen, die weitab vom Schuß auf zwölf Medaillen anlegten, nahm kaum einer Notiz. Dabei wäre bei den Nachfolgern Robin Hoods eine größere Kräfteverschiebung zu registrieren gewesen, weg von den Amerikanern und Asiaten, hin nach Europa, wo 1900 in Paris erstmalig ein Olympiaturnier ausgetragen und 1972 in München nach 52jähriger Pause eine neue Tradition begründet worden ist.

Speziell bei den Männern geschah Überraschendes. Zuerst erbeutete der 20jährige Europameister Sebastien Flute aus Frankreich das Einzel-Gold, dann durfte sich Spaniens Mannschaft erstmalig als großer Sieger feiern lassen nach dem Finalsieg über Finnland. Mit 110:98 Ringen besiegte Flute den WM-Dritten Yae-Hun Chung aus Südkorea im Finale und bescherte seinem Land das erste Gold seit den Sommerspielen 1920 in Antwerpen.

Allein die zielsicheren Frauen aus Südkorea ließen sich nicht beirren. Youn-Yeong Cho gewann vor der Olympiasiegerin 1988 und Weltmeisterin Soo-Nyung Kim, die koreanische Mannschaft gab im Finale den Chinesinnen nach spannungsvollem Kräftemessen mit 236:228 Ringen das Nachsehen und verbesserte dabei zwei Weltrekorde. Schwer geschlagen traten die Deutschen die Heimreise an. 1987 noch Mannschafts-Weltmeister, scheiterten die Männer ebenso im Achtelfinale wie das Team der Frauen. Im Einzelwettkampf verlor als letzter Deutscher der 26jährige Frank Marzoch aus Herne in der Runde der letzten 32 gegen den späteren Vierten Bertil Grov aus Norwegen. Der ehemalige WM-Zweite Andreas Lippoldt aus Sindelfingen landete gar nur auf Rang 43, die Hamburgerin Astrid Hänschen auf dem 37. Platz.

Bogenschießen	
Einzel, Männer	
1. Flute	FRA
2. Yae-Hun Chung	KOR
3. Terry	GBR
4. Grov	NOR

Bogenschießen	
Einzel, Frauen	
1. Youn-Yeong Cho	KOR
2. Soo-Nyung Kim	KOR
3. Walejewa	GUS
4. Xiaozhu Wang	CHN
37. Hänschen	GER

Bogenschießen	
Mannschaft, Männer	
1. ESP	
2. FIN	
3. GBR	
4. FRA	
5. KOR, USA, AUS, GUS	

Bogenschießen	
Mannschaft, Frauen	
1. KOR	
2. CHN	
3. GUS	
4. FRA	
5. SWE, USA, TUR, PRK	

Die Goldmedaille im Visier hatte Youn-Yeong Cho im Bogenschießen (Bild). Mit der Mannschaft gewann die Südkoreanerin vor China, im Einzel verwies sie sogar ihre Teamkollegin Soo-Nyung Kim auf Platz zwei. Die war immerhin Titelverteidigerin und Weltmeisterin.

Baseball

Kubas Triumph auf amerikanischem Terrain

Der Klassenkampf mag in anderen Sportarten tot sein, im Baseball lebt er fort. Da waren zum einen die Kubaner, deren 6:1-Halbfinaltriumph über die mächtigen US-Amerikaner Spieler Victor Mesa zu dem Ausspruch animierte: »Das ist ein Sieg für die kubanische Gesellschaft.« Nach dem 11:1-Endspielsieg über Taiwan gab es für den Trainer erst recht kein Halten mehr: »Das ist ein Höhepunkt in der Geschichte Kubas«, meinte Jorge Fuentes. Gold in der amerikanischsten aller Sportarten, das war Gold für die Seele eines der letzten kommunistischen Staaten. Bei der Siegerehrung sangen die 20 rotgekleideten Spieler Kubas Lied voller Inbrunst.

■ Kuba und Taiwan Baseball-balla-balla

Ruhm genügte ihnen, für das taiwanische Team gab es zudem reichlich kapitalistischen Lohn. Weil sie mit ihrem Silber für die erste olympische Medaille seit 1960 sorgten, stellte die Regierung in Taipeh umgehend sieben Millionen Mark bereit, 350 000 Mark »Stipendium« für jeden Athleten. Staatspräsident Lee Teng Hui verstieg sich gar zu der Behauptung, der Medaillengewinn bedeute »siegreichen Ruhm für die chinesische Rasse«. Sport?

■ Aus für das »Alptraum-Team«

Für die US-Amerikaner aus der Heimat der weltbesten Baseball-Liga blieb nichts. Nach der Niederlage gegen den ideologischen Gegner Kuba verlor man auch den Kampf um Bronze: 3:8 gegen Wirtschaftsgigant Japan. »Nur ein Wunder hätte uns gegen Kuba geholfen«, sagte US-Coach Ron Frazer enttäuscht und nahm nach der Pleite

Baseball	
1. CUB	(Finale: 11:1 über TPE)
2. TPE	
3. JPN	(Spiel um Platz drei: 8:3 über USA)
4. USA	

seinen Hut. Allerdings mußte Frazer im Gegensatz zu seinem Basketballkollegen auf die Stars der US-Liga verzichten.

■ 1996 Revanche in Atlanta?

In vier Jahren in Atlanta, bei Coca-Cola vor der Haustür, bedarf es wohl einer Aktion »Dream Team« auch im Baseball, soll im eigenen Land der Alptraum eines kubanischen Olympiasieges verhindert werden.

Für die Rekordsumme von 401 Millionen Dollar hat der US-Fernsehsender NBC die Übertragungsrechte von Barcelona erworben, was kein unwesentlicher Grund gewesen sein dürfte, warum unter den fünf Ringen erstmals auch Baseball gespielt wurde. Seine besten Profis allerdings durfte das Mutterland der Sportart im Gegensatz zum Basketball nicht mitbringen, und so bekamen die Zuschauer daheim an ihren TV-Schirmen etwas Schreckliches zu sehen: Eine Halbfinalniederlage gegen Gesinnungsfeind Kuba, den späteren Turniersieger.

Tischtennis

21 »Hong!« zu 13 »Jaaah!« im entscheidenden 5. Satz

Zuschauen wird überflüssig. Wenn Tischtennisspieler zur Sache gehen, muß man nur die Ohren spitzen: Punkt gemacht, Faust geballt und ein markerschütternder Schrei hinterher. Da sind sie alle gleich, bloß die Sprache wechselt. Im Doppelfinale der Männer standen zwei Chinesen zwei Deutschen gegenüber. Und jede erfolgreiche Aktion von Lu Lin und Wang Tao wurde begleitet von einem kräftigen »Hong!« Wenn Steffen Fetzner und Jörg Roßkopf zum Zug kamen, war die ehemalige Bahnhofshalle Estacio del Nord erfüllt von einem lautstarken »Jaah!« Die »Süddeutsche Zeitung« kommentierte daher recht treffend: »Der entscheidende fünfte Satz aus linguistischer Sicht: 21 Hong gegen 13 Jaah, was ein Riesen-Hong sowie die Goldmedaille für die Chinesen bedeutete, ferner undefinierbares Geknurre und lange Gesichter für die Deutschen.«

■ Erst Gold vor Augen, dann Silberblicke

Im fünften Satz nach einer Stunde dramatischen Kampfes zu verlieren, ist bitter. »Das wird ein paar Stunden dauern, ehe die Enttäuschung der Freude Platz macht«, meinte Fetzner. Und Hans-Wilhelm Gäb fand eine der klangvollsten Formulierungen dieser Spiele: »Vorher hätten wir über Silber gestrahlt, aber nach so einem Finale will man die Augen golden glänzen sehen.« Gäb ist Topmanager in der Automobilbranche, Abteilung PR. Der versteht sich aufs Reden. Und im Gegensatz zu dem niedergeschlagenen Duo mußte er auch nicht von Enttäuschung sprechen. Silber war die erste Olympiamedaille überhaupt für die deutschen Tischtennisspieler, nachdem die Sportart erst 1988 ins Programm der Spiele aufgenommen wurde. Und Gäbs mitgliederstarker Verband, der zwei Jahrzehnte lang einem schlafenden Riesen gleich ziel- und erfolglos vor sich hin dilletierte, konnte die nächste Erfolgsmeldung verbuchen.

■ Tischtennisdoppel – ein Tier mit vier Beinen

Doch mittlerweile hat sich gezeigt, daß sich der Deutsche Tischtennis-Bund bloß auf seine beiden Musterknaben verlassen kann. Das Ergebnis von Barcelona: außer Roßkopf/Fetzner niemand im Medaillenbereich, die Damen Nemes, Schall und Struse frühzeitig gescheitert in Einzel und Doppel, kein überdurchschnittlicher Vertreter des starken Geschlechts in Sicht neben den Silbermedaillengewinnern. Roßkopf und Fetzner haben das deutsche Tischtennis aus der Lethargie geführt mit ihrem Weltmeistertitel 1989, Roßkopf und Fetzner tragen seither tapfer die Last der Erwartungen alleine. Und das setzt voraus, daß man sich blind versteht. Beide kennen sich, seit sie 14 sind, beide haben in Düsseldorf zusammengewohnt, spielen im selben Verein und passen sowohl sportlich als auch menschlich bestens zusammen – der kleine, leutselige Steffen und der große, zurückhaltende Jörg. »Tischtennisdoppel«, hat die Cheftrainerin der Deutschen, Eva Jehler, gesagt, »ist ein Tier mit vier Beinen.« Und nur weil Roßkopf am Ende unerwarteterweise nervös geworden war, zerbrach die Einheit. Fetzner machte seinem Partner dennoch keine Vorwürfe: »Wir gewinnen zusammen und verlieren zusammen.«

Ganz bestimmt hätte er nach seinem Ausscheiden im Achtelfinale der Einzelkonkurrenz Kumpel Jörg eine weitere Medaille gegönnt. Doch der amtierende Europameister scheiterte an dem ehemaligen Weltmeister Jan-Ove Waldner aus Schweden. Waldner hat ein goldenes Händchen und in der Pingpongszene einen vielsagenden Spitznamen: Mozart. Roßkopf: »Er ist der König.« Das bekam der französische Weltranglistenerste Jean-Philippe Gatien im Finale zu spüren, der in drei Sätzen verlor. Nur beim Solo der Männer dominierten freilich die Europäer. Ansonsten gingen alle Goldmedaillen nach China. Bei den Frauen sowieso, da haben die Künstler aus dem Reich der Mitte ihre Vorherrschaft nie eingebüßt. Im Einzel siegte Weltmeisterin Deng Yaping vor Qiao Hong, im Doppel setzten sie sich gegen ihre Teamkolleginnen Zihe und Jun durch.

Tischtennis	
Einzel, Männer	
1. Waldner	SWE
2. Gatien	FRA
3. Kim-Taek Soo	KOR
Ma Wenge	CHN
5. Roßkopf	GER
Persson	SWE
Wang Tao	CHN
Yi Ding	AUT

Tischtennis	
Doppel, Männer	
1. Lu Lin/Wang Tao	CHN
2. Roßkopf/Fetzner	GER
3. Yoo-Nam Kyu/Kim-Taek Boo	KOR
Kang-Hee Chan/	
Lee-Chul Seung	KOR

Tischtennis

Einzel, Frauen

1.	Deng Yaping	CHN
2.	Qiao Hong	CHN
3.	Hyun-Jung Hwa	KOR
	Li-Bun Hui	PRK
5.	Sun-Bok Yu	PRK
	Cioisu	ROM
	Zihe Chen	CHN
	Po-Wa Chai	HKG

Tischtennis

Doppel, Frauen

1.	Deng Yaping/Qiao Hong	CHN
2.	Chen Zihe/Gao Jun	CHN
3.	Li-Bun Hui/Yu-Sun Bok	PRK
	Hyun-Jung Hwa/Hong-Cha Ok	KOR

Den Olympiasieg vor Augen hatten Jörg Roßkopf und Steffen Fetzner (oben) im Männer-Doppel, doch im fünften und entscheidenden Satz des Finales setzten sich mit 21:13 ihre chinesischen Gegenüber Lu Lin und Wang Tao durch. Was für die Verlierer zwar ärgerlich war, aber dennoch dem Deutschen Tischtennis-Bund (DTTB) Lorbeeren einbrachte. Bei den Frauen waren die Chinesinnen ohnehin eine Klasse für sich. Am besten wußte erwartungsgemäß die Weltranglisten-Erste Deng Yaping (links) mit dem gelben Zelluloidball umzugehen, die das Einzel gegen Qiao Hong gewann und im Doppel mit dieser gemeinsam.

Leichtathletik

Highlights unter Spaniens heißer Sonne

Seine miese Nummer versteckt der Direktor eines Varietés geschickt unaufffällig im Programm zwischen den Attraktionen. Es muß ja nicht jeder Zuschauer gleich merken, daß nicht alles Gold ist, was im Scheinwerferlicht gülden glänzt. Die Manager der größten Show der Welt aber glauben wohl, daß sie ihrem nach Hunderten von Millionen zählenden Publikum alles zumuten können. Hat doch der Leichtathletik-Weltverband in der Arena von Barcelona zuallererst seine Schmierenkomödianten auftreten lassen: die Kugelstoßer, eine Spezies, von der sich viele Betrüger schimpfen lassen müssen, weil sie sich mittels Muskelmast zu Leistungen befähigen, wie sie seit Herkules weder Mensch noch Halbgott mehr gelungen waren.

Ist der Ruf erst ruiniert, stößt sich's gänzlich ungeniert. Mike Stulce, mit 21,70 Metern der erste US-amerikani-

sche Olympiasieger im Kugelstoßen seit 1968, durfte nach zweijähriger Sperre wegen Dopings erst im April 1992 wieder in den Ring. Sein Landsmann Jim Doehring, dessen Stoß auf 20,96 Meter mit Silber belohnt wurde, war 1991 wegen demselben Delikt von Wettkämpfen ausgeschlossen worden und später aufgefallen, weil er mit Amphetaminen handelte, den kleinen Muntermachern. Doehring hatte sich sein olympisches Startrecht juristisch erkämpft, das Gericht entschied zu seinen Gunsten eines erbrochenen Siegels an der B-Probe des Urinfläschchens halber. Wjatscheslaw Lykho aus der GUS, mit 20,91 Metern der Dritte des unrühmlichen Trios, war 1991 drei Monate lang aus den Stadien verbannt geblieben, der Einnahme von Muskelpillen überführt.

■ Olympias »Schmierenkomödianten«

Ob Werner Günthör, der Schweizer Vorzeige-Stoßer, zwei Meter groß und 130 Kilo schwer, ein reiner Naturbursche ist, weiß keiner mit Sicherheit, und deshalb auch nicht, ob er unser Mitleid verdient, weil er am Ende als Vierter mit leeren Händen dastand. Der »Spiegel« hatte ihn kurz vor den Spielen erneut des Dopings bezichtigt, das habe ihn belastet, klagte er. Andere hatten sie erwischt, Greg Tafralis

Olympisches Gedränge: 41 Wettbewerbe wurden binnen zehn Tagen in der Leichtathletik entschieden in ebensovielen Finals und noch viel mehr Vorläufen und Ausscheidungskämpfen. Doch mag die Masse der Disziplinen auch geradezu erdrückend wirken, in Barcelona wie an anderen Austragungsorten zuvor waren Laufen, Springen und Werfen der eigentliche Mittelpunkt der Sommerspiele. Ein bißchen feucht wurden während der »heißen Wettkampftage« allenfalls die Teilnehmer im 3000-Meter-Hindernisrennen am Wassergraben (Bild).

1,98 Metern weniger auf Platz fünf: »Die haben ihre Strafe abgesessen und werden zu Unrecht mit derartigen Vorwürfen konfrontiert!«? Zweifel an der Resozialisierung bleiben angebracht bei Weiten jenseits der 21-Meter-Linie, die Experten als Grenze menschlicher Leistungsfähigkeit gezogen haben. Wer Eisen anfaßt in der Leichtathletik, der steht auf der Liste der Verdächtigen ganz weit oben. Nur wer viel weniger weit stößt oder schleudert als früher, hilft Verdachtsmomente auszuräumen, wie die Hammerwerfer aus der GUS, die unter Führung von Andrej Abduwaljew alle drei Medaillen einsammelten. Seine 82,54 Meter hätten vor vier Jahren in Seoul nur zu Bronze gereicht. Doch trau', schau, wem: Drei Tage nach dem Wettbewerb wurde Jud Logan (USA), Vierter mit 79,00 Metern, des Dopings überführt.

■ **Keine Diskussion: Diskuswerfer weit unter Niveau**

Gewaltig gesunken ist auch das Niveau im Diskuswerfen. Jürgen Schult aus Schwerin, im Besitz des Weltrekords (74,76 Meter) und in dieser Sai-

Medaille verpaßt, Karriere beendet: 1988 in Seoul war Ulf Timmermann (oben) Olympiasieger für die DDR, doch seine damalige Leistung von 22,47 Metern erreichte der 29jährige Berliner im gesamtdeutschen Trikot seither nicht annähernd, im Finale stieß er diesmal ziemlich genau zwei Meter weniger als damals – 20,49 Meter, Platz fünf. Und auf die nächsten Sommerspiele wird Timmermann ebensowenig warten wie Landsmann Udo Beyer. Beide legten die Kugel aus der Hand.

etwa, mit 21,96 Metern der Weltbeste dieses Jahres, oder Weltrekordler Randy Barnes (23,12 Meter), dem war es nicht gelungen, vor Gericht zu obsiegen. Dem Deutschen Kalman Konya schon, aber das NOK hat ihn wieder nach Hause geschickt, weil er mit den Kontrolleuren monatelang Verstecken gespielt hatte.

Was soll angesichts dieser Vorgeschichten das Gejammer des Ulf Timmermann, Olympiasieger 1988 für die DDR mit 22,47 Metern, diesmal mit

son mit 69,04 Metern in den Bestenlisten verzeichnet, hätten knapp vier Meter weniger zum erneuten Olympiasieg gereicht. Leider aber schleuderte er die 1,5 Kilo schwere Scheibe nur 64,94 Meter weit und wurde im fünften Durchgang vom Litauer Romas Ubartas (65,12 Meter) übertroffen. Schult gewann Silber, Weltmeister Lars Riedel vom USC Mainz nichts.

■ Starke Leistungen des »schwachen Geschlechts«

Es müssen sich aber nicht nur die starken Männer fragen lassen, wo ihre Kraft geblieben ist. »Ich dachte, ich kann 2,40 Meter springen«, sagte enttäuscht Patrik Sjöberg, der schwedische Europarekordler (2,42 Meter). Höher als 2,34 Meter kam er nicht, ebensowenig wie Olympiasieger Javier Sotomayor aus Kuba, der mit 2,44 Metern den Weltrekord hält. Bei der Verteilung der Bronzeplaketten drängelten sich drei Mann auf dem Siegerpodest, für Ralf Sonn aus Weinheim (2,31 Meter) bleib kein Platz frei. »Ein merkwürdiger Wettkampf«, sinnierte Sjöberg.

Die Szenerie hat sich auch beim sogenannten schwächeren Geschlecht ver-

ändert, bei dem die Hormongaben nicht nur die Muskeln schwellen lassen, sondern auch Bart und Akne sprießen, die geringeren Verunstaltungen noch. Jetzt scheinen meist nur noch jene Athletinnen aus ihren hautengen Trikots zu platzen, welche die Natur üppig geschaffen hat. Ilke Wyludda etwa, die lag vor Olympia brav im Trend mit ihren 70,96 Metern, sechs Meter hinter dem Weltrekord. In Barcelona »stand ich völlig neben mir«, beschrieb die blonde Walküre

Umstrittene Schwerathleten: Wer Eisen schleudert bis an die Grenzen menschlicher Leistungsfähigkeit oder darüber hinaus, der begibt sich in den Verdacht, sich unlauterer Mittel zu bedienen. Der Hammerwerfer Astapkowitsch (Mitte oben) aus der GUS begegnete dem Argwohn

immerhin insofern, als er mit 81,96 Metern weit unter dem Weltrekord (86,74) blieb und sich mit Silber begnügte. Der Amerikaner Mike Stulce (rechts oben) hingegen hatte gerade eine zweijährige Dopingsperre abgesessen, in Barcelona wurde er mit 21,70 Metern unverhoffter Olympiasieger im Kugelstoßen.

Kubas Überflieger im olympischen Himmel: Nach dramatischem Duell mit dem Schweden Patrik Sjöberg (rechts) gewann Javier Sotomayor (links) die Goldmedaille im Hochsprung, weil er für 2,34 Meter einen Versuch weniger benötigte. Berauschend allerdings waren die Leistungen nicht, bei seinem Weltrekord hatte Sotomayor immerhin zehn Zentimeter mehr geschafft. »Ein merkwürdiger Wettkampf«, fand Verlierer Sjöberg. »Alle jagten die Medaillen, keiner kam voran.« Die Heimat des Siegers offenbar schon, deren Ansehen sollte sportlicher Erfolg stärken. »Wir Kubaner haben zwar eine Wirtschaftskrise«, erklärte Sotomayor, »aber wir können was leisten.«

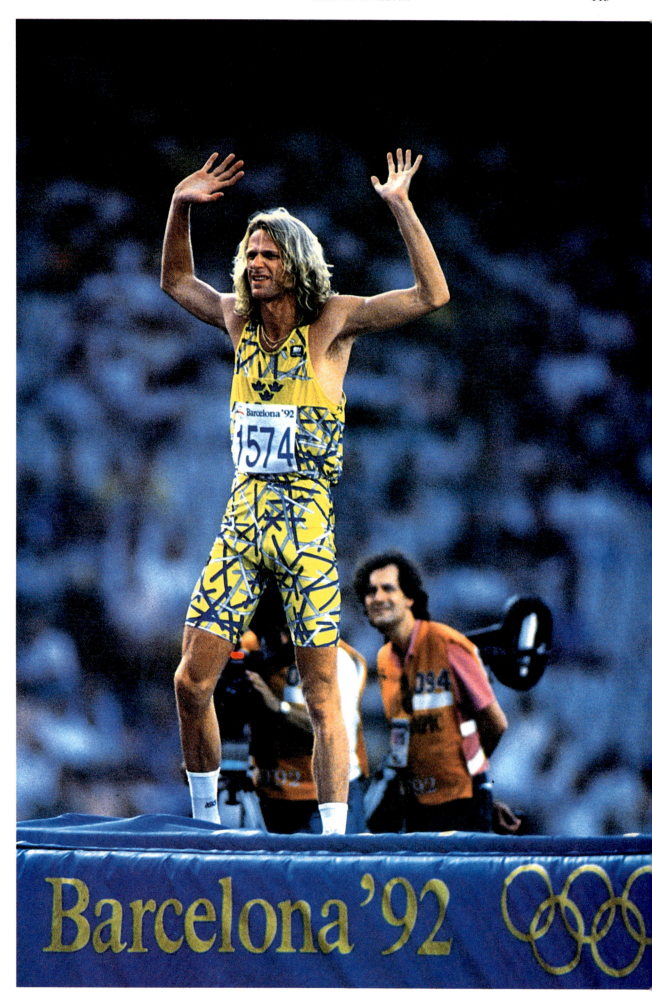

aus Halle ihren Zustand, der sie lediglich zu 62,16 Metern und Platz neun im Diskuswerfen befähigte. Die Kubanerin Haritza Harten gewann Gold mit 70,06, darüber haben einige Konkurrentinnen die Nase gerümpft.

■ Silke Renks goldener Speerwurf

Den Speerwerferinnen kann keiner was nachsagen, wie auch, wenn Petra Felke mit exakt 80 Metern die Weltrekordmarke gesetzt hat und Silke Renk aus Halle mit einem Wurf auf 68,34 Meter die Goldmedaille gewann, ihre Klubkameradin Karen Forkel Bronze mit 66,86 Metern. Felke, 32 schon, lädiert die Knie, blieb 21 Meter hinter ihrer Bestweite zurück, weinend reichte sie der Renk ihren Siegerspeer von 1988, Marke Sandvik Diana 70, der wurde auch diesmal vergoldet.

Ach, wenn es doch überall mit rechten Dingen zuginge in der Leichtathletik. Es mag aber kaum einer mehr dem anderen trauen, vom Sprint bis zum Marathon, nachdem die GUS-Läuferin Biktagirowa, die den vierten Platz belegt hatte, wegen Dopings disqualifiziert wurde. Hinter ihr bleibt eine beträchtliche Dunkelziffer, für die schwächeren Mitbewerber bleibt auch ein 20. Platz verlockend, eine persönliche Bestleistung genügt oft schon, um daheim ehrenvoll empfangen zu werden.

Der goldene Wurf: Mit 68,34 Metern schleuderte Silke Renk aus Halle (links) den Speer im letzten Versuch weiter als alle anderen und trat damit die Nachfolge von Petra Felke-Meier an, die nur Siebte wurde. Acht Zentimeter Vorsprung auf Natalia Schikolenko – minutenlang hüpfte die Deutsche über den Rasen und beschrieb mit Daumen und Zeigefinger die Spanne, die den Sieg bedeutete. Weil Karen Forkel (rechts oben, rechts im Bild) darüber hinaus Dritte wurde, konnten sich die beiden Klubkameradinnen ihre Glücksgefühle bei der Siegerehrung teilen. Weniger erfreut war die Geherin Iwanowa (unten rechts): Sie begann regelwidrig zu laufen und wurde regelgerecht disqualifiziert.

Momentaufnahmen eines ungleichen Duells. 1991 war Sabine Braun Weltmeisterin im Siebenkampf, nachdem sich Jackie Joyner-Kersee während des Wettkampfes verletzt hatte. Bei Olympia '92 schien die Auseinandersetzung der bestimmende Vergleich zu werden – die Ingolstädterin Birgit Clarius (oben rechts) konnte dabei nur eine Rolle als Randfigur spielen (sie wurde Siebte). Doch der Angriff auf die Königin der Leichtathletinnen dauerte nur bis zum Hochsprung. Mit 1,94 Metern stellte Braun (rechts unten) trotz nervlichem Druck eine persönliche Bestleistung auf und war der Favoritin auf den Fersen. Beim Weitsprung indes zog die Amerikanerin (oben links) davon, indem sie 7,10 Meter erreichte, die Herausforderin aus Düsseldorf aber nur 6,03 Meter. Im Ziel des abschließenden 800-Meter-Laufs jubelten schließlich beide: Joyner-Kersee als Erste, Braun als Dritte der Gesamtwertung (unten links). Und die 30jährige Siegerin verriet nach dem zweiten olympischen Erfolg ihr zielgerechtes Motto: »Ich unterschätze niemanden, aber ich weiß, daß ich die Beste sein kann.«

Kaum hatte Gail Devers in 10,82 Sekunden überraschend die 100 Meter gewonnen, deutete ihre amerikanische Landsfrau Gwen Torrence mit dem Finger auf sie und orakelte, zwei von drei auf dem Podest seien nicht sauber.

Gemeint sein konnten aber bloß Juliet Cuthbert aus der Karibikinsel Jamaika (10,83) und Irina Priwalowa aus dem Team der Gemeinschaft Unabhängiger Staaten (10,84), denn für die Devers erklärte Trainer Kersee kategorisch: »Wer von euch Burschen behauptet, Gail habe irgendwas mit Doping zu tun, der kann mich mal.«

■ Die Enttarnung der Katrin Krabbe

Sogar in der Stunde ihres Triumphs hat Gwen Torrence nicht lockergelassen, als Olympiasiegerin über die 200 Meter in 21,81 Sekunden vor den Jamaikanerinnen Juliet Cuthbert (22,02) und Merlene Ottey (22,09). Abgewischt die Tränen mit dem Sternenbanner, den kleinen Sohn auf dem Arm, dem der Vater erklärte, weshalb sie weinte (»die Mama hat gewonnen«) – da wurde sie mit der Meldung konfrontiert, Katrin Krabbe sei des Do-

pings überführt worden. »Sie gehört aus dem Verkehr gezogen«, forderte Torrence, und Bluttests (wie schon längst im nordischen Wintersport) müßten durchgeführt werden. »Ich hasse Nadeln, aber ich würde es sofort machen lassen, hier, vor allen Leuten.« Torrence war bei der Weltmeisterschaft von Krabbe besiegt worden, »niemand wird Weltmeisterin oder Olympiasiegerin und fängt erst danach an, sich zu dopen«. Sie habe Andeutungen gemacht, jetzt möge sie Namen nennen, wurde bei der Pressekonferenz verlangt. Gwen Torrence tat es nicht, statt dessen ergriff Juliet Cuthbert das Mikrophon und gab den Inhalt eines vertraulichen Gesprächs preis: »Sie hat mir gesagt, sie halte Gail Devers und Irina Priwalowa für nicht sauber.«

Jubel – berechtigt und verfrüht. Der Amerikaner Mike Conley (linke Seite) durfte sich zurecht freuen über seinen Olympiasieg im Dreisprung, doch Weltrekord waren die erreichten 18,17 Meter dann doch nicht, dafür wehte der Wind zu stark. Halb so schlimm, das Wichtigste war die Goldmedaille, nachdem Conley »immer bei den führenden Leuten, aber immer knapp hinter jemandem her war«. Knapp hinter jemandem her war am Ende auch sein Landsmann Leroy Burrell (unten rechts), was dieser nach erfolgreicher

Finalqualifikation über 100 Meter indes noch nicht ahnen konnte. Mitfavorit Burrell wurde im Endlauf in 10,10 Sekunden nur Fünfter, als Erster kam zur allgemeinen Überraschung nach 9,96 Sekunden der Engländer Linford Christie (oben) an. War der mit 32 nicht bereits im fortgeschrittenen Sportleralter? »Solange die Füße dich tragen«, erklärte Christie lapidar, »kannst du weitermachen.«

Es ist nicht bekanntgeworden, ob der Stachel so tief saß bei Gwen Torrence, daß sie Schadenfreude empfand, als Gail Devers, bäuchlings über die rote Kunststoffbahn schrammend, ins Ziel stürzte, hängengeblieben am letzten Hindernis des 100-m-Hürdenlaufs. Ein paar Schritte vor dem Feld war sie dahingestürmt, die zweite Goldmedaille vor Augen, als ihr die schlechte Technik zum Verhängnis wurde: Sie fiel auf den fünften Platz. Das Pech der Gail Devers hob Paraskevi Patoulidou in den Himmel. »Ich fühle mich wie ein Engel!«, jubelte die Überraschungssiegerin in 12,65 Sekunden, die vor den Spielen nicht unter den 20 Weltbesten

geführt worden war. Wo den Engeln Flügel gewachsen sind, spannt sich bei der 27jährigen Griechin die Haut über beachtliche Muskelstränge. In jeder Hand trug sie eine blaue Flagge, in die griechische Sportgeschichte wird Paraskevi Patoulidou eingehen als erste Olympiasiegerin ihres Landes in der Leichtathletik.

■ »Ich fühle mich wie ein Engel«

Die amerikanischen Sprinterinnen haben in Barcelona verlorenes Terrain zurückerobert, die Männer aber an Boden verloren. Schmerzlich traf sie die Niederlage über 100 Meter durch den Briten Linford Christie, mit seinen 32 Jahren der älteste und in 9,96 Sekunden der schnellste Sprinter. »Unglaublich aggressiv, auf den ersten 30

Metern mußt du ein Killer sein«, war Christie gestartet, doch nach gut der Hälfte der Distanz habe er bei einem kurzen Seitenblick Frank Fredericks aus Namibia gleichauf neben sich gesehen. Dennis Mitchell, der für die USA in 10,04 Sekunden die Bronzemedaille rettete, gab später seine Beobachtungen zu Protokoll: »Ich sah Christie spurten und wußte, das hätte ich auch tun sollen.« Erstaunlich, was während der winzigen Zeitspanne von zehn Sekunden in den Köpfen alles vorgeht.

Ein Spätstarter ist Linford Christie, geboren in Jamaika, zum Ruhm Großbritanniens unterwegs wie viele Sportler aus der Karibik, wenn sie nicht

Revanche verloren: 1988 hatte Diskuswerfer Jürgen Schult (links oben) gegen Romas Ubartas aus Litauen gewonnen und mithin olympisches Gold, diesmal mußte sich der Schweriner mit Silber begnügen. 18 Zentimeter fehlten Schult, um jubeln zu können, wie es zwei andere Sieger taten. »Wie ein Engel« fühlte sich die Griechin Paraskevi Patoulidou (rechts oben) nach ihrem Erfolg über 100 Meter Hürden, mit dem weder sie noch das Publikum hatte rechnen können. Für Gwen Torrence (unten) hingegen war der Erfolg über 200 Meter nach der Pleite auf der Sprintstrecke (Platz vier) zwar um so schöner, aber keineswegs überraschend: Bei der WM in Tokio war sie nur von Katrin Krabbe besiegt worden – mit unlauteren Mitteln, wie weitere Nachforschungen während Olympia endgültig bewiesen. Torrence: »Wir haben immer gewußt, daß sie nicht sauber ist.«

Zwei Finger breit am großen Ziel vorbei: Seine gesammelte Energie legte Mike Powell (linke Seite) in seinen letzten Versuch beim Weitsprung, doch auch die abschließenden Bemühungen endeten drei Zentimeter zu früh (unten): 8,64 Meter, wieder nur Silber. Weltmeister war Powell, Weltrekordler ebenfalls (8,95 Meter), doch Olympiasieger wurde wie 1984 und 1988 Carl Lewis (links). 8,67 Meter im ersten Durchgang, das genügte, den Herausforderer auch diesmal in Schach zu halten. Worauf auch Powell voll der Anerkennung war: »Er ist der Beste eh und je.«

Acht Goldmedaillen hat Lewis schon gewonnen im Laufen und Springen zwischen 1984 und 1992, und der Rekord von Paavo Nurmi (neun) scheint in Gefahr, wenn man seiner Ankündigung Glauben schenken darf. »Mein Coach Tom Tellez und ich meinen«, verriet Lewis, »daß ich in vier Jahren immer noch weitspringen kann, wenn ich mich nur darauf konzentriere.« Carl der Große – noch 1996 in Atlanta?

Kanada als zweite Heimat vorgezogen haben. 28 war er schon, als sie ihn zum ersten Mal zu Olympischen Spielen geschickt haben, nach Seoul, dort gewann er Silber, nur eine Hundertstelsekunde langsamer unterwegs als in Barcelona. Geschlagen wurde er von Carl Lewis, der war in der Qualifikation für Barcelona gescheitert und mußte zuschauen, ebenso wie Ben Johnson beim Finale. Der als Anabolik-Monster im Gedächtnis haftende Olympiasieger von Seoul, später mit Schimpf und Schande degradiert, war im Semifinale in 10,70 Sekunden auf den letzten Platz gelaufen. »Heute gab es keinen Carl Lewis und keinen Ben Johnson, heute war ich der Mann«, hat Christie dazu gesagt, nicht mehr, basta.

Die 200 Meter gewann fünf Tage später Mike Marsh, geballte Kraft mit ulkigen Segelflieger-Ohren. Im Finale genügten 20,01 Sekunden, nachdem er im Vorlauf den Weltrekord des Italieners Pietra Mennea (19,72) um eine Hundertstelsekunde verpaßt hatte.

Gescheitert war auch Quincy Watts am Weltkrekord über 400 Meter, doch kann der nicht mehr sein als eine Girlande um die Goldmedaille. In 43,50 Sekunden hat der 22jährige ehemalige Footballspieler die Stadionrunde zurückgelegt, deutlich schneller als Steve Lewis (44,21) und der Kenianer Samson Kitur (44,24), nur wenig langsamer als Burt Reynolds (43,29), der Weltrekordler, gesperrt wegen Dopings, das alte Lied. Watts scheint längst noch nicht am Ziel, sein Trainer Jim Bush ist sicher, »daß Quincy der beste Viertelmeiler aller Zeiten werden kann«.

Dieses Prädikat hat sich Kevin Young schon verliehen, allerdings über die Hürdenstrecke. 46,78 Sekunden: Ein Phantom hatte er erwischt als letzter Verfolger einer langen Reihe, die Jagd gemacht hatten all die Jahre auf Edwin Moses' fabelhaften Rekord (47,02), gelaufen während einer Serie von 107 Siegen zwischen 1977 und 1987 am 31. August 1983 in Koblenz. Ehrfürchtiges Staunen ringsum, Trainer John Smith urteilte: »Er ist gelaufen, als ob die Hürden gar nicht da wären.«

Wo die deutschen Läufer geblieben sind? Die Hoffnungen trug der Hürdensprinter Florian Schwarthoff, eine Medaille hatte sich der ausgerechnet, »doch dafür hätte alles optimal laufen müssen«. Tat es aber nicht. Gewonnen hat der Kanadier Mark McKoy (31), Schwarthoff blieb bloß als Fünftem in 13,29 Sekunden das Prädikat des einzigen weißen Hürdensprinters der Weltklasse.

Die Krone der Athleten lag für die deutschen Teilnehmer ohnehin außer Reichweite, zumal Christian Schenk, der Zehnkampf-Olympiasieger von 1988 im blauen Trikot der DDR, wegen einer Ellbogenverletzung passen mußte und als Fernseh-Kommentator auf der Tribüne saß. Andere haben das

Abgestürzt: Sergej Bubka (rechts), Titelverteidiger, Weltmeister und haushoher Favorit im Stabhochspringen, hatte in Barcelona keinen einzigen gültigen Versuch. Nach zwei gescheiterten Bemühungen über 5,70 Meter riß Bubka im dritten 5,75 Meter und suchte vergeblich nach Erklärungen. Drehender Wind, **weicher Stab, gestörte Konzentration: »Irgendwie hat mich das alles irritiert.« Auch der deutsche Geher Ronald Weigel (oben) wollte seine Bronzemedaille im 50 Kilometer Gehen zunächst nicht recht wahrhaben: »Ich habe nur gedacht, daß da etwas nicht stimmen kann.«**

Podest erklommen nach zweitägiger Tortur. Auf dem Podest stand Robert Zmelik aus der ČSFR (8611 Punkte) ganz oben, flankiert vom Spanier Antonio Penalver (8412) und Dave Johnson, dem Jahresweltbesten (8309). Wer aber das deutsche Trio mit Freude, Begeisterung und Hingabe hat laufen, springen und werfen sehen, dem ist bewußt geworden, daß bei den Olympischen Spielen Medaillen nicht alles sind. Paul Meier, 21jähriger Student von Bayer Leverkusen, landete am Ende des ersten Tages auf dem dritten Rang und wurde schließlich Sechster mit 8192 Punkten. Frank Müller aus Norden (13.) und Torsten Dauth aus Groß-Karben (17.) verließen das Stadion als Verlierer und trotzdem als Vorbilder für das Erlebnis Leistungssport.

Sabine Braun erklärte nach dem Siebenkampf, »Silber war es, was ich gewinnen wollte«. Denn die Goldmedaille lag für Jackie Joyner-Kersee bereit, die einzige Athletin, für die 7000 Punkte keine unüberwindliche Barriere bilden. 7044 Punkte sammelte die 30jährige Branchenführerin aus East St. Louis, 247 weniger als bei ihrem Weltrekord. Sabine Braun vom TV Wattenscheid blieb nur Bronze mit 6649 Punkten, besiegt auch noch von Irina Bjelowa (6845) aus der GUS. Nach vier Übungen war die Verfolgerin nur 29 Punkte hinter Jackie Joyner-Kersee zurückgelegen, dann kam der Weitsprung, und alles war vorbei: Joyner-Kersee 7,10 Meter, Bjelowa 6,82 Meter, Braun 6,02 Meter. Gertrud Schäfer, die Chefin des Teams Braun, gab zu bedenken: »Der Athlet ist kein Automat, in den man oben eine Mark reinwirft und unten kommt die Leistung raus.« Die Athletin schon gar nicht.

Beim Weitsprung der Männer waren fliegende Menschen angekündigt. »Ich kann 9,40 Meter springen«, hatte Mike Powell getönt, der Weltmeister. Sein Widersacher Carl Lewis indes legte in Barcelona 8,67 Meter vor, Powell scheiterte auch im letzten Versuch (8,64 Meter).

1984 in Los Angeles, als Lewis seine erste von drei Goldmedaillen im Weitsprung gewann, hatte er als Busfahrer

schwedische Journalisten chauffiert. Jetzt will er, wenn nichts dazwischenkommt, 1996 in Atlanta zum vierten Mal Gold gewinnen, eine Viererserie hat bislang nur sein Landsmann Al Oerter im Diskuswerfen hingelegt, zwischen 1956 und 1968.

Als er sich, so erzählte Mike Conley (31), vom Olympia-Computer seine Biographie habe ausdrucken lassen, sei ihm schlagartig bewußt geworden, »daß es kein nächstes Mal mehr geben könnte. Was Großes habe ich nie geleistet, das hat mich motiviert« – zum Olympiasieg im Dreisprung. Nach seinem gewaltigen Satz auf 18,17 Meter, 20 Zentimeter jenseits der Weltrekordmarke, dauerte es lange, bis Conley begriff, daß der Rückenwind um lächerliche 0,1 Metersekunden zu stark angeschoben hatte, kein Rekord also.

Heike zum ersten: Am Freitag (7. 7.) gewann Heike Drechsler (links und oben) den olympischen Weitsprung. In Seoul war sie mit 7,22 Metern nur auf Platz zwei gelandet, in Barcelona genügten acht Zentimeter weniger zur Goldmedaille. Jackie Joyner-Kersee, die diese Disziplin seit 1987 beherrscht hatte, bekam nach ihrem Erfolg im Siebenkampf für 7,07 Meter nur Bronze. Drechslers Erfolg war die Krönung einer beeindruckenden Serie: Bei 17 Versuchen war sie 1992 14mal jenseits der Sieben-Meter-Marke gelandet, bei zu hohem Rückenwind in Sestriere sogar bei 7,63 Meter, was Weltrekord bedeutet hätte.

Um die Medaillen für die deutsche Leichtathletik zu zählen, hatte es bis zum vorletzten Tag der Wettkämpfe keines Taschenrechners bedurft. Alles wartete deshalb gespannt auf das Erfolgsduo Heike & Heike, die Weitspringerin Heike Drechsler und Heike Henkel im Hochsprung. Daß sie kurz vor den Spielen in Sestrière, wenn auch mit einem Hauch zuviel Rückenwind, 7,63 Meter gesprungen war, und die Erwartungen, die sich daran

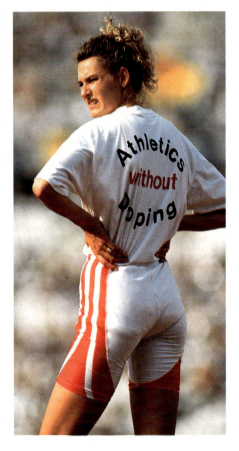

Heike zum zweiten: Am Samstag (8. 7.) gewann Heike Henkel den olympischen Hochsprung. Als 5000-Meter-Sieger Dieter Baumann seine Ehrenrunde drehte, floppte die 28jährige Leverkusenerin über 2,02 Meter (rechts), was genügte, weil Weltrekordlerin Kostadinova aus Bulgarien ausgeschieden war und die Rumänin Astafei bei zwei Metern hängenblieb. Trotz lädierter Achillessehne nach Welt- und Europameisterschaft auch Gold in Barcelona: »Meine Überlegenheit ist im Kopf«, erklärte die Nachfolgerin von Ulrike Meyfarth und Rosi Ackermann. »Ich habe gelernt, mich von nichts ablenken zu lassen.« Auch nicht von den Zweifeln nach zwei Fehlversuchen über 1,97 Meter (oben).

knüpften, schienen Heike Drechsler zu lähmen. Erst im vierten Anlauf übertraf sie die Mitbewerberin Inessa Krawets aus der Ukraine (7,12 Meter) um Daumenbreite, für die Siebenkampf-Heroin Jackie Joyner-Kersee (7,07 Meter) blieb nur Bronze. Die erste Einschätzung des Olympiasiegs mit 7,14 Meter fiel reichlich unterschiedlich aus. Erich Drechsler, Schwiegervater und Trainer: »Sie hat mit dem größten Erfolg ihre Karriere gekrönt.« Heike, noch im Streß: »Es war ein beschissener Wettkampf.« Erst später, auf dem Podest, als die Nationalhymne ertönte, verspürte sie »ein absolutes Glücksempfinden«. Die 27jährige ehemalige Abgeordnete der DDR-Volkskammer bewegten dabei noch andere Gefühle: »Es ist vielleicht immer noch ein wenig komisch, aber wir sind ein Team und ich bin froh, daß alles so gekommen ist.«

■ **Heike hoch, höher, am höchsten**

Bange Augenblicke hatte auch Heike Henkel zu überstehen. »Nach dem zweiten Fehlversuch über 1,97 Meter dachte ich wirklich, es ist aus«, gestand die Hochspringerin aus Kiel. 30mal in Serie war sie unbezwungen geblieben, doch im entscheidenden Moment schien sie der Erfolg zu verlassen. Ihr Trainer Gerd Osenberg saß zwar nahebei, es war ihm aber die Sicht zum Absprungbereich verdeckt. Hilfe kam von oben, per Zeichensprache, Ehemann Rainer deutete an, der Anlauf müsse um einen halben Fuß verlängert werden. Der Tip erwies sich als goldrichtig, rüber im dritten Versuch, doch Galina Astafei, die Rumänin, und die Kubanerin Joanet Quintero hatten die Höhe im ersten Sprung gemeistert. Es nützte ihnen nichts; Astafei hielt bis zwei Meter mit, als die Latte auf 2,02 Meter lag, flog nur noch Heike Henkel drüber und landete als Olympiasiegerin. »Ich hätte nicht gedacht, daß Gold so billig weggeht«, wunderte sich die 1,81 Meter große Blonde und übte Selbstkritik: »Das war der schwerste und schlimmste Wettkampf meines Lebens, und außerdem noch einer der schlechtesten.«

Erst eingekeilt, dann freigelaufen: Eingangs der Zielgeraden war Dieter Baumann noch ungünstig umringt von dem Marokkaner Boutayeb, dem ÄthiopierBayisi und dem Kenianer Bitok, auf den letzten von 5000 Metern aber schlüpfte der 27jährige Schwabe durch die Lücke zwischen seinen Rivalen und gewann (großes Bild). Der Rest waren Szenen des Glücks: Baumann beim Purzelbaum, Baumann im Liegen, Baumann bei der Ehrenrunde mit deutscher Fahne (Bilder rechte Seite). Die erste Goldmedaille für einen deutschen Langstreckenläufer, noch dazu gegen afrikanische Übermacht: »Wir Europäer sind nicht schlechter, nicht weniger geeignet«, sagte der Sieger. Er hatte es eindrucksvoll bewiesen.

Der Zeitplan und der Zufall fügten es, daß sich die Wege zweier Mitglieder von Bayer Leverkusen beinahe kreuzten, die sich aufgemacht hatten, Goldmedaillen zu gewinnen. Dieter Baumann umkurvte die Laufbahn, als Heike Henkel sprang, hielt um 22.05 Uhr inne auf seiner Ehrenrunde und applaudierte nach dem Siegessatz. Dann trabte der Gefeierte weiter und verbeugte sich artig, als er die Loge des Königs passierte. Dieter Baumann hatte über 5000 Meter in 13:12,52 Minuten die Afrikaner geschlagen, eine scheinbar unbezwingbare Phalanx, die durchbrach er, hinter ihm reihten sich ein: Paul Bitok, der Kenianer, Fita Bayisi aus Äthiopien, Brahim Boutayeb aus Marokko, Yobes Ondieki, noch ein Kenianer, Borku Bikila aus Äthiopien. Ein Pulk von fünf Läufern nahm die Schlußrunde in Angriff, Baumann mittendrin, »plötzlich war ich eingeklemmt«, versperrt das Schlupfloch zum Endspurt. »Ich betete, daß sich eine Lücke auftut«, erzählte Baumann später, doch auch, daß er sein Schicksal nicht tatenlos in die Hände des lieben Gottes gelegt habe. Die Beobachtung, daß führende Läufer auf der Zielgeraden die zweite Bahn bevorzugen, um Verfolgern beim Überholversuch zu einem Umweg zu zwingen, erwies sich als entscheidend. Bitok machte keine Ausnahme, Baumann stieß innen durch, riß zehn Meter vor dem Ziel siegessicher den rechten Arm hoch und beendete seinen wundervollen Lauf mit einem Purzelbaum.

■ Der »weiße Kenianer« aus dem Schwabenland

Schlafen müsse er erst ein paarmal darüber, »dann wird mir vielleicht ein Licht aufgehen«, räumte der Schwabe aus Blaustein bei Ulm ein, und vermeinte noch, er sei »ein typischer Außenseiter« und »ein weißer Kenianer«. Trainiert von seiner Freundin, der gebürtigen Wienerin Isabelle Hozang, geht Dieter Baumann lange schon eigene Wege. Anders als viele deutsche Läufer scheute er vor Olympia harte Wettkämpfe nicht, war Jah-

Nationale Feierstunden: Cacho Ruiz aus Spanien (oben) gewann über 1500 Meter unter dem frenetischen Jubel seiner Landsleute im Olympiastadion überraschend eine von zwei Goldmedaillen in der Leichtathletik für das Gastgeberland, für den Deutschen Jens-Peter Herold (Mitte) blieb im Finale nur Platz sechs.
Sally Gunnell (unten) aus Großbritannien war die Schnellste über 400 Meter Hürden und trug die Flagge ihrer Heimat ebenso über die Ehrenrunde ...

... wie Andrej Perlow die seine nach dem Erfolg im 50-Kilometer-Gehen (oben). Auch er startete bei Olympia noch für die Gemeinschaft Unabhängiger Staaten, doch die hatte zum Abschied weder eigene Flagge noch Hymne. Perlow hüllte sich stolz in das Banner Rußlands: Weiß-Blau-Rot, über dem Kreml in Moskau wehten die Farben schon, und bei Sportveranstaltungen mußte man sich ab sofort daran gewöhnen. Nach Olympia löste sich das zerfallene Riesenreich auch als Sportnation auf.

resweltbestzeit gelaufen über 5000 Meter und 3:34,18 Minuten über 1500, um seine Spurtqualitäten zu testen. Die befähigten ihn zum Olympiasieg, der erfüllte einen Jugendtraum. »Als kleiner Bub habe ich immer die Nationalspieler bewundert, die vor dem Spiel mitgesungen haben. Wir Leichtathleten hören die Hymne ja nur, wenn wir gewonnen haben. Das wollte ich mir nicht entgehen lassen, denn es kommt vielleicht nur einmal im Leben vor.«

■ Der tiefe Sturz des Himmelsstürmers

Favoritenstürze gab es genug in der Leichtathletik, mehrere sogar in des Wortes Bedeutung. Am tiefsten ist Sergej Bubka gefallen, aus 5,75 Metern Höhe zwar weich auf eine dicke Schaumstoffmatte, aber trotzdem hat es fürchterlich wehgetan. Der stabhochspringende Himmelsstürmer, der den Weltrekord nach Belieben bis auf 6,11 Meter hochgehängt hat, leistete sich bei 5,70 Metern zwei Fehlversuche und scheiterte an 5,75 Meter kläglich, salto nullo. Gewonnen hat Maxim Tarassow vor Igor Tradenkow, beide aus der GUS, je 5,80, die springt ihr Landsmann Bubka für gewöhnlich alle Tage.

Gestürzt ist auch Mathew Birir im 3000-Meter-Hindernislauf, doch der hat sich aufgerappelt und siegreich den Zielstrich überquert nach 8:08,84 Minuten; die Kenianer sammelten alle drei Medaillen ein. Steffen Brand, Medizinstudent vom TV Wattenscheid, neidete sie ihnen nicht, er zeigte sich auch ohne beglückt. Der Umsteiger von den 5000 Metern auf die Hindernisstrecke hatte in persönlicher Bestzeit von 8:16,60 Minuten den fünften Rang belegt.

Die Wunderläufer aus dem kenianischen Hochland heimsten reichlich Medaillen ein. In der Zielkurve des 800-Meter-Rennens drängten sich William Tanui und Nixon Kiprotich an Johnny Gray vorbei, Tanui siegte in 1:43,66 Minuten, dem Amerikaner blieb nur Bronze. Vermutlich wäre es

dem Marokkaner Khalid Skah über 10 000 Meter ähnlich ergangen, alles deutete darauf hin, daß ihm der Kenianer Richard Chelimo im Endspurt enteilen würde. Gewonnen hat Skah, zum Olympiasieger ausgerufen wurde Chelimo, aber nur für 14 Stunden. Die Goldmedaille ließ sich der Marokkaner um den Hals hängen inmitten einer pfeifenden, buhenden, taschentuchschwingenden Menge, die sich gebärdete wie in der Arena, wenn der Torero den Stier metzelt statt fällt.

Geschehen war, daß an der 9000-Meter-Marke der eine Runde zurückliegende Hammou Boutayeb das führende Duo erwartet hatte und sich so einordnete, daß er Chelimo vor den Füßen herumlief. »Geh weg«, habe er gerufen, »aber er weigerte sich, Platz zu machen«. Ein Kampfrichter versuchte vergeblich, den Helfershelfer am Arm von der Bahn zu ziehen, der riß sich los und tat, wie ihm geheißen. Als Chelimo endlich durch eine Lücke spurtete, war Skah auf und davon. Strafe muß sein laut Regel 143, die verbietet derlei landsmannschaftliche Hilfsdienste. Anderntags hieß es, zur Disqualifikation reiche der Vorfall nicht aus. So gab es einen offiziellen und einen moralischen Sieger, dem Sympathie und Mitleid seine Silbermedaille freilich nicht vergoldeten.

■ Das achte Gold für Carl den Großen

Längst haben sich auch die afrikanischen Läuferinnen auf den Weg nach oben gemacht. Hassiba Boulmerka aus Algerien kam als Weltmeisterin nach Barcelona und wurde Olympiasiegerin über 1500 Meter in 3:55,30 Minuten. Mit der winzigen Derartu Tulu (1,55 Meter, 45 Kilo) aber hatte niemand gerechnet. Sie folgte 24 Runden lang der im 10 000-Meter-Lauf führenden Südafrikanerin Elena Meyer wie ein Schatten und spurtete leichtfüßig zum Sieg. »Wir sind zu zweit für Afrika gelaufen«, versicherte Meyer, gemeinsam liefen sie die Ehrenrunde, Tuli mit der großen grün-gelb-roten Fahne, Meyer vermummt mit der für die südafrikanische Olympiamannschaft entworfenen Flagge.

In den Staffelwettbewerben gewan-

nen die USA drei der vier Goldmedaillen, dazu Silber über 4×400 Meter der Frauen hinter dem GUS-Quartett. Sprinter und Viertelmeiler verbesserten die Weltrekorde, Mike Marsh, Leroy Burrell, Dennis Mitchell und Carl Lewis liefen in 37,40 Sekunden Nigerianern und Kubanern davon. Die Österreicher freuten sich riesig über ihren siebenten Platz, die deutsche Konkurrenz hatte zu Hause bleiben müssen, weil zu langsam. Lewis war glücklich über sein achtes Gold, häufiger olympisch dekoriert worden sind vor ihm nur die Turnerin Larissa Laty-

nina (UdSSR), der finnische Langstreckler Paavo Nurmi und der Schwimmer Mark Spitz (USA). Den Weltrekord, erklärte Lewis, »widmen wir Mark Witherspoon, der war verletzt, deshalb bin ich gelaufen«.

■ **Freigang holt Medaille Nr. 82**

Im Stadion wurde die Abschlußfeier vorbereitet, als die Marathonläufer den Montjuïc hinaufkeuchten: Die Schinderei erreichte nicht das Ausmaß wie beim 50-Kilometer-Gehen, wo Ronald Weigel aus Berlin hinter Andrej Perlow (GUS) und Cesar Mercenario (Mexiko) die Bronzemedaille abholen konnte, weil am Vormittag reichlich Regen für etwas Abkühlung gesorgt

hatte. Überraschend waren die Afrikaner chancenlos unterwegs ab 18.30 Uhr, der Koreaner Young-Cho Hwang gewann in 2:13,23 Stunden und passierte lächelnd das Ziel, dann fiel er entkräftet auf eine Trage. Hinter dem Japaner Koichi Morishita kämpfte Stephan Freigang mit dem Japaner Takeyuki Kanayama um die Bronzemedaille. Auf der Schlußrunde schien Freigang schon geschlagen, »doch dann merkte ich, der ist noch kaputter als ich, und ging vorbei«, schilderte der 24jährige Student aus Cottbus die entscheidende Phase. Im Ziel winkte ihm die 82. Medaille für das deutsche Olympiateam.

American Teamwork: Hart war bei der internen Ausscheidung um die Plätze gerangelt worden, vereint gewannen die Läuferinnen der USA in Barcelona drei von vier Staffeln. Evelyn Ashford, die bereits 1976 dabei war, siegte gemeinsam mit Carlette Guidry, Esther Jones und Gwen Torrence (linkes Bild) über 4×100 Meter, die Männer stellten in beiden Fällen Weltrekord auf. Michael Johnson, Steve Lewis, Andrew Valmon und Quincy Watts (rechts oben) unterboten über 4×400 Meter in 2:55,74 Minuten nach 24 Jahren auch die letzte Bestmarke aus der mexikanischen Höhenluft von 1968. »Wir waren vier Leute«, so Johnson, »die ihre persönlichen Gefühle mal hintanstellten und als Team arbeiten wollten.« Gleiches galt für das Sprint-Quartett. Statt des verletzten Wither-spoon durfte Carl Lewis (unten rechts) das Werk vollenden und flog als Schlußläufer hinter Mike Marsh, Leroy Burrell und Dennis Mitchell nach unerreichten 37,40 Sekunden über die Linie. »Dieses Rennen widmen wir Mark«, sagte Lewis nach getaner Arbeit. »Er wäre auch dazu fähig gewesen, doch durch seine Verletzung wurde es meine Aufgabe.« Und seine achte Goldmedaille.

Leichtathletik

100 m, Männer — Sek.

1. Christie	GBR	9,96
2. Fredericks	NAM	10,02
3. Mitchell	USA	10,04
4. Surin	CAN	10,09
5. Burrell	USA	10,10
6. Adeniken	NIG	10,12
7. Stewart	JAM	10,22
8. Ezinwa	NGR	10,26

Leichtathletik

200 m, Männer — Sek.

1. Marsh	USA	20,01
2. Fredericks	NAM	20,13
3. Bates	USA	20,38
4. da Silva	BRA	20,45
5. Adeniken	NGR	20,50
6. Regis	GBR	20,55
7. Kayode	NGR	20,67
8. Adam	GBR	20,80

Leichtathletik

400 m, Männer — Sek.

1. Watts	USA	43,50
2. Lewis	USA	44,21
3. Kitur	KEN	44,24
4. Morris	TRI	44,25
5. Hernandez	CUB	44,52
6. Grindley	GBR	44,75
7. Ismail	QAT	45,10
8. Takano	JPN	45,18

Leichtathletik

800 m, Männer — Min.

1. Tanui	KEN	1:43,66
2. Kiprotich	KEN	1:43,70
3. Gray	USA	1:43,97
4. Barbosa	BRA	1:45,06
5. Benvenuti	ITA	1:45,23
6. Robb	GBR	1:45,57
7. Abdenouz	ALG	1:48,34

Everett (USA) aufgegeben

Leichtathletik

1500 m, Männer — Min.

1. Cacho	ESP	3:40,12
2. El-Basir	MAR	3:40,62
3. Sulaiman	QAT	3:40,69
4. Chesire	KEN	3:41,12
5. Birir	KEN	3:41,27
6. Herold	GER	3:41,53
7. Morceli	ALG	3:41,70
8. Spivey	USA	3:41,74

Leichtathletik

5000 m, Männer — Min.

1. Baumann	GER	13:12,52
2. Bitok	KEN	13:12,71
3. Bayisa	ETH	13:13,03
4. Boutayeb	MAR	13:13,27
5. Ondieki	KEN	13:17,50
6. Bikila	ETH	13:23,52
7. Denmark	GBR	13:27,76
8. Rodrigo	ESP	13:27,80

Leichtathletik

10 000 m, Männer — Min.

1. Skah	MAR	27:46,70
2. Chelimo	KEN	27:47,72
3. Abebe	ETH	28:00,07
4. Antibo	ITA	28:11,39
5. Barrios	MEX	28:17,79
6. Silva Martinez	MEX	28:20,19
7. Koech	KEN	28:25,18
8. Tanui	KEN	28:27,68

Leichtathletik

Marathon, Männer — Std.

1. Young-Cho Hwang	KOR	2:13:23
2. Morishita	JPN	2:13:45
3. Freigang	GER	2:14:00
4. Nakayama	JPN	2:14:02
5. Bettiol	ITA	2:14:15
6. Kokaich	MAR	2:14:25
7. Huruk	POL	2:14:32
8. Taniguchi	JPN	2:14:42

Leichtathletik

20 km Gehen, Männer — Std.

1. Plaza	ESP	1:21:45
2. Leblanc	CAN	1:22:25
3. de Benedictis	ITA	1:23:11
4. Damilano	ITA	1:23:39
5. Shaoguo Chen	CHN	1:24:06
6. McDonald	IRL	1:25:16
7. Garcia	MEX	1:25:35
8. Urbanik	HUN	1:26:08
11. Ihly	GER	1:26:56
20. Noack	GER	1:29:55

Leichtathletik

50 km Gehen, Männer — Std.

1. Perlow	GUS	3:50:13
2. Mercenario	MEX	3:52:09
3. Weigel	GER	3:53:45
4. Spitsin	GUS	3:54:39
5. Mrazek	TCH	3:55:21
6. Gauder	GER	3:56:47
7. Kononen	FIN	3:57:21
8. Rodriguez	MEX	3:58:26

Leichtathletik

4 × 100-m-Staffel, Männer — Sek.

1. USA		37,40
2. NGR		37,98
3. CUB		38,00
4. GBR		38,08
5. GUS		38,17
6. JPN		38,77
7. AUT		39,30
8. CIV		39,31

Leichtathletik

4 × 400-m-Staffel, Männer — Min.

1. USA		2:55,74
2. CUB		2:59,51
3. GBR		2:59,73
4. BRA		3:01,61
5. NGR		3:01,71
6. ITA		3:02,18
7. TRI		3:03,31

KEN ausgeschieden

Leichtathletik

110 m Hürden, Männer — Sek.

1. McKoy	CAN	12,12
2. Dees	USA	13,24
3. Pierce	USA	13,26
4. Jarrett	GBR	13,26
5. Schwarthoff	GER	13,29
6. Valle	CUB	13,41
7. Jackson	GBR	13,46
8. Teape	GBR	14,00

Leichtathletik

400 m Hürden, Männer — Sek.

1. Young	USA	46,78
2. Graham	JAM	47,76
3. Akabusi	GBR	47,82
4. Diagana	FRA	48,13
5. Wallenlind	SWE	48,63
6. Twerdochlew	GUS	48,63
7. Caristan	FRA	48,86
8. Patrick	USA	49,26

Olympisches Glück und olympisches Pech (von oben nach unten): Seppo Räty aus Finnland gewann im Speerwurf nach der bronzenen von 1988 diesmal eine silberne Plakette, Stabhochspringer Maxim Tarassow (GUS) nutzte den Absturz seines russischen Landsmannes Sergej Bubka zum Gold, der Amerikaner Quincy Watts besiegte über 400 Meter auch den enttäuschten Teamkollegen Steve Lewis, Nixon Kiprotich aus Kenia schließlich verpaßte den Gipfel des Glücks nach 800 Metern um läppische vier Hundertstelsekunden.

Leichtathletik

3000 m Hindernis, Männer		Min.
1. Birir	KEN	8:08,84
2. Sang	KEN	8:09,55
3. Mutwol	KEN	8:10,74
4. Lambruschini	ITA	8:15,52
5. Brand	GER	8:16,60
6. Hanlon	GBR	8:18,14
7. Diemer	USA	8:18,77
8. Brahmi	ALG	8:20,71

Leichtathletik

Weitsprung, Männer		Meter
1. Lewis	USA	8,67
2. Powell	USA	8,64
3. Greene	USA	8,34
4. Pedroso	CUB	8,11
5. Jefferson	CUB	8,08
6. Koukodimos	GRE	8,04
7. Bagrianow	GUS	7,98
8. Geng Huang	CHN	7,87

Leichtathletik

Hochsprung, Männer		Meter
1. Sotomayor	CUB	2,34
2. Sjöberg	SWE	2,34
3. Partyka	POL	2,34
Forsythe	AUS	2,34
Conway	USA	2,34
6. Sonn	GER	2,31
7. Kemp	BAH	2,31
8. Drake-Rodriguez	CUB	2,28

Leichtathletik

Stabhochsprung, Männer		Meter
1. Tarassow	GUS	5,80
2. Tradenkow	GUS	5,80
3. Garcia	ESP	5,75
4. Tarpenning	USA	5,75
5. Volz	USA	5,65
6. Peltoniemi	FIN	5,60
7. Collet	FRA	5,55
8. Krasnov	ISR	5,40

Leichtathletik

Dreisprung, Männer		Meter
1. Conley	USA	18,17
2. Simpkins	USA	17,60
3. Rutherford	BAH	17,36
4. Woloschin	GUS	17,32
5. Wellmann	BER	17,24
6. Fernandez	CUB	17,18
7. Kowalenko	GUS	17,06
8. Zou	CHN	ausgesch.
13. Jaros	GER	16,89

Leichtathletik

Kugelstoßen, Männer		Meter
1. Stulce	USA	21,70
2. Doehring	USA	20,96
3. Lykho	GUS	20,94
4. Günthör	SUI	20,91
5. Timmermann	GER	20,49
6. Bodenmüller	AUT	20,48
7. Peric	IOP	20,32
8. Klimenko	GUS	20,23

Leichtathletik

Diskuswerfen, Männer		Meter
1. Ubartas	LTU	65,12
2. Schult	GER	64,94
3. Moya	CUB	64,12
4. Grasu	ROM	62,86
5. Horvath	HUN	62,82
6. Martinez	ESP	62,64
7. Kowtsun	GUS	62,04
8. Schewtschenko	GUS	61,78

Leichtathletik

Hammerwerfen, Männer		Meter
1. Abduwaljew	GUS	82,54
2. Astapkowitsch	GUS	81,96
3. Nikulin	GUS	81,38
4. Gecsek	HUN	77,78
5. Tamm	EST	77,52
6. Weis	GER	76,90
7. Deal	USA	76,84

(4.) Logan (USA) wegen Dopings disqualifiziert

Leichtathletik

Speerwerfen, Männer		Meter
1. Zelezny	TCH	89,66
2. Räty	FIN	86,60
3. Backley	GBR	83,38
4. Kinnunen	FIN	82,62
5. Einarsson	ISL	80,34
6. Laukkanen	FIN	79,20
7. Barnett	USA	78,64
8. Schewtschuk	GUS	77,74

Leichtathletik

Zehnkampf, Männer		Punkte
1. Zmelik	TCH	8611
2. Penalver	ESP	8412
3. Johnson	USA	8309
4. Szabo	HUN	8199
5. Muzzio	USA	8195
6. Meier	GER	8192
7. Motti	FRA	8164
8. Ganijew	GUS	8160

Leichtathletik

100 m, Frauen		Sek.
1. Devers	USA	10,82
2. Cuthbert	JAM	10,83
3. Priwalowa	GUS	10,84
4. Torrence	USA	10,86
5. Ottey	JAM	10,88
6. Nunewa	BUL	11,10
7. Onyali	NGR	11,15
8. Allen-Dol	CUB	11,19

Leichtathletik

200 m, Frauen		Sek.
1. Torrence	USA	21,81
2. Cuthbert	JAM	22,02
3. Ottey	JAM	22,09
4. Priwalowa	GUS	22,19
5. Guidry	USA	22,30
6. Jackson	JAM	22,58
7. Finn	USA	22,61
8. Malschugina	GUS	22,63

Leichtathletik

400 m, Frauen		Sek.
1. Perec	FRA	48,83
2. Brysgina	GUS	49,05
3. Restrepo	COL	49,64
4. Nasarowa	GUS	49,69
5. Richardson-Briscoe	CAN	49,93
6. Stevens	USA	50,11
7. Richards	JAM	50,19
8. Smith	GBR	50,87

Leichtathletik

800 m, Frauen		Min.
1. van Langen	NED	1:55,54
2. Nurutdinowa	GUS	1:55,99
3. Quirot	CUB	1:56,80
4. Jewsejewa	GUS	1:57,20
5. Mutola	MOZ	1:57,49
6. Kovacs	ROM	1:57,95
7. Clark	USA	1:58,06
8. Gurna	GUS	1:58,13

Leichtathletik

1500 m, Frauen		Min.
1. Boulmerka	ALG	3:55,30
2. Rogatschewa	GUS	3:56,91
3. Yungxia Qu	CHN	3:57,08
4. Dorowskich	GUS	3:57,92
5. Li Lin	CHN	4:00,20
6. Zuniga	ESP	4:00,59
7. Rydz	POL	4:01,91
8. Podkopajewa	GUS	4:02,03

Leichtathletik

3000 m, Frauen		Min.
1. Romanowa	GUS	8:46,04
2. Dorowskitsch	GUS	8:46,85
3. Chalmers	CAN	8:47,22
4. O'Sullivan	IRL	8:47,41
5. Plumer	USA	8:48,29
6. Kopytowa	GUS	8:49,55
7. Steely	USA	8:52,67
8. Murray	GBR	8:65,86

Leichtathletik

10 000 m, Frauen		Min.
1. Tulu	ETH	31:06,02
2. Meyer	RSA	31:11,75
3. Jennings	USA	31:19,89
4. Huandi Zhong	CHN	31:21,08
5. McColgan	GBR	31:26,11
6. Xiuting Wang	CHN	31:28,06
7. Pippig	GER	31:36,45
8. St. Hilaire	USA	31:38,04

Leichtathletik

Marathon, Frauen		Std.
1. Jegorowa	GUS	2:32:41
2. Arimori	JPN	2:32:49
3. Möller	NZL	2:33:59
4. Biktagirowa	GUS	2:35:39
5. Yamashita	JPN	2:36:26
6. Dörre	GER	2:36:48
7. Gyong-Ae Mun	PRK	2:37:03
8. Machado	POR	2:38:22

Leichtathletik

10 km Gehen, Frauen		Min.
1. Yueling Chen	CHN	44:32
2. Nikolajewa	GUS	44:33
3. Chunxiu Li	CHN	44:41
4. Essayah	FIN	45:08
5. Yingzi Cui	CHN	45:15
6. Svensson	SWE	45:17
7. Sidoti	ITA	45:23
Saiko	GUS	45:23
16. Anders	GER	46:32

Leichtathletik

4 × 100-m-Staffel, Frauen		Sek.
1. USA		42,11
2. GUS		42,16
3. NGR		42,81
4. FRA		42,85
5. GER	Philipp, Knoll, Thomas, Günther	43,12
6. AUS		43,77

JAM und CUB ausgeschieden

Leichtathletik

4 × 400-m-Staffel, Frauen		Min.
1. GUS		3:20,20
2. USA		3:20,92
3. GBR		3:24,23
4. CAN		3:25,20
5. JAM		3:25,68
6. GER	Rohländer, Meißner, Kisabaka, Rücker	3:26,37
7. AUS		3:26,42
8. POR		3:26,85

Leichtathletik

100 m Hürden, Frauen		Sek.
1. Patoulidou	GRE	12,65
2. Martin	USA	12,69
3. Donkowa	BUL	12,70
4. Devers	USA	12,75
Tolbert	USA	12,75
6. Lopez	CUB	12,87
7. Kolowanowa	GUS	13,01
8. Adams	CUB	13,57

Leichtathletik

400 m Hürden, Frauen

		Sek.
1. Gunnell	GBR	53,23
2. Farmer-Patrick	USA	53,69
3. Vickers	USA	54,31
4. Ledowskaja	GUS	54,31
5. Ordina	GUS	54,83
6. Ponomarewa	GUS	54,83
7. Hemmings	JAM	55,58

Bothma (RSA) ausgeschieden

Leichtathletik

Speerwerfen, Frauen

		Meter
1. Renk	GER	68,34
2. Schikolenko	GUS	68,26
3. Forkel	GER	66,86
4. Sanderson	GBR	63,58
5. Hattestad	NOR	63,54
6. Rantanen	FIN	62,34
7. Meier	GER	59,02
8. Garcia	CUB	58,26

Leichtathletik

Weitsprung, Frauen

		Meter
1. Drechsler	GER	7,14
2. Krawets	GUS	7,12
3. Joyner-Kersee	USA	7,07
4. Medwedewa	LTU	6,76
5. Dulgheru	ROM	6,71
6. Muschailowa	GUS	6,68
7. Couch	USA	6,66
8. Echols	USA	6,62

Leichtathletik

Siebenkampf, Frauen

		Punkte
1. Joyner-Kersee	USA	7044
2. Belowa	GUS	6845
3. Braun	GER	6649
4. Nastase	ROM	6619
5. Dimitrowa	BUL	6464
6. Beer	GER	6434
7. Clarius	GER	6388
8. Wlodarczyk	POL	6333

Leichtathletik

Hochsprung, Frauen

		Meter
1. Henkel	GER	2,02
2. Astafei	ROM	2,00
3. Quintero	CUB	1,97
4. Kostadinowa	BUL	1,94
5. Kirchmann	AUT	1,94
6. Costa	CUB	1,94
7. Sato	JPN	1,91
8. Inverarity	AUS	1,91
11. Kähler	GER	1,88

Leichtathletik

Kugelstoßen, Frauen

		Meter
1. Kriwelewa	GUS	21,06
2. Zeihong Huang	CHN	20,47
3. Neimke	GER	19,78
4. Laza	CUB	19,70
5. Tianhua Zhou	CHN	19,26
6. Mitkowa	BUL	19,23
7. Storp	GER	19,10
8. Pawlitsch	GUS	18,69

Leichtathletik

Diskuswerfen, Frauen

		Meter
1. Marten	CUB	70,06
2. Christowa	BUL	67,78
3. Costian	AUS	66,24
4. Korotkewitsch	GUS	65,52
5. Burowa	GUS	64,02
6. Ramos	CUB	63,80
7. Jatschenko	GUS	63,74
8. Simowa	BUL	63,42

Schillernde Figuren: Die Holländerin Ellen van Langen kämpfte im Endspurt über 800 Meter auch Lilia Nurutdinowa aus der GUS (Mitte) nieder, Merlene Ottey (rechts unten) sprintete über 100 Meter auf Platz vier und über 200 Meter zu Bronze, Swetlana Kriwelewa (oben) gewann das Kugelstoßen, zwei andere feierten ihre Siege mit obligatem Patriotismus: Derartu Tulu (links unten) schwenkte nach ihrem Erfolg über 10 000 Meter die äthiopische Flagge, Gail Devers (rechts oben) trug nach goldenem Sprint das amerikanische Banner.

Doping aus sport- medizinischer Sicht

Garantiert nicht gedopt: Olympiamaskottchen Cobi

Definition: Eine allen wissenschaftlichen Ansprüchen genügende Definition von Doping wird aus somatisch-psychisch-juristischen Gründen niemals möglich sein. Darum geht man heute international von der pragmatischen Definition aus:

Doping beinhaltet den Versuch der körperlichen Leistungssteigerung mit chemischen oder physikalischen Methoden, die laut Liste des betreffenden Sportfachverbandes oder des Internationalen Olympischen Komitees verboten sind.

Verbotene Wirkstoffgruppen und Methoden: Stimulanzien – Narkotika – Anabole Steroide – Beta-Blocker – Diuretika und Peptidhormone (ACTH, Erythropoetin, HCG, Somatotropin und Releasing-Faktoren).

Verbotene Methoden: Eigenblutrücktransfusion oder Fremdbluttransfusion (sog. »Blutdoping«). Eingeschränkt anwendbare Wirkstoffgruppen sind Lokalanästhetika und Kortikosteroide – letztere nur intraartikulär anwendbar.

Verboten ist auch die Anwendung von Substanzen oder Methoden, welche die Nachweisbarkeit beeinflussen oder unmöglich machen sollen. Hierzu gehören: Verdünnung von Urin, Urinaustausch (auch innerhalb der Harnblase durch Katheterisierung kurz vor der Abnahme), Veränderung oder Unterdrückung der Ausscheidung von harnpflichtigen Substanzen (zum Beispiel Probenecid).

Historischer Überblick: Das Wort »dop« läßt sich auf einen in Südafrika gesprochenen Kafferndialekt zurückführen. Es handelt sich um hochprozentigen, selbstgebrauten Schnaps, der bei Kulthandlungen als Stimulanz diente.

In einem englischen Wörterbuch taucht das Wort »doping« erstmals 1869 auf, definiert als eine Mischung von Opium und Narkotika für die Anwendung bei Pferderennen.

Schon vor Jahrtausenden hat man sich um künstliche Beeinflussung der Leistungsfähigkeit bemüht. Hierzu dienten Kräuter, Pilze, Wurzeln, Stierhoden oder auch Peitschen der Waden mit dornigen Zweigen.

Im 19. Jahrhundert wurden in England Dopingmethoden bei Pferderennen bekannt. 1865 berichtete man von Drogeneinnahmen bei Kanalschwimmern in Amsterdam, und in den 80er Jahren des vergangenen Jahrhunderts gehörten »schnelle Pullen« zum Reservoir von 6-Tage-Radrennfahrern.

Bereits 1927 befaßte sich der Deutsche Sportärztebund auf seinem Jahreskongreß in Berlin mit Doping. Im Amateursport sei aus Gründen der Reinhaltung des Amateurgedankens jedes Doping zu verhindern; andernfalls mache sich der Sportarzt zum untergeordneten Handlanger.

Im Zweiten Weltkrieg benutzte man vor allem Amphetamine (zum Beispiel in der »Fliegerschokolade«) zur Unterstützung der Leistungsfähigkeit.

Das erste Anti-Doping-Symposion wissenschaftlicher Art führte 1965 der Deutsche Sportärztebund durch. Eine internationale Konferenz über Doping fand ebenfalls 1965 in Straßburg statt. In beiden Veranstaltungen verurteilte man einhellig jede Form von Doping.

Eine neue Qualität des Dopings trat in der zweiten Hälfte der 50er Jahre auf. Benutzte man bis zu dieser Zeit Doping während des Wettkampfes, so verlagerte sich nunmehr der Schwerpunkt der Anwendung auf die vorbereitende Trainingsphase. Grund war die Einführung von anbolen Steroiden (sog. »Anabolika«). Ihre Anwendung ging von Athleten der USA und der Sowjetunion aus, spätestens 1960 in Rom. Die Olympischen Spiele 1968 in Mexico City wie die 1972 in München können als »Anabolika-Spiele im weitesten Sinne« bezeichnet werden.

Anabolika leiten sich vom männlichen Geschlechtshormon Testosteron ab. Während Testosteron eine androgene und anabole Wirkung hat, begünstigt das Anabolikum besonders den anabolen Teil. Hierdurch wird das Körperfett vermindert, Eiweißanbau in Verbindung mit überschwelligem Krafttraining in der Skelettmuskulatur begünstigt bei gleichzeitig verstärker Wassereinlagerung und dementsprechender Gewichtszunahme.

■ Zum leistungssteigernden Effekt von Anabolika

Signifikante anabolikabezogene Leistungsverbesserungen beobachtete man im Vergleich zu Placebogruppen hinsichtlich der Maximalkraft, der Schnellkraft, der Schnelligkeit, der Technik, der aeroben und der anaeroben Ausdauerleistungsfähigkeit. Das gilt sowohl für männliche als auch für weibliche Sportler, wobei der Prozentsatz der Leistungssteigerung bei Frauen höher ausfällt als bei Männern. Die überraschend wirkende positive Leistungsbeeinflussung durch Anabolika auch von Ausdauerleistungen könnte sich durch eine vergrößerte Blutmenge erklären lassen.

Meiner persönlichen Vermutung nach darf man davon ausgehen, daß die weitaus meisten Weltrekorde von Frauen in Verbindung mit Anabolika entstanden sind. Die Annäherung der weiblichen an die männlichen Weltrekorde in zahlreichen Disziplinen dürfte durch Anabolikaeinnahmen um ein bis zwei Jahrzehnte beschleunigt worden sein. Diese auf Indizien beruhende Vermutung läßt sich wissenschaftlich oder gar juristisch nicht belegen.

Stimulanzien: Die bekanntesten unter ihnen sind die Amphetamine, Ephedrin, Kokain und Koffein. Sie sind die ursprünglich »eigentlichen« Dopingsubstanzen. Als Aufputschmittel werden sie kurz vor oder im Wettkampf eingenommen. Schwerwiegende Zwischenfälle bis hin zu Todesfällen sind bekannt.

Narkotika: Sie spielen in der Sportpraxis keine große Rolle. Kodeinhaltige Husten- und Grippepräparate sollten drei Tage vor einem Wettkampf abgesetzt oder durch kodeinfreie Medikamente ersetzt werden.

Beta-Rezeptorenblocker: Sie werden überwiegend zur Verbesserung der Koordination (zum Beispiel Schießen) oder als beruhigendes Element (Motorsport u. a.) eingenommen.

Diuretika: Sie werden zum »Gewichtmachen« in solchen Sportarten eingesetzt, welche nach Gewichtsklassen unterteilt sind (zum Beispiel Ringen, Boxen, Gewichtheben, Judo etc.), ferner aber auch zur Verschleierung der Einnahme anderer Dopingsubstanzen durch Erhöhung der Harnmenge.

Kortison: Die Einnahme von Glukokortikoiden erfolgt aufgrund ihrer metabolischen und euphorisierenden Wirkung. Eiweiße sollen verstärkt zur Energiebereitstellung genutzt werden können, darüber hinaus eine intensivere Ausschöpfung der Kohlenhydratdepots in der Skelettmuskulatur ermöglicht werden. Die längere Verabfolgung kann zu erheblichen gesundheitlichen Schäden führen durch Beeinträchtigung des Immunsystems mit Auftreten von schlecht beherrschbaren Infektionen, vor allem der Atemwege und der Augen, sowie durch eine Entmineralisierung der Knochen im Sinne der Osteoporose (sog. »Glasknochen«, der bei harmlos anmutenden Stürzen wie Glas zersplittert).

Somatotropin: Die gentechnologische Produktion des Wachstumshormons macht diese Substanz zunehmend verfügbar. Vielfach wird sie als Anabolikumersatz benutzt, ist jedoch weitaus weniger für den gewünschten Zweck geeignet, bei gleichzeitig vergrößerter gesundheitlicher Gefahr (Entwicklung von Akromegalie und Kardiomegalie).

Lokalanästhetika: Sie dürfen nur zur Behandlung lokaler Befunde angewandt werden, sind dabei anzeigepflichtig.

Blutdoping: Man entnimmt etwa 1,2 Liter Blut und läßt den Athleten anschließend weitertrainieren. Nach zirka drei Wochen ist der Blutbefund normalisiert. Einige Tage vor dem Wettkampf wird das Konzentrat der roten Blutkörperchen rückinfundiert. Hierdurch läßt sich die aerobe Ausdauerleistungsfähigkeit von Spitzensportlern um vier bis fünf Prozent steigern. Man darf davon ausgehen, daß manche internationale Wettbewerbe in Ausdauersportarten durch Blutdoping entschieden worden sind. Die Gefahren entstehen in erster Linie in der Entstehung eines Lungenödems oder einer allergischen Reaktion.

Erythropoetin: Es vergrößert das Volumen an roten Blutkörperchen, indem diese vermehrt produziert werden. Mehrfache Injektionen können in Verbindung mit körperlicher Belastung Thrombosen verursachen.

Endogene Peptide: Sie existieren in großer Vielfalt und sind in ihrer Wirkung noch größtenteils unerforscht. Gesichert aber ist zum Beispiel ein intensiver Effekt zur Vergrößerung der allgemeinen aeroben Ausdauer durch eine bestimmte Kategorie dieser Art. Inwieweit hierdurch gesundheitliche Gefahren drohen, ist noch unbekannt.

Menschliches Chorion-Gonadotropin (HCG): Es handelt sich um ein Placentahormon, welches die Testosteronproduktion stimuliert. Auch dieses Hormon dient gewissermaßen als »Anabolikaersatz«.

■ Gründe für das Dopingverbot

1. Doping ist ein Verstoß gegen die sportlichen Regeln. Gerade der sportliche Wettkampf aber lebt von der Einhaltung seiner Regeln. Die Nicht-Beachtung durch Doping verstößt gegen das dem Sport innewohnende Gebot des Fair play, wodurch aus Sport nichts anderes als »muskulärer« Wettkampf anstelle von »sportlichem« Wettkampf würde.

2. Der im Wettkampf antretende Sportler ist als gesunder Mensch zu betrachten. Die Vergabe von verschreibungspflichtigen Medikamenten an Gesunde verstößt sowohl gegen die ärztliche Ethik als auch gegen das Arzneimittelgesetz.

3. Viele Kinder und Jugendliche erwählen sich auch heute noch Spitzensportler zum Idol. Sollten sie erfahren, daß dieses Idol seine Leistungsfähigkeit mit Medikamenten fördert, besteht die Gefahr der Nachahmung. Darüber hinaus könnte eine Seitentür in die Drogenszene geöffnet werden.

Das zahlenmäßig größte Dopingproblem betrifft nicht den Hochleistungssport mit seinen wenigen Tausend Kader-Sportlern, sondern den Bereich des Body-Building.

■ Vorschläge zur Kanalisierung zukünftiger Entwicklungen

Doping wird es geben, solange es Leistungs- und Hochleistungssport gibt. Sportler sind nicht besser als die Gesellschaft, aus der sie hervorgehen. Jede Gesellschaft hat kriminelle Elemente. Es bieten sich jedoch folgende Kanalisierungsmöglichkeiten an:

1. Jeder einem Hochleistungskader zugehörige Athlet sollte sich schriftlich verpflichten, mindestens einmal monatlich für Dopingkontrollen freiwillig zur Verfügung zu stehen. Eine Verweigerung dieser schriftlichen Erklärung sollte den Ausschluß aus dem Kader zur Folge haben.

2. Die Verbände dürfen für herausragende Wettkämpfe wie Olympische

Spiele oder Weltmeisterschaften keine zu erzielende Normen vorschreiben als Voraussetzung zur Berücksichtigung für das nationale Aufgebot, sondern statt dessen spezielle oder allgemeine Wettkämpfe als Auswahlmomente deklarieren. Hierdurch entfällt der Anreiz für den Athleten, durch einmaliges Doping die einmalig geforderte Norm zu erfüllen.

3. Die Weltfachverbände sollten in Verbindung mit dem Internationalen Olympischen Komitee einen Teil der heute gewaltigen Gewinnsummen aus Veranstaltungen in einen international verwalteten Doping-Fonds abzweigen, welcher vor allem armen Ländern für eine international geregelte Dopingkontrolle zur Verfügung stehen soll.

4. Die vom Staat (in Deutschland vom Bundesminister des Innern) zur Verfügung gestellten Forschungsmittel über den Einfluß von Training und Sport auf den gesunden Menschen sowie für wissenschaftlich fundierte Maßnahmen zur physiologischen Steigerung der Leistungsfähigkeit im Training sollten eine solche Größenordnung erreichen, daß sie mindestens dem für Dopingkontrollen und Dopingforschung bereitgestellten Betrag entspricht. Der Athlet würde hierdurch die Gewähr erhalten, daß alles Menschenmögliche getan wird, seine physiologische Leistungsfähigkeit voll zu mobilisieren und im Wettkampf einsetzen zu können. Gleichzeitig entfiele die unmoralisch anmutende Diskrepanz zwischen den aufgewandten Mitteln für Dopingkontrollen einerseits, Gesundheitsforschung in Verbindung mit Sport und Training andererseits, welche letztendlich der Steuerzahler zur Verfügung stellt.

Und bliebe vom Geist und Ideal des olympischen Gedankens der Vergangenheit in Zukunft auch nur ein kleiner Prozentsatz übrig – selbst sein Verschwinden oder das der Olympischen Spiele insgesamt wäre ein Verlust für die Menschheit.

Univ.-Prof. Dr. med. Dr. h. c. Wildor Hollmann, Köln

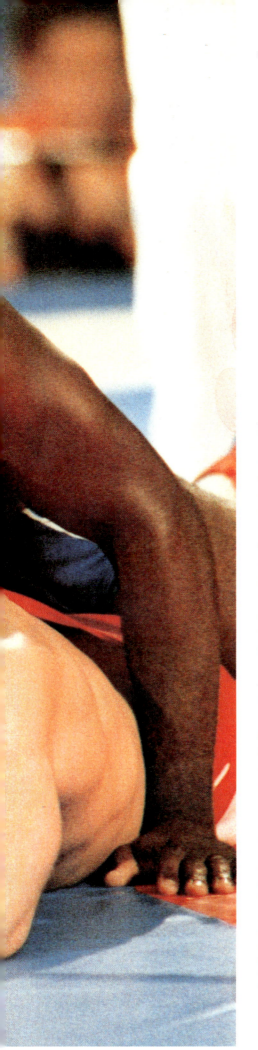

Ringen

»Bulle« Bullmann ringt sich durch

Wenn Olympia zum Fest der Wagen und Gesänge einlädt, dann können selbst ausgebuffte Streiter ein gewisses Nervenkribbeln nicht verbergen. So mancher hochdekorierte Athlet ist gescheitert, weil ihm die Schöne gründlich die Sinne verwirrte. Einem wie dem knapp einsneunzig großen Ringer Maik Bullmann aus der Mark Brandenburg kann das offenbar nicht widerfahren. Freundin und Kind in guter Hut zu Hause in Frankfurt/Oder, drei Weltmeistertitel im Halbschwergewicht im Reisegepäck sowie eine frische Europameisterschaft – was konnte da noch viel schiefgehen. Und »Bulle« Bullmann, der 25jährige Bundeswehr-Feldwebel und Kneipier (»Bulles Pub«), gutdotierter Bundesligakämpfer beim Meister AC Goldbach, griff resolut zu wie gewohnt, ging nicht das klitzekleinste Risiko ein, gab im Laufe des Turniers im griechisch-römischen Stil nur im Pool-Halbfinale einen einzigen Punkt ab

Was gibt es Schöneres für einen Kubaner, als einen US-Amerikaner so am Wickel zu haben? Hector Milian schreit vor Vergnügen und Freude über die Goldmedaille. Dennis Koslowski fand die Szene weniger lustig.

und siegte im Endkampf gegen den Türken Hakki Basar locker mit 5:0 Punkten.

■ Gold wert: Maik Bullmann

Danach nahm Soldat Bullmann unter dem am Fahnenmast flatternden Schwarz-Rot-Gold seines Dienstherrn das hochverdiente Gold entgegen und anschließend im Fernsehstudio ähnlich kühl die eigene Verbandsführung unter Beschuß. Die, speziell der Weltverbands-Schatzmeister und DRB-Präsident Hermann Schwindling, setzte sich seinem Gefühl nach nicht genügend ein. Und im Falle seines Vereins- und Teamkameraden Rifat Yildiz habe sie ebenfalls nicht viel unternommen, als der im Finale des Bantamgewichts von den Kampfrichtern kraß benachteiligt worden sei. Der 1987 eingebürgerte gebürtige Türke nahm ebenfalls kein Blatt vor den Mund, ritt seinerseits eine Attacke auf den Präsidenten und schloß nicht aus, den Verlockungen von türkischer Seite zu erliegen. Olympia hatte ein Skandälchen nach hausgemachter Art.

Nun, es war wirklich nicht fein, wie der Mattenleiter Todor Grudev aus Bulgarien dem Goldbacher Yildiz mitspielte, als der seine 5:2-Führung gegen den Südkoreaner Han-Bong An verteidigte. Der schob den zweimaligen Weltmeister Yildiz »mit sumoartigen Aktio-

Wenn Sheila Wagner pfeift (Bild oben links), sind die schweren Männer ganz brav. Die Amerikanerin, die als einzige Frau die höchste Kampfrichter-Lizenz besitzt, brachte auch den Kampf zwischen dem Koreaner Song Sung (oben) und dem Japaner Nonomura anstandslos über die Bühne. Auf seine Gegner pfiff Maik Bullmann. Die Goldmedaille zu erringen (Bild oben rechts) sei nicht so schwer gewesen wie den Weltmeistertitel zu holen, sagte er. Fest im Griff hatte Bullmann auch den Türken Basar (rechte Seite).

nen«, wie Bundestrainer Lothar Ruch fand, von der Matte, und Yildiz wurde »in der Bodenlage viel zu schlecht bewertet«. Der Koreaner, verbissen anrennend, glich unverdient zum 5:5 aus und knöpfte dem verunsicherten Deutschen in der Verlängerung – diesmal regulär – den entscheidenden Punkt ab. »Ich glaub', der Kampf war von Anfang an verkauft«, zürnte Yildiz. Niemand widersprach dem Düpierten, der bittere Tränen vergoß und anderntags heimflog, um sich am Meniskus operieren zu lassen. Verletzt hatte er sich zu allem Unglück auch noch.

Maik Bullmann, der Champion aus dem Osten mit dem ausgeprägten Erwerbssinn West, ließ durchblicken, daß ihm das Erringen der WM- und EM-Titel »wesentlich schwerer« gefallen sei als das von olympischem Gold, und goß noch ein bißchen Öl ins lodernde Feuer: »Wenn sich im Verband nichts ändert, mache ich Schluß. Die Schinderei steht überhaupt nicht im Verhältnis zu dem, was unter dem Strich herauskommt.« Auch die Gesamtbilanz des Deutschen Ringer-Bundes, der seit 1989 immerhin acht Welt- und 14 Europameisterschaften verbucht hatte, nicht zuletzt dank der deutschen Einigung, fiel nicht eben blendend aus. Zum Gold und Silber der »Klassiker« Bullmann und Yildiz fügte Heiko Balz aus Luckenwalde im Freistilturnier eine Silbermedaille.

■ Gold wert: Balzens Silber

Für Freistil-Bundestrainer Wolfgang Nitschke war Balzens Silber aber Gold wert. »Die beste Kampfrichterleistung war das sicher nicht«, erklärte er; die Unparteiischen hatten dem georgischen Welt- und Europameister Leri Chabelow (GUS) im Finalkampf des Schwergewichts eine zweifelhafte Eins gewertet. Trotz energischen Endspurts unterlag ihm Balz hauchdünn mit 1:2 Punkten.

Der 22jährige aus der einstigen DDR-Ringerschmiede in Brandenburg war zunächst untröstlich. Nachdem er sich wieder gefangen hatte, Stunden später, bestätigte der arbeitslose Automechaniker, weiter den Verlockungen der West-Bundesligavereine ein Nein entgegensetzen zu wollen. »Schließlich muß ich doch nicht tun, was alle machen«, sagte er. Balz und Klubkamerad Karsten Polky sind die letzten von der DDR-Elite, die alle lukrativen Offerten ausschlugen. Für ihn sei »Geld nicht das wichtigste auf der Welt«, erklärte der eigenwillige junge Mann mit den Bärenkräften und der stillen Liebe zur brandenburgischen Heimat.

Im blau-roten Mattentreiben in der Halle des katalanischen Sportinstituts verloren die anderen Deutschen mehr oder weniger die Orientierung. Im griechisch-römischen Stil kämpfte der Bruder von Rifat Yildiz, Fuat, bei den Papiergewichtlern um Bronze und unterlag dem Kubaner Wilber Sanchez. Er wurde Vierter, Schwergewichtler Andreas Steinbach aus Wiesental Fünfter – das wars.

■ Deutschlands »Freizeitstilringer«

Im freien Stil sah es anschließend noch schlechter aus. Allein der Mittelgewichtler Hans Gstöttner aus Aalen streckte außer Balz noch die Hände nach einer Medaille, nach Bronze aus. Im »kleinen Finale« fand der ehemalige Europameister jedoch in dem jungen Iraner Rasul Khadem seinen Meister, der ihn mit 6:0 Punkten besiegte. Ihm erging es nicht viel besser als dem Weltmeister Andreas Schröder, seinem Vereinskameraden, der das Pech hatte, in einen Pool mit dem späteren Goldmedaillengewinner im Superschwergewicht, David Gobedjischwili (GUS), gelost zu werden. So blieb ihm diesmal nur der fünfte Platz.

Ringen

Griechisch-römisch (bis 48 kg)
1. Kutscherenko		GUS
2. Maenza		ITA
3. Sanchez		CUB
4. F. Yildiz		GER
5. Dascalescu		ROM
6. Asil		IRI
7. Rönningen		NOR
8. Yadav		IND

Ringen

Griechisch-römisch (bis 52 kg)
1. Rönningen		NOR
2. Ter-Mkrtytschan		GUS
3. Kap Min Kyung		KOR
4. Sheldon		USA
5. Tzenov		BUL
6. Rebegea		ROM
7. Kamesari		FIN
8. Risvanovic		IOP

Ringen

Griechisch-römisch (bis 57 kg)
1. Han-Bong An		KOR
2. R. Yildiz		GER
3. Zetian Sheng		CHN
4. Ignatenko		GUS
5. Diaz Lara		CUB
6. Sandu		ROM
7. Pehkonen		FIN
8. Hall		USA

Ringen

Griechisch-römisch (bis 62 kg)
1. Pirim		TUR
2. Martinow		GUS
3. Maren		CUB
4. Zawadzki		POL
5. Bodi		HUN
6. Lee		USA
7. Grigorow		BUL
8. Dietsche		SUI

Ringen

Griechisch-römisch (bis 68 kg)
1. Repka		HUN
2. Dugutschijew		GUS
3. Smith		USA
4. Rodriguez		CUB
5. Ghani		FRA
6. Wolny		POL
7. Yates		CAN

Ringen

Griechisch-römisch (bis 74 kg)
1. Iskandarian		GUS
2. Tracz		POL
3. Kornbakk		SWE
4. Almanza		CUB
5. Riemer		FRA
6. Marchl		AUT
7. Zeman		TCH
8. Iwanow		BUL

Ringen

Griechisch-römisch (bis 82 kg)
1. Farkas		HUN
2. Stepien		POL
3. Turlichanow		GUS
4. Fredriksson		SWE
5. Niemi		FIN
6. Kasum		IOP
7. Zander		GER
8. Frinta		TCH

Ringen

Griechisch-römisch (bis 90 kg)
1. Bullmann		GER
2. Basar		TUR
3. Koguaschwili		GUS
4. Ljungberg		SWE
5. Babak		IRI
6. Foy		USA
7. Pena		CUB
8. Campanella		ITA

Ringen

Griechisch-römisch (bis 100 kg)
1. Milian		CUB
2. Koslowski		USA
3. Demiaschkiewitsch		GUS
4. Wronski		POL
5. Steinbach		GER
6. Ieremciuc		ROM
7. Norenyi		HUN
8. Song Sung		KOR

Ringen

Griechisch-römisch (über 100 kg)
1. Karelin		GUS
2. Johansson		SWE
3. Grigoras		ROM
4. Klauz		HUN
5. Borodow		CAN
6. Lei Tian		CHN
7. Ahokas		FIN
8. Pikilidis		GRE

Mit den Kampf- richtern haderten die deutschen Ringer des öfteren, vor allem Rifat Yildiz und Heiko Balz, die ihre Final- kämpfe verloren. Yildiz (linkes Bild) beherrschte den Koreaner Han-Bong An klar, mußte aber wegen umstrittener Wertungen in die Verlängerung, verlor und verletzte sich auch noch so schwer am Knie, daß er operiert werden mußte. Balz (rechtes Bild) wuchs beim Kampf gegen Welt- und Europameister Leri Chabelow (r.) aus

Georgien schier über sich hinaus. Gold gehörte dennoch Chabelow, die Sympathien indes gewann Balz, der nach dem Kampf sagte, Geld und Gold seien nicht alles.

Ringen

Freistil (bis 48 kg)

1.	Il Kim	PRK
2.	Yong-Shin Kim	KOR
3.	Orudijew	GUS
4.	Rasovan	ROM
5.	Vanni	USA
6.	Heugabel	GER
7.	Ovary	HUN
8.	Khosbayar	MGL

Ringen

Freistil (bis 52 kg)

1.	Hak-Son Li	PRK
2.	Jones	USA
3.	Jordanow	BUL
4.	Kim	KOR
5.	Orel	TUR
6.	Sato	JPN
7.	Torkan	IRI
8.	Woodcraft	CAN

Ringen

Freistil (bis 57 kg)

1.	Puerto	CUB
2.	Smal	GUS
3.	Yong-Sik Kim	PRK
4.	Musaoglu	TUR
5.	Pawlow	BUL
6.	Cross	USA
7.	Scheibe	GER
8.	Dawson	CAN

Ringen

Freistil (bis 62 kg)

1.	Smith	USA
2.	Mohammedian	IRI
3.	Reinoso	CUB
4.	Wassiliew	BUL
5.	Asisow	GUS
6.	Ilhan	AUS
7.	Müller	SUI
8.	Sang Shin	KOR
9.	Polky	GER

Ringen

Freistil (bis 68 kg)

1.	Fadzajew	GUS
2.	Getzow	BUL
3.	Akaishi	JPN
4.	Akbarnejad	IRI
5.	Ozbas	TUR
6.	On-Yong Ko	KOR
7.	Saunders	USA
8.	Wilson	CAN

Ringen

Freistil (bis 74 kg)

1.	Yang-Soon Park	KOR
2.	Monday	USA
3.	Azghadi	IRI
4.	Gadjiew	GUS
5.	Walencik	POL
6.	Holmes	CAN
7.	Nagy	HUN
8.	Enkhbayar	MGL

Ringen

Freistil (bis 82 kg)

1.	Jackson	USA
2.	Dschabrailow	GUS
3.	Khadem	IRI
4.	Gstöttner	GER
5.	Lohyna	TCH
6.	Öztürk	TUR
7.	Ghita	ROM
8.	Iglesias	ESP

Ringen

Freistil (bis 90 kg)

1.	Chardarzew	GUS
2.	Simsek	TUR
3.	Campbell	USA
4.	Sihkbat	MGL
5.	Bani	IRI
6.	Vargas	CUB
7.	Garmulewicz	POL
8.	Lombardo	ITA
10.	Schneider	GER

Ringen

Freistil (bis 100 kg)

1.	Chabelow	GUS
2.	Balz	GER
3.	Kayali	TUR
4.	Tae Kim	KOR
5.	Radomski	POL
6.	Verma	IND
7.	Coleman	USA
8.	Kiss	HUN

Ringen

Freistil (bis 130 kg)

1.	Baumgartner	USA
2.	Thue	CAN
3.	Gobedjischwili	GUS
4.	Demir	TUR
5.	Schröder	GER
6.	Soleimani	IRI
7.	Wang	CHN
8.	Park	KOR

Fechten

Die »Blechfabrik« wurde doch wieder zur Goldschmiede

Alles dreht sich um Emil, und das hat nur bedingt mit seiner Leibesfülle zu tun. Nicht zu übersehen ist der Mann, auch dann nicht, wenn er sich in einen Schmollwinkel in die entlegenste Ecke der Halle verkriecht. Selbst seinen Rückzug tritt er so an, daß ihn jeder mitkriegen muß. Emil Beck, Cheftrainer der deutschen Fechter, leidet medienwirksam. Einsamkeit ist für ihn eine öffentliche Position. Steht der Mann doch – kraft Korpulenz und Tatendrang – als Gründervater für eine High-Tech-Institution in Tauberbischofsheim, die lange stolz darauf war, die Medaillenschmiede des (bundes-)deutschen Sportes genannt zu werden.

Beck hat viel gelitten in der ersten Woche der Spiele von Barcelona. Tag für Tag zog er ein in den Palau de la Metallurgia, und wenn er wieder auszog, wirkte er noch ein bißchen verbitterter als am Abend zuvor.

Das lange Leiden des Emil Beck

Was war passiert? Nichts. Vergeblich hatte der Fechtmeister als Lohn für die Schinderei eines Jahres Edelmetall erwartet. Was Beck noch viel tiefer in seinem Selbstverständnis erschüttern mußte, waren die Spötteleien aus dem Umfeld des deutschen Sportes – in »Blechschmiede« hatten einige seine Klingenfirma vorzeitig umbenannt. Bräche sein Reich, gegründet im Heizungskeller, ausgebaut zur Fechtfabrik, zusammen? Reihenweise verabschiedeten sich die Beckschen Eleven in den Vorkämpfen, im Finale der letzten Acht waren gerade einmal Sabine Bau (7./Florett), Udo Wagner (4./Florett), Elmar Borrmann (5./Degen) und Jürgen Nolte (8./Säbel) zu finden gewesen. »Er braucht den Erfolg unheimlich«, meinte Beck-Intimus Alexander Pusch, einst Olympiasieger, heute Trainer: »Was hier passiert, das macht den Emil kaputt.«

So schlimm ist es nicht gekommen. Mit Beginn der Mannschaftskämpfe fand Beck plötzlich heraus aus innerer Emigration. Wie Rumpelstilzchen trat er wieder an die Planche, jauchzte, tobte, und manchmal hatte er auch

Ein Haufen Glück im Bild links: Die italienischen Florett-Fechterinnen umarmen sich nach dem Finalsieg gegen die deutsche Auswahl. In der ragte Anja Fichtel-Mauritz heraus (Bild oben), die knapp zwei Monate nach der Geburt ihres Sohnes Laurien schon wieder eine flotte Klinge führte. Bis kurz vor der Entbindung hatte sie trainiert, kurz danach stand sie schon wieder auf der Planche. Ein ungewöhnliches Unternehmen, aber der Erfolg gab ihr recht. »Ich bin top drauf«, sagte sie, »es ist so schön wie früher.« Nicht ganz: 1988 war Fichtel Olympiasiegerin im Einzel und mit der Mannschaft.

Tränen in den Augen. Zuviel wäre es, den Stimmungswandel nur auf Anja Fichtel zurückzuführen, aber er hatte gewiß etwas mit ihrem Erscheinen zu tun. Für das Einzel konnte sich die Goldmarie von Seoul wegen Schwangerschaft nicht qualifizieren. In der Mannschaft aber war sie 53 Tage nach der Geburt von Sohnemann Laurien dabei, herzte gar die temperamentvolle Zita Funkenhauser, von der sie sonst alles trennt, was zwei ehrgeizige Rivalinnen so trennen kann. Ganz hinauf auf den Olymp hat diese Seilschaft nicht gefunden, aber selbst nach dem 6:9 im Florett-Finale gegen Italien sah Beck sein schwer erschüttertes Imperium wieder besser geordnet: »Das war die wichtigste Medaille für uns seit langem.« Eine Formel, mit der er die anfängliche Betriebspanne rechtfertigen konnte, hatte der Fecht-Guru auch schnell parat: »Wir wollten Medaillen mit den Mannschaften gewinnen – alles andere ist Zufall.« Und doch verstanden er und die Athleten es vormals stets, auch den Zufall zu Taubertäler Gunsten zu lenken und in feine Sponsorenverträge zu wandeln.

Mit strammem Hieb hatten die Damen den Knoten durchschlagen, fortan erübrigten sich Fragen nach dem Gesundheitszustand von Emil Beck. Die Schmiede produzierte statt Blech wieder Edelmetall, hochwertiges zudem.

Fechten

Florett Einzel, Frauen
1. Trillini — ITA
2. Huifeng Wang — CHN
3. Sadowskaia — GUS
4. Modaine — FRA
5. Zalaffi — ITA
6. Szabo — ROM
7. Bau — GER
8. McIntosh — GBR

Fechten

Florett Mannschaft, Frauen
1. ITA
2. GER — Fichtel-Mauritz, Bau, Funken-hauser, Dobmeier, Weber
3. ROM
4. GUS
5. FRA
6. CHN
7. HUN
8. POL

Fechten

Florett Einzel, Männer
1. Omnes — FRA
2. Golubitski — GUS
3. Gregory — CUB
4. Wagner — GER
5. Borella — ITA
6. Sypniewski — POL
7. Betancourt — CUB
8. Wendt — AUT

Fechten

Florett Mannschaft, Männer
1. GER — Weidner, Wagner, Schreck, Weißenborn, Koch
2. CUB
3. POL
4. HUN
5. GUS
6. ITA
7. FRA
8. KOR

Volltreffer: Anja Fichtel-Mauritz (oben) verlor zwar ihr Gefecht gegen Diana Bianchedi und das Florett-Team das Finale gegen Italien, dennoch hat sich ihr Einsatz in der Mannschaft gelohnt. Nach dem Debakel im Einzel gewannen die Frauen Silber, die Männer sogar zweimal Gold. Das Degenteam mit Arnd Schmitt, Robert Felisiak, Wladimir Resnitschenko, Elmar Borrmann und Uwe Proske (unten links) wurde ebenso Olympiasieger wie die Kollegen Udo Wagner, Ulrich Schreck, Thorsten Weidner, Alexander Koch und Ingo Weißenborn (unten Mitte) mit dem Florett.

Fechten	
Degen Einzel, Männer	
1. Srecki	FRA
2. Kolobkow	GUS
3. Henry	FRA
4. Kaaberma	EST
5. Borrmann	GER
6. Mazzoni	ITA
7. Rivas	COL
8. Kovacs	HUN

Fechten	
Degen Mannschaft, Männer	
1. GER	Borrmann, Felisiak, Resnitschenko, Schmitt, Proske
2. HUN	
3. GUS	
4. FRA	

Fechten	
Säbel Einzel, Männer	
1. Szabo	HUN
2. Marin	ITA
3. Lamour	FRA
4. Scalzo	ITA
5. Garcia	ESP
6. Meglio	ITA
7. Kosnieliakowski	POL
8. Nolte	GER

Fechten	
Säbel Mannschaft, Männer	
1. GUS	
2. HUN	
3. FRA	
4. ROM	
5. GER	
6. POL	
7. CHN	
8. ITA	

Im Wechselbad der Gefühle: Erst schien Emil Beck (rechts) in den Einzelwettbewerben den Niedergang seiner Arbeit zu erleben, dann folgten im Kollektiv noch zweimal Gold und einmal Silber.

Mit Florett und Degen fochten sich die deutschen Musketiere zum Olympiasieg. Nichts für schwache Nerven war dabei der Auftritt von Uli Schreck. 8:7 führte Weltmeister Kuba im Florett-Finale, das letzte Gefecht mußte entscheiden. Joker Schreck, eingewechselt für Udo Wagner, trat auf, als sei das alles nichts Außergewöhnliches, bezwang Tulio Dias 5:2, und das deutsche Team wurde nach Vergleich der Gesamttreffer (65:53) zum Sieger gekürt.

»Dallas« in Tauberbischofsheim?

Daß Emil wieder lachen konnte, dazu trug auch einer bei, der aufgrund der Vorgeschichte unter der Kategorie ›Erzfeinde‹ einen Sonderplatz einnimmt. Der Cheftrainer und Degenfechter Arnd Schmitt sind über Kreuz, seit dieser von Tauberbischofsheim nach Bonn zog und später dem sich unantastbar wähnenden Beck die Manipulation von Gefechten vorwarf. Hatten sich beide vor Olympia etwas zu sagen, schalteten sie ihre Anwälte ein. Nun setzte Schmitt den letzten Treffer beim 8:4 gegen Ungarn und war zum Abschluß Teilnehmer einer Pressekonferenz mit internationalem Touch. »Daß wir das geschafft haben mit dieser interessanten Mannschaft!«, jubelte Elmar Borrmann. Mit 35 war er der Älteste, hatte in Los Angeles Gold, in Seoul Silber gewonnen, und war dabei auch zwei Fechtern begegnet, die nun gemeinsam mit ihm feierten. Robert Felisiak ist ein gebürtiger Pole, der dunkelhäutige Wladimir Resnitschenko ein in Moskau geborener Sohn eines Kubaners.

»Es war eine Zweckgemeinschaft«, sagte Emil Beck, »sie brauchen sich nicht zu lieben, sie müssen miteinander fechten.« Das tun die alten und neuen Taubertäler gern und fast besessen. Bei Großereignissen gesellen sich noch ein paar Berliner oder Bonner wie Uli Schreck und Arnd Schmitt hinzu. Bisweilen ist, zum Beispiel bei der nach Wien ausgewanderten Anja Fichtel-Mauritz, auch Liebe im Spiel. Wer nun die Fechtepisoden als die gutbürgerliche deutsche Variante von Dallas und Denver sieht, liegt wohl nicht so falsch.

Synchronschwimmen

Kanadas »Golden Girls«

Wer zuletzt lacht, wird Olympiasieger. So wie Kristen Babb-Sprague (USA), die geschmeidig aus dem Wasser klettert, schwer schnaufend Position bezieht zwischen zwei halbwüchsigen Topf-Kiefern und dort wartet auf die Wertung.

Das Schnaufen läßt nach und wird tiefes Atmen, das Lächeln bleibt, und Kristen hat auch allen Grund dazu: Die Kampfrichter belohnen ihre Kür im Solo mit der höchsten Wertung. Im Bewußtsein, die Goldmedaille gewonnen zu haben, verschwindet die Amerikanerin federnden Schrittes, und die Zierfransen an ihrem roten Badekostüm wippen im Takt. Auch Sylvie Frechette, die Weltmeisterin aus Kanada, steht aufrecht wie die Kiefern neben ihr und wartet lächelnd auf das Urteil; und dieser Ausdruck bleibt erhalten, als die Wertung aufleuchtet und die Künstlerin begreift, daß sie damit Zweite werden wird. Etwas mehr als ein Zehntelpunkt trennt die beiden Favoritinnen des Wettbewerbes schließlich voneinander. Auch Sylvie Frechette tritt federnd den Heimweg an. Das Lächeln schenkt sie den Zuschauern, ihre Gefühle behält sie für sich.

Also lief wieder alles nach Plan bei der dritten Auflage des olympischen Synchronschwimmens. Wie 1984 bei der Premiere in Los Angeles und '88 in Seoul machten die beiden dominierenden Nationen USA und Kanada die Olympiasiegerinnen unter sich aus. Ebenso verhielt es sich mit den Plätzen drei (jedesmal aus Japan) und vier (reserviert für die beste Europäerin) im Solo wie Duett. Den Zuschauern war es offensichtlich recht; die kamen auch diesmal in Scharen und reagierten begeistert.

Synchronschwimmen		
Solo		**Punkte**
1. Babb-Sprague	USA	**191,848**
2. Frechette	CAN	**191,717**
3. Okuno	JPN	**187,056**
4. Sedakowa	GUS	**185,006**
5. Capron	FRA	**182,449**
6. Thalassinidou	GRE	**180,244**
7. Shacklock	GBR	**179,839**
8. Both	NED	**179,354**

Synchronschwimmen		
Duett		**Punkte**
1. K. Josephson/ S. Josephson	CAN	**192,175**
2. P. Vilagos/V. Vilagos	CAN	**189,394**
3. Okuno/Takayama	JPN	**186,868**
4. Kozlowa/Sedakowa	GUS	**184,083**
5. Aeschbacher/Capron	FRA	**181,795**
6. Shacklock/Vakil	GBR	**179,366**
7. Both/Zwart	NED	**179,345**
8. Guan/Wang	CHN	**177,843**

Lachende Sieger im Duo-Synchronschwimmen wurden die kanadischen Schwestern Karen und Sarah Josephson vor Penny und Vicky Vilagos (Bild, auch Schwestern, gleichfalls Kanada). Nichts zu lachen hatten **Margit Schreib** und **Monika Müller: Das deutsche Synchron-Duo hatte als 14. nach Vorkampf und Pflicht den Einzug ins Finale verpaßt.**

Nun wird sie nicht wiederkommen. Wird verschwinden wie jene elfengleichen Wesen vor ihr, und es werden andere elfengleiche Wesen erscheinen. Doch Alexandra Timoschenko wurde zum Abschluß ihrer Karriere mit gerechtem Lohn bedacht, der Goldmedaille in der Rhythmischen Sportgymnastik. Zwar wurde sie nicht überschüttet mit Höchstwertungen wie Marina Lobatsch, die den Mehrkampf vor vier Jahren in Seoul mit der Idealnote 60,0 gewonnen hatte, doch an der Überlegenheit der Alexandra Timoschenko gab es keinen Zweifel. Doch Überlegenheit ist ein so nüchternes Wort für jene Form von Inspiration, mit der sie die Menschen in ihren Bann zog.

Rhythmische Sportgymnastik
Elfentänze im Palau d'Esports

■ Die Vergabe von Silber kam spanisch vor

Unerwartet fand sich die 20 Jahre alte ehemalige Welt- und Europameisterin aus der Ukraine, die in Seoul bereits Bronze gewonnen hatte, allein auf dieser Ebene wieder, denn sowohl ihre gleichaltrige Freundin Oksana Skaldina aus Kiew und vor allem die bulgarische Weltmeisterin Maria Petrowa leisteten sich mehr Patzer als gewohnt. Doch daß die Preisrichter die phantasievollen und geistreichen Übungen der Skaldina schließlich niedriger bewerteten als die der jungen Spanierin Carolina Pascual, roch wieder einmal stark nach Schiebung. Ein Geschenk womöglich an die begeisterten, bisweilen fanatischen Zuschauer. Die Spanierinnen zeigten sich enorm verbessert, was auch Rang vier von Carmen Acedo bewies, doch Silber für Pascual vor Skaldina war denn doch deutlich des Guten zuviel.

Rhythmische Sportgymnastik		
		Punkte
1. Timoschenko	GUS	59,037
2. Pascual	ESP	58,100
3. Skaldina	GUS	57,912
4. Acedo	ESP	57,225
5. Petrowa	BUL	57,087
6. Deleanu	ROM	56,612
7. Bodak	POL	56,475
8. Oulehlova	TCH	56,137

Völlig abstrus war schließlich das System, nach dem die Mehrkampf-Siegerin ermittelt wurde. Es ließ vielen Gymnastinnen keine Chance auf eine anständige Plazierung, worunter auch Christiane Klumpp (Wattenscheid) zu leiden hatte. Sie ist jung und wird weitermachen. Alexandra Timoschenko ist ein wenig älter und hört auf.

Die anmutigste Vorführung in der Rhythmischen Sportgymnastik, unter anderem mit den Keulen, gab Alexandra Timoschenko (Bild), wofür sie mit olympischem Gold entlohnt wurde. Die 20jährige Ukrainerin machte den Tag der Traumtänzerinnen im Palau d'Esports in einer Sportart, die die Einheit von Geist und Körper und von Musik und Bewegung beschwört und deshalb nicht den geringsten Fehler verzeiht, zu einem unvergeßlichen Erlebnis.

Basketball

Dream Team gegen Amerikas Trauma

Irgendwann bekam der Basketballspieler Michael Jordan den Spitznamen »Air«, weil er bei seinen gewaltigen Sprüngen manchmal den Eindruck vermittelte, als könne er fliegen. Doch das war erst der Anfang, eine amerikanische Tageszeitung behauptete, Jordan sei beliebter als Jesus, der Kollege Larry Bird sagte, Jordan sei in Wirklichkeit der liebe Gott, und bei Olympia hatte ein Reporter ernsthafte Zweifel ob der irdischen Herkunft des Superstars: »Sind sie wirklich von diesem Planeten?« Glücklicherweise hat Jordan immerhin diesen Verdacht noch rechtzeitig aufgeklärt: »Oh, ich wohne in Chicago.«

Hätte es eine bessere Show geben können als die der »Riesen mit den magnetischen Händen« (»Süddeutsche Zeitung«)? Gut, Earvin »Magic« Johnson (2,06 Meter) von den Los Angeles Lakers, Michael »Air« Jordan (1,98 Meter) von den Chicago Bulls oder Larry Bird (2,06 Meter) von den Boston Celtics schienen noch weniger als andere zur olympischen Familie zu passen angesichts der Tatsache, daß Jordan mit rund 21 Millionen Dollar pro Jahr der bestverdienende Mannschaftssportler der Welt ist und seine Kollegen nicht viel weniger kassieren. Doch Geld spielt unter den fünf Ringen schon lange keine Rolle mehr, und irgendetwas mußte man der zahlungs-

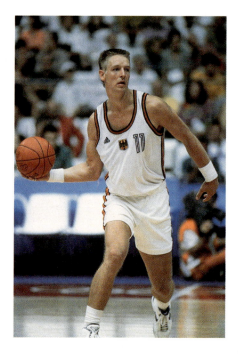

Die deutschen Basketballer um Superstar Detlef Schrempf (oben) scheiterten erst im Viertelfinale knapp an der GUS-Auswahl. Der Gipfel des Olymps war freilich weit entfernt, selbst Schrempf will vom Vergleich mit dem »Dream Team« (68:111) »noch seinen Enkeln erzählen«.
Bild rechte Seite: Michael Jordan in Aktion.

freudigen US-Fernsehgesellschaft ja bieten. Da kamen die Helden der Nation gerade recht, zumal der passende Name schnell gefunden war: Dream Team.

Ein Traum, der sich wunderbar verkaufen ließ. 40 US-Firmen zahlten 40 Millionen Dollar in der berechtigten Annahme, daß das Produkt dem Geschmack der Konsumenten entsprechen würde. Früher hatten stets zweitklassige Collegeboys ihr Land vertreten und 1988 sogar gegen die UdSSR verloren, doch wen interessierten die schon daheim? Nun waren endlich die Stars dabei, die besten Profis der National Basket Association (NBA). Mochten andere laufen, springen oder sich sonstwie verrenken – Basketball war Olympia. Daß die US-Vertretung mit dem HIV-infizierten Earvin Johnson einen todgeweihten Anführer hatte, wirkte makaber, aber änderte am Bild wenig. Wenigstens unter den Körben wurde der Traum von der Unbesiegbarkeit Amerikas wahr.

Der Kroate Radja, einer der besten Spieler Europas, hatte bereits vorher vermerkt, die amerikanische Auswahl sei »so stark, daß man ihr gleich die Goldmedaille geben sollte«. Die holten sie dann ab wie bestellt, und Kroatien machte bei der deutlichen 85:117-Niederlage im Finale noch eine vergleichsweise prächtige Figur. Der Rest geriet zur kollektiven Randerscheinung, obwohl es noch andere schöne Geschichten gegeben hätte. Die der Deutschen zum Beispiel, die sich mit Hilfe ihres überragenden NBA-Profis Detlef Schrempf von den Indiana Pacers ins Rampenlicht spielten.

Um die amerikanischen Millionäre brach eine Hysterie aus wie einst um die Beatles – ein Vergleich, der auch zum Eindruck von Chuck Daly paßte. »Du kommst dir vor«, erklärte der US-Trainer leicht genervt, »als seist du mit zwölf Rockstars auf Tour.«

Basketball		
Männer		
1. USA		
2. CRO		
3. LTU		
4. GUS		
5. BRA	6. AUS	7. GER	8. PUR

Basketball		
Frauen		
1. GUS		
2. CHN		
3. USA		
4. CUB		
5. ESP	6. TCH	7. BRA	8. ITA

Tennis

Kaffee mit Carl und Gold mit Michael

Wieder stand sein Name da wie ein Schlagwort. Von Anfang an. Bevor die Spiele in Barcelona begannen, wurde er heftig kritisiert, weil er in einem Interview gesagt hatte, es gehe ihm bei Olympia nicht in erster Linie um den Sieg, sondern um die Begegnung mit anderen Sportlern. »Kaffeetrinken mit Carl Lewis« hieß die Parole ein paar Tage lang, und sie wurde benutzt als Beweis für das vermeintlich mäßige Interesse der Tennisprofis an diesen Spielen.

Dann kam er an im Athletendorf, und fortan wechselten sich die Nachrichten ab. Mal hieß es, es sei ihm zu laut und schlicht in der großen Familie aus aller Welt, dann wieder hieß es, er amüsiere sich großartig und erfreue sich allgemeiner Beliebtheit. War der Tennisspieler an sich in dieser Umgebung nun einer von vielen oder blieb er Eigenbrötler? Man sah den Mann als Fan beim Basketball und bald darauf im eigenen Metier in der Sandgrube von Val d'Hebron, umgeben von provisorischen Stahlrohrtribünen und Hochhaus-Komplexen. Becker spielte wahrhaft nicht gut und schlug sich mit Gegnern herum, die alles gaben, was sie hatten; ein Norweger namens Christian Ruud, ein Marokkaner namens Younes El Aynaoui. Er spielte schlecht,

gewann knapp, kritisierte kurz mal den Turniermodus mit drei Gewinnsätzen von Beginn an und schlug stattdessen einen Mannschafts-Wettbewerb vor. Dann verlor er gegen den leidlich bekannten Franzosen Fabrice Santoro, weil er noch immer schlecht spielte. Kurz vor und nach ihm scheiterten der Weltranglisten-Erste Jim Courier, der Zweite Stefan Edberg, Michael Stich und Carl-Uwe Steeb und schließlich alle Favoriten. Das Einzel der Männer,

Der Beginn einer wunderbaren Freundschaft? Boris Becker und Michael Stich schienen sich nicht besonders zu mögen, als ausgeprägt galt die Rivalität, seit auch Stich Wimbledonsieger wurde und den vormals unantastbar besten deutschen Tennisspieler vorübergehend sogar in der Weltrangliste überholte. In Barcelona aber gewannen beide gemeinsam Gold (rechte Seite), und Becker konnte »keinem so recht erklären, was in mir vorging, als die Hymne gespielt wurde«. Auch nicht seiner Mutter Elvira und seiner Freundin Barbara Feltus (oben).

sonst im Zentrum des Interesses, fand nur noch statt.

Doch als er zwei Tage vor Schluß der Spiele gemeinsam mit seinem Partner das Finale des Doppels gewann und sich die beiden zum Abschluß übermütig und glücklich in den Armen lagen, da dämmerte es manchem, daß er es wirklich ernst gemeint hatte mit seinem Kindertraum von Olympia. Die Bilder der Sieger sprachen Bände. Da standen also Boris Becker und Michael Stich, jenes deutsche Doppel, um das es von Beginn an künstlich Wirbel gegeben hatte, nach Erfolgen über die favorisierten Spanier Sanchez/Casal im Viertel-, über die Argentinier Frana/Miniussi im Halbfinale und schließlich über Wayne Ferreira und Piet Norval aus Südafrika im Endspiel.

■ Becker/Stich auf dem Olymp

Die Tennismillionäre aus Leimen und Elmshorn genossen die Siegerehrung, wie sie jeder Olympiasieger genießt: mit einem wohligen Schauer und einer guten Portion Rührung. Wer noch Fragen hatte, was Tennisspielern der Sieg bei diesem Turnier bedeutet, mochte die Mienen der deutschen Doppelsieger als Antwort nehmen.

Es hätte ein Nachmittag in Schwarz-Rot-Gold werden sollen, denn als Boris Becker und Michael Stich den Platz fröhlich winkend verlassen hatten, begann das Finale der Frauen zwischen Steffi Graf und Jennifer Capriati. Eine klare Sache, noch nie hatte Graf gegen die 16 Jahre alte Amerikanerin verloren. Naja, denkste. Schon beim Sieg im Halbfinale gegen ihre Freundin Mary Joe Fernandez hatte Steffi Graf nicht so frisch gewirkt wie in den Runden zuvor, und diesen Eindruck bot sie auch im Endspiel. Es fehlte ihr an Geduld; in die Enge getrieben, reagierte sie instinktiv hektisch. Der Teenager aus Florida behielt die Übersicht, als es im dritten Satz um die Entscheidung ging. So gewann Jennifer Capriati die Goldmedaille und freute sich darüber wie über einen gelungenen Streich: Huckleberry Finns kleine Schwester. Steffi Graf wußte mit Silber nicht allzu viel anzufangen. Daß sie enttäuscht

Bittere Glückwünsche: Steffi Graf gratulierte Jennifer Capriati zu einer Goldmedaille, die eigentlich für sie reserviert schien nach ihrem neuerlichen Wimbledonsieg und der Abwesenheit von Monica Seles. Bei der olympischen Premiere 1988 in Seoul war die Deutsche bei der Siegerehrung ganz oben gestanden, diesmal mußte sie dem Teenager aus den USA den Vortritt lassen, nach dem 6:3, 3:6 und 4:6 im Finale. Capriati verfolgte den Aufzug des US-Banners mit der Hand am Herzen: »Zwei Wochen habe ich unseren Athleten dabei zugeschaut, jetzt wurde es Zeit, daß ich die Fahne hochgehen lasse.«

viel anzufangen. Daß sie enttäuscht und müde sei, sagte sie später, aber das hatte ohnehin jeder gesehen.

Von einer ganz anderen Müdigkeit waren Marc Rosset und Jordi Arrese nach fünf Stunden und fünf Minuten des Finales im Herren-Einzel befallen; ihre Müdigkeit hieß Erschöpfung. Beide, der lange Schweizer aus Genf und der katalanische Lokalmatador aus Barcelona, waren überraschend in dieses Endspiel gelangt, und jeder von ihnen galt zu gleichen Teilen als Außenseiter und Favorit. Als sich nach wechselvollem Spielverlauf im fünften Satz die Entscheidung zu seinen Ungunsten

anbahnte, mobilisierte Rosset Kräfte, von denen er offensichtlich nicht wußte, daß er sie noch hatte. Mit 8:6 gewann er diesen fünften Satz und fiel wie von einem satten Aufwärtshaken getroffen rücklings in den roten Sand. Daß ausgerechnet er, der daheim nicht übermäßig populär ist, den Schweizern die erste und einzige Medaille, noch dazu die in Gold, bescherte, paßte zum kuriosen Verlauf dieses Tennisturniers.

■ Silber und Bronze für Barcelonas Goldstück

Doch ein Sieg fiel schließlich auch für die Favoriten ab. Mary Joe und Gigi Fernandez, die eine geboren in der Dominikanischen Republik, die andere in San Juan/Puerto Rico, also ein richtiges US-amerikanisches Doppel, setzten ihren Spaß am Spiel in Leistung um im Finale gegen Aràntxa Sanchez-Vicario und Conchita Martinez aus Barcelona und gegen die Stimmgewalt von 5000 Zuschauern. Und so gab es für Aràntxa, den Liebling der Barcelonesen, nach Bronze im Einzel Silber im Doppel. Sie dachte nicht lange nach, ob sie darüber vielleicht enttäuscht sein sollte: Sie freute sich einfach.

Tennis	
Einzel, Frauen	
1. Capriati	USA
2. Graf	GER
3. Sanchez-Vicario	ESP
M. J. Fernandez	USA

Tennis	
Einzel, Männer	
1. Rosset	SUI
2. Arrese	ESP
3. Ivanisevic	CRO
Tscherkassow	GUS

Tennis	
Doppel, Frauen	
1. M. J. Fernandez/G. Fernandez	USA
2. Sanchez-Vicario/Martinez	ESP
3. Meschki/Zwerewa	GUS
McQuillan/Provis	AUS

Tennis	
Doppel, Männer	
1. Becker/Stich	GER
2. Ferreira/Norval	RSA
3. Frana/Minuissi	ARG
Ivanisevic/Prpic	CRO

Offiziell nennt sich die Bootsfarbe »erikarot«, normalerweise würde man schlicht »rosa« oder »pink« sagen. Die Lackierung war mit Bedacht ausgewählt worden, die Erbauer aus der Forschung- und Entwicklungsstelle für Sportgeräte (FES) in Berlin hatten sogar Sportpsychologen konsultiert. Die rieten zu der auffälligen Farbe, um die Gegner auch optisch zu beeindrucken. Motto: Seht her, so etwas Tolles habt ihr nicht.

Zauberei aus der Psycho-Kiste? Vor Barcelona hatte die FES, seit den Erfolgen der Radfahrer Gütezeichen für allerfeinste Technik, mit einem Aufwand von einer Million Mark neue Kajaks und Canadier entwickelt. In extrem strömungsgünstigen Gefährten mit Bootshäuten so glatt wie ein Babypopo paddelten die Deutschen sechsmal zu Gold, zweimal zu Silber und einmal zu Bronze. Zählt man auch den Olympiasieg von Elisabeth Micheler im Kanuslalom und Jochen Lettmanns dritten Rang dazu, war der Deutsche Kanu-Verband (DKV) hinter den Ruderern (11 Medaillen, viermal Gold) der erfolgreichste Verband im deutschen Aufgebot, nach Goldmedaillen gerechnet sogar der erfolgreichste.

■ »Bewegungsgenie« Birgit Schmidt

Rosarot wirkte. Zum Beispiel im Wettbewerb der Vierer-Kajaks, dem Lieblingsboot von Bundestrainer Josef Capousek. Sechs Jahre lang hatten die Ungarn die olympische 1000-Meter-Distanz dominiert. Doch diesmal? »Wir wußten, daß die Ungarn genauso viel Muffengang vor uns haben wie wir vor ihnen«, sagte Capousek. Prompt zerstörten Mario von Appen, Oliver Kegel, Thomas Reineck und André Wohllebe den Nimbus der Magyaren, obwohl der etatmäßige Schlagmann nach positivem Doping-Befund vor den Spielen ausgetauscht werden mußte. Wieder lag Rosarot im Ziel vor der dunkelfarbigen Masse der Konkurrenz, wenn auch nur 69 Hundertstelsekunden.

Kanusport

Rosarote Zeiten für deutsche Kanuten

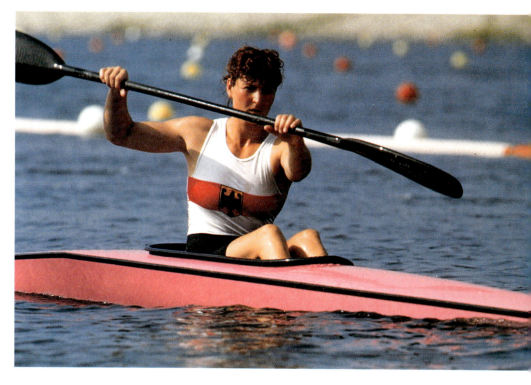

Nicht allen gefiel die grelle Lackierung. Birgit Schmidt, Olympiasiegerin im Einer-Kajak, fand die Mädchen-Babywäschen-Farbe vor allem auf den Männerbooten unpassend. Vermutlich hätte die Potsdamerin auch gewonnen, wenn man sie in ein graues Schiff gesetzt hätte. Die 30jährige hatte sich erst im November entschieden, ein Comeback zu wagen und zwölf Jahre nach dem Triumph von Moskau wieder Gold anzusteuern. Die Umstellung auf die neuen Flügelpaddel schaffte das »Bewegungsgenie« (Bundestrainer Kersten Neumann) problemlos.

Gelungenes Comeback: Über ein Jahrzehnt hinweg hatte Birgit Schmidt die Kanu-Szene beherrscht, war dreimal Olympiasiegerin und 16mal Weltmeisterin im Einer-, Zweier- und Viererkajak, ehe sie ihre Karriere vorübergehend beendete und zweifache Mutter wurde. Auf dem Llac de Banyoles war ihrer kraftvollen Eleganz erneut keiner gewachsen – nach drei Jahren Pause und nur acht Monaten intensivem Training gewann die 30jährige erneut Gold. Womit die paddelnde Hausfrau zu den sechs erfolgreichsten deutschen Olympioniken aller Zeiten zählt. Schmidt: »Unfaßbar.« Auch für die Konkurrenz.

bald Geldgeber finden, wird der gesamte Kanusport in der Bedeutungslosigkeit verschwinden.« Der erste Rückschlag war schon vor den Spielen zu verkraften, denn ein Sponsor zog seine versprochene Million zurück, als der Dopingfall Hofmann ruchbar wurde.

■ Am Golde hängt, zum Golde drängt doch alles

»Ich kann nicht leugnen«, sagte DKV-Präsident Ulrich Feldhoff, »daß kein Verband mehr von dem sportlichen Zusammenschluß vor zwei Jahren profitiert als wir. In West-Deutschland hatten wir zwanzig Jahre lang die Trainingssteuerung nicht im Griff.« Solche Worte ließen auch Birgit Schmidt sanfter reden: »Die Trainer und Funktionäre aus dem Westen wissen ganz genau, daß sie den Erfolg auch der Methodik des DDR-Sports verdanken, auch wenn einige das nicht wahrhaben möchten. Aber ich habe den Eindruck, sie freuen sich ehrlich.«

Und Feldhoff beeilte sich, den als Zuschauer in Castelldefels weilenden Bundesinnenminister auf die zukünftige Unterstützung anzusprechen. »Seiters signalisierte«, berichtete der Funktionär, »daß eine Umverteilung der Gelder für Sportförderung anhand des Abschneidens der Verbände bei Olympia vorgenommen wird.«

Doch das große Geld wird nicht zu verdienen sein, trotz der phantastischen Bilanz. Das Berliner Kajak-Duo Torsten Gutsche/Kay Bluhm gewann sogar gleich zweimal Gold, der Kampf um eine Existenz in der westlichen Welt bleibt davon weitgehend unberührt. »Im Gegenteil, es wird härter«, vermutete der angehende Industriekaufmann Gutsche. »Jetzt müssen wir an unsere Ausbildung denken.« Popularität? »Wir können nur hoffen, daß unser Arbeitgeber uns hin und wieder für ein Trainingslager freistellt.« Prämien der Sporthilfe? »Die werde ich bei meinem Azubi-Geld recht nötig haben. Aber ich will mich nicht beklagen.«

Ihre Boote mögen rosarot sein. Aber ihre Träume sind es noch lange nicht.

Ruhige Fahrt in wildem Wasser: Lukas Pollert (oben) setzte sich mit deutlichem Vorsprung im Kajak-Slalom der Männer durch. Ramona Portwich und Anke von Seck (unten) hatten nicht mit Strömungen und Toren, sondern nur mit der Uhr zu kämpfen, und die blieb bei ihnen über 500 Meter früh genug stehen, um Gold zu gewinnen, ebenso wie bei Kay Bluhm und Torsten Gutsche (rechts). Die gewannen nach dem Rennen über 500 Meter auch das über 1000 Meter. Zweimal Gold – ein guter Grund zur innigen Umarmung.

Mit dem Sieg über die 500-Meter-Strecke, ihrem vierten olympischen Gold insgesamt, kürte sie sich nun auf der Strecke von Castelldefels zur Kanu-Königin. Doch die Plakette baumelte ihr wie ein Fremdkörper am Hals. »Es ist unfaßbar«, sagte die introvertierte Athletin in sachlichem Ton, »mir ist völlig unklar, was hier eigentlich passiert ist. Ich war überhaupt nicht nervös und habe mich nicht als Favoritin gefühlt.« Keine Spur von überschäumender Freude? »Birgit ist immer so, die flippt nie aus«, erklärte Trainer Neumann. »Ich muß mir ständig überlegen, wie ich sie richtig heißmache.« Nur beim Thema Funktionäre geriet sie kurz in Rage: »Einige von denen haben ganz schön von uns profitiert und sonnen sich jetzt im Erfolg.« Funktionäre West und Athleten Ost – die Mischung war auch bei den Kanuten nicht ohne Brisanz. »Wir brauchen im Verband Profis auf dem Manager-Stuhl, die von mir aus auch mitverdienen«, forderte Vierer-Schlagmann Thomas Reineck. »Wenn sich nicht

Kanusport

Kajak-Einer, Männer (Wildwasser)		Punkte
1. Ferrazzi	ITA	106,89
2. Curinier	FRA	107,06
3. Lettmann	GER	108,52
4. Fox	GBR	108,85
5. Brissaud	FRA	109,37
6. Strukelj	SLO	110,11
7. Jones	GBR	110,40
8. Wiley	IRL	110,45

Kanusport

Kajak-Einer, Männer, 500 m		Min.
1. Kolehmainen	FIN	1:40,34
2. Gyulay	HUN	1:40,64
3. Holmann	NOR	1:40,71
4. Bellingham	USA	1:40,84
5. Kalesnik	GUS	1:40,90
6. Liberato	SUI	1:41,98
7. Scarpa	ITA	1:42,00
8. Popescu	ROM	1:42,24

Kanusport

Kajak-Einer, Männer, 1000 m		Min.
1. Robinson	AUS	3:37,26
2. Holmann	NOR	3:37,50
3. Barton	USA	3:37,93
4. Popescu	ROM	3:38,37
5. Bonomi	ITA	3:41,12
6. Garcia	POR	3:41,60
7. Nielsen	DEN	3:41,70
8. Crichlow	CAN	3:43,46

Kanusport

Kajak-Zweier, Männer, 500 m		Min.
1. Bluhm/Gutsche	GER	1:28,37
2. Freimut/Kurpiewski	POL	1:29,84
3. Rossi/Dreossi	ITA	1:30,00
4. Roman/Sanchez	ESP	1:30,93
5. Sundqvist/Olsson	SWE	1:31,48
6. Staal/Nielsen	DEN	1:31,84
7. Csipes/Gyulay	HUN	1:32,34
8. Harbold/Newton	USA	1:33,02

Kanusport

Kajak-Zweier, Männer, 1000 m		Min.
1. Bluhm/Gutsche	GER	3:16,10
2. Olsson/Sundqvist	SWE	3:17,70
3. Kotowicz/Bialowski	POL	3:18,86
4. Barton/Bellingham	USA	3:19,26
5. Luschi/Scarpa	ITA	3:20,34
6. Bartfai/Rajna	HUN	3:20,71
7. Kucera/Hruska	TCH	3:23,12
8. Ferguson/ MacDonald	NZL	3:26,84

Kanusport

Kajak-Vierer, Männer, 1000 m	Min.
1. GER (Reineck, Kegel, von Appen, Wohllebe)	2:54,18
2. HUN	2:54,82
3. AUS	2:56,97
4. TCH	2:57,06
5. ROM	3:00,11
6. POL	3:01,43
7. SWE	3:01,46
8. BUL	3:02,08

Kanusport

Canadier-Einer, Männer (Wildwasser)		Punkte
1. Pollert	TCH	113,69
2. Marriott	GBR	116,48
3. Avril	FRA	117,18
4. Lugbill	USA	118,42
5. de Monti	ITA	119,02
6. Lang	GER	119,19
7. Brugvin	FRA	119,19
8. Ontko	TCH	120,23

Kanusport

Canadier-Einer, Männer, 500 m		Min.
1. Buchalow	BUL	1:51,15
2. Sliwinski	GUS	1:51,40
3. Heukrodt	GER	1:53,00
4. Knazowicky	TCH	1:54,51
5. Pulai	HUN	1:54,86
6. Giles	CAN	1:55,80
7. Sylvoz	FRA	1:55,96
8. Partnoi	ROM	1:57,34

Kanusport

Canadier-Einer, Männer, 1000 m		Min.
1. Buchalow	BUL	4:05,92
2. Klementjevs	LET	4:06,60
3. Zala	HUN	4:07,35
4. Röder	GER	4:08,96
5. Sylvoz	FRA	4:09,82
6. Train	GBR	4:12,58
7. Partnoi	ROM	4:14,27
8. Bartunek	TCH	4:15,25

Kanusport

Canadier-Zweier, Männer (Wildwasser)		Punkte
1. Strausbaugh/Jacobi	USA	122,41
2. Simek/Rohan	TCH	124,25
3. Adisson/Forgues	FRA	124,38
4. McEwan/Haller	USA	128,05
5. U. Matti/P. Matti	SUI	128,55
6. Pavel Stercl/Petr Stercl	TCH	130,42
7. J. Petricek/T. Petricek	TCH	131,86
8. Saidi/del Rey	FRA	132,29
9. Berro/Trummer	GER	132,83
13. Loose/Hemmer	GER	136,03
14. Raumann/Hübbers	GER	146,05

Kanusport

Canadier-Zweier, Männer, 500 m		Min.
1. Masseikow/Dowgalenok	GUS	1:41,54
2. Papke/Spelly	GER	1:41,68
3. Marinow/Stojanow	BUL	1:41,94
4. Andriew/Jurawschi	ROM	1:42,84
5. Nielsson/Frederiksen	DEN	1:42,84
6. Hoyer/Boivin	FRA	1:43,07
7. Palizs/Kolonics	TCH	1:43,27
8. Bartunek/Fibiger	TCH	1:44,70

Kanusport

Canadier-Zweier, Männer, 1000 m		Min.
1. Papke/Spelly	GER	3:37,42
2. Nielsson/Frederiksen	DEN	3:39,26
3. Hoyer/Boivin	FRA	3:39,51
4.	ROM	3:39,88
5.	HUN	3:42,86
6.	BUL	3:43,97
7.	CAN	3:46,21
8.	GUS	3:46,44

Die Konkurrenz sah rosarot: In den pinkfarbenen Booten des Ostberliner Entwicklungsinstituts FES trumpften die Kanuten auf dem Llac de Banyoles auf wie in Barcelona kein anderer deutscher Sportverband.

Der dritte Platz von Olaf Heukroth (oben) im Einer-Canadier über 500 Meter fiel schon kaum mehr auf angesichts der Medaillenflut der Teamkollegen...

Kanusport

Kajak-Einer, Frauen (Wildwasser)		Punkte
1. Micheler	GER	126,41
2. Woodward	AUS	128,27
3. Chladek	USA	131,75
4. Roth	GER	132,29
5. Agulhon	FRA	132,89
6. Striepecke	GER	134,49
7. Grossmannova	TCH	135,79
8. Woods	AUS	138,06

Kanusport

Kajak-Einer, Frauen, 500 m		Min.
1. Schmidt	GER	1:51,60
2. Koban	HUN	1:51,96
3. Dylewska	POL	1:52,36
4. Idem	ITA	1:52,78
5. Profanter	AUT	1:53,17
6. Goetschy	FRA	1:53,53
7. Brunet	CAN	1:54,82
8. Toma	ROM	1:54,84

Kanusport

Kajak-Zweier, Frauen, 500 m		Min.
1. Portwich/von Seck	GER	1:40,29
2. Gunnarsson/Andersson	SWE	1:40,41
3. Koban/Donusz	HUN	1:40,81
4. Toma/Simion	ROM	1:42,12
5. Herst/Macaskill	CAN	1:42,14
6. Dylewska/Urbanczyk	POL	1:42,44
7. Zhao/Ning	CHN	1:42,46
8. Knudsen/Knudsen	DEN	1:43,98

Kanusport

Kajak-Vierer, Frauen, 500 m	Min.
1. HUN	1:38,32
2. GER (Portwich, von Seck, Schmidt, Borchert)	1:38,47
3. SWE	1:39,79
4. ROM	1:41,02
5. CHN	1:41,12
6. CAN	1:42,28
7. USA	1:43,00
8. AUS	1:43,88

...vorneweg unter anderem drei funktionierende Gemeinschaften: Ramona Portwich (Hannover) und Anke von Seck (Rostock) waren im Zweier-Kajak (rechts oben) die Schnellsten, ebenso ihre männlichen Kollegen Kay Bluhm und Torsten Gutsche aus Berlin (rechts Mitte) und der Kajak-Vierer (rechts unten) mit Mario von Appen, Oliver Kegel, Thomas Reineck und André Wohllebe. Doch auszuruhen braucht sich der Verband auf den Lorbeeren keineswegs. »Wenn sich nicht bald Geldgeber finden«, so Schlagmann Reineck, »dann wird der gesamte Kanusport in der Bedeutungslosigkeit verschwinden.«

Hockey

Mit Mega, Hyper und Atom zum Sieg

Auf ihn mit Gebrüll. Es gab kein Halten mehr und für das Opfer kein Entkommen. Alles, was Beine hatte und von den Ordnungskräften nicht zu bremsen war, stürzte sich auf Michael Hilgers. Irgendwann ist dieser aus dem Knäuel gekrochen, seine Tortur war damit nicht beendet. Hockey-Bundestrainer Paul Lissek packte sich den blonden Mönchengladbacher auf die Schultern und trug ihn höchstpersönlich im Laufschritt an der Tribüne vorbei. Die Referenz eines Mannes, der im Rufe steht, ein introvertierter Tüftler zu sein. Wenn so einer aus sich herausgeht, hat sich Besonderes ereignet, und da Lissek als Perfektionist gilt, nur das Höchste: Der Olympiasieg, errungen mit 2:1 über Australien, sichergestellt durch Tore von Michael Hilgers.

Nicht mehr und nicht weniger als »Danke« soll Lissek geflüstert haben, als er den Umjubelten zu Boden ließ. Fand er doch in Hilgers (26) seinen entscheidenden Gehilfen. Noch so tiefschürfend kann ein Trainer denken, noch so winklig taktieren, ohne seine Athleten ist der Übungsleiter nichts. Lissek wußte dies und tat etwas, was nicht jedermanns Sache ist, will er Distanz und Autorität wahren. Im Grunde nämlich hatte Hilgers Olympia bereits aufgegeben. Der Ausbau der ei-

genen Versicherungsagentur stand an, die Familie genoß Priorität, Hockey war allenfalls die angenehmste Nebensache der Welt. Mehrfach rief der Bundestrainer an, immer wieder holte er sich einen Korb. Der Telefonterror aus Wertschätzung zeigte Wirkung, aber erst als der Münchner Michael Waldhauser an Hepatitis erkrankte, klaubte Hilgers seine Sportsachen zusammen: »Ich hab' es nur gemacht, weil ich eins wußte: Wenn ich etwas

Hoher Besuch: Der Präsident aller Deutschen, Richard von Weizsäcker, und der des Nationalen Olympischen Komitees, Willi Daume, gaben sich bei den deutschen Hockeyspielern die Ehre (oben). Was sie beispielsweise beim 3:0-Erfolg über Indien zu sehen bekamen, wird ihnen gefallen haben. Die Stimmung der Aktiven drückt Torschütze Carsten Fischer (rechts) aus – und der Sieg war erst der Anfang eines Weges, der erstmals seit 1972 auf den Olymp führte.

erreichen kann, dann nur mit diesem Trainer.«

Dessen guter Ruf fußt auf akribischer Planung. Oft ist so etwas schwer zu erkennen, aber am Spielort Terassa wurde es jedem TV-Zuschauer vorgeführt. Begonnen hatte es im Auftaktspiel gegen Indien: Michler zu Fried, zu Becker, zu Keller, zu Blunk – und Tor. Statt direkt durch einen urgewaltigen Schlag des Spezialisten Carsten Fischer das Ziel anzuvisieren, schoben sich die Deutschen nach einer Strafecke die Kugel über fünf Stationen zu. Ein Billardtor, und ein Wegweiser durch das Turnier: »Strafecken, Strafecken – bis zum Erbrechen haben wir die geübt« (Fischer).

Ausgezahlt hat sich dies besonders gegen Indien (3:0) und im Halbfinale gegen die Krummstock-Rastellis aus Pakistan (2:1). Wie Anfänger irrten die Pakistani beim 1:1 durch den Schußkreis, als die gegenüber dem Indien-Spiel auf vier Stationen verkürzte Kombination den Mülheimer Sven Meinhardt freisetzte. Ein Lustgewinn mit, jawohl: Atom. Diesen Namen hatten sie der eigens für das Pakistan-Match entwickelten Eckenvariante gegeben. Hyper eins und Hyper zwei, Mega eins und Mega zwei hießen andere Kreationen. Nix hypermegaatom, schlicht Standard war der Siegtreffer gegen Pakistan in der Verlängerung: Ecke Micheler, Handstop Fried, Schlenzer Fischer.

■ Hilgers in Hochform

Unter Lissek kommt eben manches anders, als man denkt. Und als schon alle mutmaßten, auch das Endspiel finde ohne Strafecke nicht zu einem klaren Ergebnis, schlug Hilgers zu, mit zwei Toren, die am Computer nicht zu simulieren sind. Nach 161 Länderspielen (54 Treffer) beendete der Schütze die Laufbahn, während sein Mentor Lissek weiterhin versucht, der hehren Idee vom Mannschaftsspiel zu frönen: »Anders als mein Vorgänger setze ich auf das Kollektiv, nicht so sehr auf Individualisten.« Da Erfolg als die Visitenkarte eines Trainers gilt, ist der Limburger Lissek nicht zu widerlegen. Alle

Endspiele, die er binnen zwölf Jahren mit diversen Auswahlteams bestritt, hat er gewonnen. Klaus Kleiter, dem Lissek im Amte folgte, erstritt in 16 Jahren einen Titel. Lissek übernahm erst 1991 die Männer-Mannschaft, wurde prompt Europameister und bestieg bereits in Barcelona den Olymp.

Auf der Vorstufe gestoppt worden waren tags zuvor die deutschen Hockeyfrauen. Das Vorrecht der Jugend (Durchschnittsalter 22,4 Jahre) blieb ihnen verwehrt. Zwar besiegelte Spanien das 2:1 erst in der Verlängerung, doch deutscher Tränenfluß war schnell gestoppt. »Wer mir vorher gesagt hätte, daß wir Silber holen, dem hätte ich einen Vogel gezeigt«, meinte Mittelstürmerin Franziska Hentschel. Auch Teamkollegin Caren Jungjohann gewöhnte sich bald an den im Flutlicht funkelnden Silberling: »Ich finde die Medaille schön.«

■ Brandgefährlich: Bürgermeisters Töchterchen

Erklärungen gab es doch zuhauf. So sollen die konditionsstarken Spanierinnen vor ihren Heimspielen jahrelang zusammengezogen und vorbereitet worden sein. Rund 2,4 Millionen Mark ließen sie sich die Vorbereitung kosten, was die deutsche Torfrau Susi Wollenschläger als Indiz dafür nahm, »daß man Erfolg kaufen kann«. Als sich zum materiellen Vorteil die Repräsentanten der Monarchie gesellten, war Sturm und Drang im deutschen Team gestoppt. Kurz vor der Halbzeit betraten König Juan Carlos, Gattin Sofia und Kronprinz Felipe die Ehrenloge. Fortan dominierte Spanien und Elisabeth Maragal, der Tochter von Barcelonas Bürgermeister, gelang fast zwangsläufig der Siegtreffer.

In seiner Arbeit sah sich der junge Bundestrainer Rüdiger Hänel (34) nicht irritiert. Das Amt, das er von Männercoach Paul Lissek übernahm, will er weiterführen wie bisher: »Mein Führungsstil aus Fachautorität und langer Leine war richtig.« Mit viel Auslauf erklomm eine deutsche Frauen-Auswahl zum zweiten Mal nach 1984 den Silberplatz.

Hockey		
Frauen		
1. ESP		5. AUS
2. GER		6. NED
3. KOR		7. CAN
4. GBR		8. NZL

Hockey		
Männer		
1. GER		5. ESP
2. AUS		6. GBR
3. PAK		7. IND
4. NED		8. NZL

Grenzenloser Jubel und tiefe Enttäuschung: Auch Silber war eine unerwartete Ausbeute, doch die deutschen Hockeyfrauen (unten links) weinten nach der 1:2-Niederlage im Finale gegen Spanien einer Goldmedaille nach, die anderntags mit dem umgekehrten Ergebnis die Männer gewannen. Deren aufopferungsvoller Kampf gegen Australien (rechts unten Andreas Becker) war erfolgreicher als der ihrer Kolleginnen (links oben Heike Latzsch). Als der 2:1-Sieg feststand, wurde der zweimalige Torschütze Michael Hilgers von seinen Mitspielern fast erdrückt (rechts oben). Der konnte sein Glück kaum fassen: »Mein Gott, zwei Tage nach meinem Geburtstag das Endspiel, mein letztes Spiel in der Nationalmannschaft, zwei Tore, die Goldmedaille. Es ist unglaublich.«

Reiten

Goldstern, Gigolo, Feine Dame, Classic Touch

Sie gaben ein phänomenales Trio ab. Rembrandt schuf ein Werk von bleibendem Wert; Gigolo tänzelte unwiderstehlich und entlockte den Damen Seufzer; Goldstern strahlte hell und verläßlich. Sie wurden belobigt, geküßt, getätschelt und schließlich zweimal dekoriert. Ähnliches widerfuhr ihren Reitern, die gleichfalls glänzend in Form waren und dem deutschen Dressursport ein in dieser Form noch nie dagewesenes Ergebnis bescherten. Dem gewohnten Mannschafts-Gold ließen Nicole Uphoff auf Rembrandt, Isabell Werth auf Gigolo und Klaus Balkenhol auf Goldstern in dieser Reihenfolge auch Gold, Silber und Bronze in der Einzelwertung folgen.

■ Mit einem PS in die Geschichtsbücher des Sports

Gewöhnlich gehören sie nicht zu den Menschen, die ihre Gefühle allzu offen zeigen, die deutschen Dressurreiter, doch die 25 Jahre alte Nicole Uphoff löste geradezu eine Lawine schwärmerischer Worte aus. Im Grand Prix, der für die Mannschaftswertung zählt, erreichte sie international noch nie dagewesene 1768 Punkte, ein paar Tage später belohnten sie die Wertungsrichter im Grand Prix Special bei der Einzelwertung mit 1626 Punkten. Das war ebenfalls mehr, als jemals zuvor

vergeben worden sind. Alte Meister wie Bundestrainer Harry Boldt oder der sechsmalige Goldmedaillengewinner Reiner Klimke standen da mit glänzenden Augen, lobten ohne Ende und sprachen von makellosen Vorstellungen. Selbst dem Laien mußten Rhythmusgefühl, Exaktheit und jene sensationelle Leichtigkeit auffallen, mit der der 15 Jahre alte westfälische Wallach die gelernten Lektionen präsentierte. Zusammen hatten die beiden schon in Seoul zweimal Gold gewonnen, und gemeinsam wiederholten sie dieses Kunststück in Barcelona auf noch beeindruckendere Weise.

Da stand Isabell Werth fast ein wenig abseits. Doch nachdem Gigolo in einer ansonsten großartigen Vorstellung zwei kleine Fehler unterlaufen waren, wußte die Europameisterin aus Rheinberg, daß es nicht möglich sein würde, Nicole Uphoff wieder zu besiegen. Am Ende standen die Damen nebeneinander auf dem Podest, ließen einträchtig den Tränen freien Lauf, als die deutsche Hymne gespielt wurde, und Klaus Balkenhol auf dem Bronzeplatz daneben lächelte väterlich. Der 52 Jahre alte Polizeimeister aus Düsseldorf, dessen Dienstpferd Goldstern ist, hatte sich als drittbester des deutschen Teams in der Mannschaftswertung gegen Monica Theodorescu durchgesetzt und damit seinen Start im Grand Prix Special erkämpft. Mit Platz drei war Balkenhol hochzufrieden, und er

fand genügend Zeit, den beiden jungen Damen als Fels in der Brandung zur Seite zu stehen.

Als Rembrandt, Gigolo und Goldstern Passage und Piaffe präsentierten, war Feine Dame schon wieder daheim. Die 16 Jahre alte Fuchsstute zeigte sich als Star der deutschen Military-Mannschaft, was sonst gar nicht ihre Art ist. In ihrer Jugend hatte sie Touristen am Nordseestrand spazierengeführt, nun trug sie den 49 Jahre alten Elmshorner Herbert Blöcker mit einer Frische über die Hindernisse, die sogar ihren Reiter verwunderte. Nach der Geländeprüfung, dem Herz der Military, fanden

Harmonie im olympischen Planquadrat: Vor den Sommerspielen war von heftigen Meinungsverschiedenheiten zwischen den führenden deutschen Dressurreiterinnen die Rede, in Barcelona lehrten sie die Konkurrenz im Real Club de Polo (oben) gemeinsam das Fürchten. Nicole Uphoff (rechts, Mitte) setzte sich wie schon 1988 im Einzel durch, ihre Rivalin Isabelle Werth (links) folgte auf Platz zwei, der Polizeibeamte Klaus Balkenhol auf dem dritten Rang. In der Mannschaft verlängerte das Trio zusammen mit Monica Theodorescu souverän das Abonnement auf Gold und siegte mit fast 500 Punkten Vorsprung. Vier von vier möglichen Medaillen gewonnen – wer sprach da noch von Zwist und Streit? »Wirklich«, erklärte Isabelle Werth, »wir verstehen uns ganz prima.«

sich Blöcker und seine Feine Dame plötzlich auf Rang drei wieder, und der Reiter staunte ahnungsvoll: »Ich weiß überhaupt nicht, was in die Stute gefahren ist. Sie ging wie noch nie.« Und er redete wie noch nie. Blöcker, schon seit mehr als 20 Jahren in der Military erfolgreich, ist einer wie viele seiner Landsleute aus Holstein: Verläßlich, geradeaus, doch kein Freund großer Worte.

Am Tag der Spring-Prüfung gehörten die beiden zu den wenigen Paaren, denen im Parcours kein Fehler unterlief, und so landeten der feine Reiter und die Feine Dame völlig überraschend hinter dem Australier Matthew Ryan auf dem zweiten Platz und wurden mit Silber dekoriert. Und unter Blöckers Führung gab es auch in der Mannschaft eine Medaille. Hinter Australien und Neuseeland wurden die Deutschen Dritte und erfüllten damit vage Hoffnungen. Unzufrieden war der deutsche Meister Matthias Baumann mit Platz 34 in der Einzelwertung, doch er wußte, daß er ein Opfer der Umstände geworden war, als er nach dem Unfall eines russischen Reiters 40 Minuten auf den Start zur Geländeprüfung warten mußte.

Baumann also wußte, woran es gelegen hatte. Die deutschen Springreiter dagegen schlichen nach der Mannschafts-Entscheidung ratlos von dannen. Ludger Beerbaum, Otto Becker, Franke Sloothaak und Sören von Rönne fanden sich nach höchst durchwachsenen Ritten auf Rang elf wieder. Das kam einem Absturz gleich und bedeutete außerdem: Zum ersten Mal seil 1952 gab es für die Deutschen in der Mannschaft keine Medaille. Doch dieses Mißgeschick war schon fast vergessen, als Ludger Beerbaum am letzten Tag der Spiele in der Einzelwertung zeigte, was er auf Classic Touch wirklich zu bieten hatte. Mit zwei fehlerlosen, ästhetischen Ritten gewann er Gold. Die schöne Stute und der elegante Reiter – diese zwei gaben zum Schluß ein phänomenales Duo ab.

Reiten

Dressur, Einzel		Punkte
1. Uphoff	GER	1626
2. Werth	GER	1551
3. Balkenhol	GER	1515
4. van Grunsven	NED	1447
5. Kyrklund	FIN	1428
6. Lavell	USA	1408
7. Laus	ITA	1389
8. Max-Theurer	AUT	1380

Reiten

Dressur, Mannschaft		Punkte
1. GER	Uphoff, Theodorescu, Werth, Balkenhol	5224
2. NED		4742
3. USA		4643
4. SWE		4537
5. DEN		4533
6. SUI		4524
7. GBR		4522
8. ITA		4491

Reiten

Springen, Einzel		Punkte
1. Beerbaum	GER	0,0
2. Raymakers	NED	0,25
3. Dello Joio	USA	4,75
4. Godignon	FRA	6,25
5. Tops	NED	8,25
6. Gretzes	SWE	10,25
7. Phillipaerts	BEL	12,25
8. Jensen	DEN	12,75

Reiten

Springen, Mannschaft		Punkte
1. NED		12,00
2. AUT		16,75
3. FRA		24,75
4. ESP		25,50
5. USA		28,00
SUI		28,00
7. GBR		28,75
8. SWE		37,00
11. GER	Becker, von Rönne, Sloothaak, Beerbaum	

Reiten

Military, Einzel		Punkte
1. Ryan	AUS	70,0
2. Blöcker	GER	81,3
3. Tait	NZL	87,6
4. Latta	NZL	87,8
5. Hoy	AUS	89,4
6. Dixon	GBR	92,4
7. Cervera	ESP	102,2
8. Donckers	BEL	104,4

Reiten

Military, Mannschaft		Punkte
1. AUS		288,6
2. NZL		290,8
3. GER	Baumann, Mysegaes, Ehrenbrink, Blöcker	300,3
4. BEL		333,0
5. ESP		388,8
6. GBR		406,6
7. JAP		434,8
8. IRL		445,8

Handball

Halbe Leistung mit vereinten Kräften

Das Schlußwort am Ende des Handball-Turniers aus deutscher Sicht sprach Horst Bredemeier, Bundestrainer bis zum Abreisetag: »Ich bin froh, daß ich den Job los bin. Ich bin müde, leer, kaputt. Ich möchte nach Hause.«

Nicht schnell genug wegkommen konnten er und sein Troß aus der schmucken Olympiastadt, die für die Ballwerfer zur Stätte des Grauens geworden war. Dabei schienen die Handballer bereits die ganze Palette des Scheiterns durchlebt zu haben. Seit dem WM-Gewinn 1978 unter Vlado Stenzel trumpfte ein deutsches Männerensemble nicht mehr groß auf, abgesehen einmal von Platz zwei bei dem boykottgeprägten Olympiaturnier 1984 in Los Angeles. Stenzel selbst, später auch dessen Nachfolger Simon Schobel und Petre Ivanescu, versuchten sich vergeblich am Aufbau eines Spitzenteams. Nun schnitt das vereinte Handball-Deutschland schwächer ab, als Ost und West zuvor für sich allein. Zwischen dem 15:25 zum Auftakt gegen die GUS und dem 19:20 zum Abschluß gegen die ČSFR wurde ein zehnter Platz erstritten. Schlechter waren nur die Kontinentalvertreter Brasilien und Ägypten plaziert.

Strebten die Männer fluchtartig auseinander, so hatten die Frauen einiges aufzuarbeiten. Bundestrainer Heinz Strauch wurde als »konfus und ohne jedes taktische Konzept« (Torfrau Andrea Stolletz) getadelt, er selbst beklagte fehlendes Format: »Ich hab' mir den Mund fusselig geredet, daß man eine Zielvorstellung immer im Auge behalten muß.« Verloren wurde diese

nach dem Halbfinale, in dem die deutschen Frauen in einer dramatischen Entscheidung (25:26) an Südkorea scheiterten. Endgültig verloren wurde die avisierte Medaille durch ein 20:24 im kleinen Finale gegen die GUS.

■ GUS mit Pfiffikus

Beide Teams, Männer wie Frauen, waren mit dem letzten Pfiff nur noch eine Fußnote der Sportgeschichte. In diesen Formationen kommen sie nie wieder zusammen. Die Trainer gehen, die Teams ändern ihr Gesicht. Den Rückstand zur Weltspitze werden andere aufarbeiten müssen. Den Maßstab bei den Frauen stellte eine ganze Mannschaft dar: Südkorea, Durchschnittsalter 21 Jahre, 28:21-Endspielsieger über Norwegen. Die Richtung bei den Männern gibt der Spielmacher der GUS vor: Talat Duschebajew, ein Kirgise in Diensten von ZSKA Moskau. 49 Tore warf er insgesamt, vier beim 22:20 im Endspiel gegen Weltmeister Schweden. Einen Pfiffikus wie ihn haben sie in Deutschland vergeblich gesucht.

Fußball

In Barcelona ist »König Fußball« Spanier

Tränen der Enttäuschung: Die deutschen Handball-Frauen mit Kerstin Mühlner (oben) verloren gegen die GUS Bronze. Für die Männer kam's noch viel schlimmer, deren Debakel konnte auch Torwart Andreas Thiel (unten) nicht verhindern. Nach der 15:25-Niederlage gegen die GUS wurde Bredemeiers Ensemble Zehnter.

Der ersehnte Erfolg einte eine zerrissene Nation. 95 000 Zuschauer im ausverkauften Estadio Nou Camp, darunter König Juan Carlos, brüllten »España, España«, was gerade in der Arena des katalanischen Renommierklubs FC Barcelona ziemlich ungewöhnlich war. Lange hatte Spanien auf den internationalen Triumph einer Fußball-Auswahl warten müssen, doch als der erste Olympiasieg der heimischen Mannschaft feststand, überschwemmte die riesige Arena ein Meer von gelb-roten Fahnen, in dem auch die Kicker aus dem verhaßten Madrid versanken. Torjäger Quico vom FC Cadiz, der in der letzten Spielminute mit seinem zweiten Treffer den 3:2-Erfolg über Polen gesichert hatte, durfte es zuerst aussprechen: »Es ist ein großer Tag für den spanischen Fußball.«

Und es war der umjubelte Höhepunkt eines Turniers, das schon zur Randerscheinung zu geraten drohte. König Fußball stand zunächst im Abseits, zumal der Weltverband FIFA nur noch Spieler unter 23 Jahren zuläßt, um der eigenen WM unnötige Konkurrenz zu ersparen. Dabei gab es durchaus interessante Tendenzen zu beobachten, vor allem die Nachfolge des nicht qualifizierten Nachwuchses von Weltmeister Deutschland auf Platz drei: Durch ein 1:0 gegen Australien gewann Gha-

na als erstes Land Afrikas eine Medaille und illustrierte nach dem WM-Titel der U 17 erneut den Aufschwung des Schwarzen Kontinents. Einen wie den 17jährigen Spielmacher Lamptey etwa jagte bereits halb Europa, Erfolg hatte vorerst der RSC Anderlecht.

Doch Image und Besucherschnitt rettete nach dem schwachen Besuch der Vorrunde vor allem das mitreißende Finale. »Das war beste Werbung für das olympische Turnier 1996«, erklärte FIFA-Pressechef Guido Tognoni. »Ich denke, wir werden in Atlanta mehr Zuschauer als in Barcelona verzeichnen.« Kommt darauf an, wie den Amerikanern 1994 die WM gefällt.

Fußball	
1. ESP	5. SWE
2. POL	ITA
3. GHA	PAR
4. AUS	QAT

Handball	
Frauen	
1. KOR	5. AUT
2. NOR	6. USA
3. GUS	7. ESP
4. GER	8. NGR

Handball	
Männer	
1. GUS	5. ESP
2. SWE	6. KOR
3. FRA	7. HUN
4. ISL	8. ROM

Wasserball

Fuchtige Fighter im feuchten Element

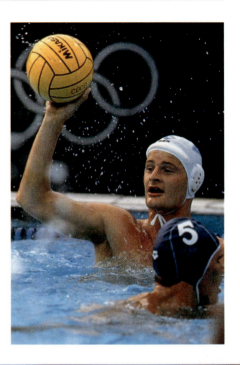

Fast wäre es noch zum Eklat gekommen am letzten Tag in Barcelona. Spaniens und Italiens Wasserballer waren im Finale aufeinandergetroffen und waren sich uneins. 8:8 stand es nach Ende der regulären Spielzeit, als sich italienische Spieler und spanische Betreuer außerhalb des Wassers zu nahe kamen. Wasserballer sind nicht zimperlich, erst im letzten Moment konnte eine wüste Schlägerei im Bernat Picornell, dem olympischen Schwimmstadion, verhindert werden. Viermal mußte die Partie verlängert werden, viermal weitere drei Minuten in einer der härtesten Sportarten der Welt. Gandolfi war es schließlich vorbehalten, Italien zum Gold zu schießen. Ein Lattentreffer von Manuel Estriarte, dem weltbesten Wasserballer, war das letzte, was Spanien blieb in einem an Dramatik nicht zu überbietenden Finale.

■ Das deutsche Trauerspiel

Für die Deutschen war da das Turnier längst gelaufen – sie hatten sich selber geschwächt vor Beginn der Reise nach Olympia. Der lästige Streit zwischen Hannoveraner und Berliner Nationalspielern endete schließlich mit dem Rücktritt von Dirk Schütze, Lars Tomanek und Jens Meyer und dem Ende der Bundestrainertätigkeit von Karl-Heinz

Scholten. Noch in Barcelona wurde der neue Mann benannt: Nicolai Firoiu, mit dem die einstmals so erfolgreichen Wasserballer bereits einmal Europameister geworden waren. Davon sind sie weit entfernt: Platz sieben war die magere Ausbeute einer verkorksten Saison.

Bescheidene Ausbeute im Zeichen der Ringe: Nur Siebter wurden die deutschen Wasserballer in Barcelona – ein weiterer Rückschritt nach dem vierten Platz 1988. Unter dem neuen Bundestrainer Nicolai Firoiu soll nun eine verjüngte Mannschaft aufgebaut werden, dazu gehören auch Torsten Dresel

(oben) und sein Bruder Jörg (unten), beide in der Bundesliga aktiv für Hohenlimburg. Die bewährten Kräfte hatten diesmal weitgehend enttäuscht. DSV-Wasserballwart Eckhard Bade: »Wir haben zu lange auf Spieler der alten Generation gesetzt.«

Wasserball	
1. ITA	5. AUS
2. ESP	6. HUN
3. GUS	7. GER
4. USA	8. CUB

Demonstrationswettbewerbe

Mit Füßen und Fäusten auf dem Weg ins Olympia-Programm

D as IOC hat neuerdings einen Vizepräsidenten aus Südkorea, Un Yong Kim heißt der Mann, und er ist zugleich alleroberster Funktionär des Taekwondo-Weltverbandes. In Barcelona war dieser asiatische Kampfsport eine der drei Demonstrationssportarten, neben Rollhockey und Pelota. Leider haben die beiden anderen keine so persönliche Lobby im erlauchten Kreis der olympischen Programmherren, und deshalb werden sie in vier Jahren in Atlanta vermutlich wieder verschwunden sein.

Und Taekwondo? Mit Fuß (Tae) und Faust (kwon) auf dem Weg (do) ins Vollwertprogramm? »Bis vor drei Wochen standen unsere Chancen schlecht«, sagt der deutsche Männertrainer Helmut Gärtner, »aber seit Un Yong Kim zum IOC-Vize aufgestiegen ist, rechnen wir uns Chancen aus.«

Demonstrationssport zu sein ist die Vorstufe zur Aufnahme in die olympische Familie. Tennis war es in Los Angeles, Baseball in Seoul – jeweils vier Jahre später bekamen die Gewinner erstmals richtige Goldmedaillen umgehängt. Man muß das verstehen. Wie soll man die Spiele 1996 in Atlanta optimal vermarkten ohne Baseball, das in den USA populär und ein Millionengeschäft ist? Die Fernsehanstalten brauchen Baseball, und das IOC will an die Dollars der Fernsehanstalten heran.

Daß das Programm (in Barcelona gab es 257 Wettbewerbe) langsam, aber sicher aus allen Nähten platzt – was macht das schon? Vielleicht sind eines Tages die asiatischen TV-Anstalten bereit, viel Geld zu bezahlen, weil sie Taekwondo übertragen wollen. Das IOC hat in Barcelona seinen guten Willen gezeigt. Das, vor allem das, war zu demonstrieren.

Mit Fuß und Faust – bald um richtiges Gold? Taekwondo (im Bild oben Yian Cheng aus Taiwan, die Siegerin im Leichtgewicht, gegen Yeung Eunok aus Südkorea) darf sich Hoffnungen machen, ins olympische Programm aufgenommen zu werden. Demonstrationswettbewerb war in Barcelona auch Pelota (unten), eine Art Squash ohne Schläger. Doch außerhalb Spaniens dürfte das exotische Ballspiel wenig Chancen haben.

Volleyball

Großer Beifall
für Riesen-Spiele

Mit einem Satz: Das olympische Volleyball-Turnier von Barcelona war das wohl beste überhaupt. Einerseits, weil der kubanische Staatschef Fidel Castro nach zwölf Jahren partout keinen Grund fand, die Sportler seines Landes auszugrenzen. Andererseits, weil sich die führenden Mannschaften individualtechnisch und taktisch entwickelt haben. Klingt ein bißchen theoretisch, läßt sich aber einfach veranschaulichen. 1991 gewann Italien die Weltmeisterschaft, vornehmlich, weil das Team eine Durchschlagskraft im Angriff entwickelte, die von keiner Hand zu stoppen war. In dieser Zeit hat sich der Internationale Volley-Verband FIVB Gedanken gemacht, seine Statuten zu ändern. Ballwechsel, das spektakuläre Zusammenwirken von Aufschlag, Annahme, Paß-Kombination, Schmetterschlag und Feldabwehr, wurden auf einen häßlichen Kern reduziert. Immer längere, athletischere Kerle wurden von den Trainern bevorzugt, das Team mit den sprunggewaltigsten Haudraufs dominierte, zu verteidigen gab es wenig. Das Netz, sinnierte FIVB-Präsident Acosta, müsse vielleicht erhöht werden.

Auf dem Olympiaberg Montjuïc im Palau Sant Jordi haben dann 15 000 Menschen berauscht erlebt, wie Italien bereits im Viertel-, die favorisierten Kubaner im Halbfinale scheiterten und ausgerechnet Brasilien und die Niederlande das Endspiel bestritten. Der Reihe nach. Dreimal unterlagen die niederländischen Volleyballer in den Gruppenvergleichen und qualifizierten sich denkbar knapp für die Viertelfinal-Begegnung mit dem Weltmeister. Dafür allerdings waren sie präpariert. Wochenlang hatte Arie Salinger, der Trainer, den scheinbar übermächtigen Kontrahenten auf Videoband analysiert, unzählige Male geprobt, wo wer bei welchem italienischen Angriffszug im Block zu stehen habe. Salinger vertrat die Ansicht, daß die Summe der erzielten Blockpunkte künftig über Sieg oder Niederlage entscheiden. Er sollte Recht bekommen. Am turmhohen Bollwerk der Niederländer, die das im Durchschnitt größte Team des Wettbewerbs stellten, zerschellte die italienische und kubanische Offensive. Doch Brasilien ließ sich im Finale nicht stoppen. Das junge Team verlor keine einzige Auseinandersetzung, variierte unberechenbar am Netz und stellte die besten Sprungaufschläger. Während der Weltliga-Saison, unmittelbar vor Olympia abgeschlossen, reichten den Brasilianern diese Vorzüge noch nicht, um sich gegen Italien zu behaupten. Konkurrenzlos trugen sie ein paar Wochen später Goldmedaillen davon, weil sie zur allgemeinen Überraschung ebenso effektiv blockten wie die Niederländer. Was den Schluß zuläßt, daß sich jede Asymmetrie innerhalb einer Sportart auf Dauer von selbst reguliert und keiner Eingriffe von außen bedarf.

■ Zucker: Die Kubanerinnen

Der Erfolg von Kuba im Klassement der Frauen ist von gleicher Zwangsläufigkeit. Finalgegner war der Rechtsnachfolger des Olympiasiegers UdSSR, die Gemeinschaft Unabhängiger Staaten. Das war wohl erwartet worden, und auch, daß sich zwei Systeme begegnen: Elegant, schnell, emotional die Kubanerinnen; kraftvoll, diszipliniert, regungslos die Vertretung der GUS. Kuba gewann, weil Trainer George ausgewogen angreifen ließ. Und weil auf der linken Außenposition Mireya Luis (1,80 Meter) herrschte, die Muskeln aus Gummi hat und höher springt als irgendeine Kollegin sonst. In der Mitte agierte Magalie Carvajal (1,90 Meter), die nur die schwarzen Hände auszustrecken braucht, und der

Karibischer Freudentaumel: »Wir sind nach Barcelona gekommen, um Gold zu holen«, hatte Kubas Nationaltrainer Eugenio Lafita George erklärt, und seine Spielerinnen folgten der vollmundigen Ankündigung. Erstmals gewannen die Frauen von der Zuckerinsel (oben) ein olympisches Volleyballturnier, im Finale hatte auch das Team der Vereinten Mannschaft (GUS und Georgien) gegen den Weltcupsieger von 1991 keine Chance. Die Angriffslust des Ensembles um die überragende Mireya Luis (oben links im Bild) triumphierte über die Routine der früheren Welt- und Europameisterinnen aus der ehemaligen Sowjetunion. Bei den Männern blieb Favorit Kuba nur Platz vier nach der 1:3-Niederlage gegen die USA (unten der Amerikaner Robert Partie im Duell mit Dimitri Fomin aus der Mannschaft der GUS). Das Finale entschied Brasilien gegen die Niederlande für sich.

Volleyball	
Männer	
1. BRA	**5.** ITA
2. NED	**6.** JPN
3. USA	**7.** GUS
4. CUB	**8.** ESP

Volleyball	
Frauen	
1. CUB	**5.** JPN
2. GUS	**6.** NED
3. USA	**7.** CHN
4. BRA	**8.** ESP

weiße Ball verfängt sich in ihnen. Nikolai Karpol, der die Volleyballerinnen der GUS betreute wie 1980 und 1988, verließ sich zu sehr auf Hauptangreiferin Smirnova (1,92 Meter). In Seoul hatte Smirnova Finalist Peru allein in die Knie gezwungen, diesmal wurde sie von Carvajal neutralisiert. Karpol wird sich umstellen, die berechenbare Perfektion von einst gegen Ideenreichtum und Risikobereitschaft vertauschen müssen.

Boxen

Wende oder
Ende?

Vor dem olympischen Box-Turnier in Barcelona war viel darüber zu lesen, daß das IOC diesen Sport am liebsten aus dem Programm streichen möchte. Grund: Individuelle Vorbehalte des IOC-Präsidenten, gestützt auf weltweite medizinische Einwände, bestärkt durch Kampfrichter-Skandale in Los Angeles und Seoul. Es war daher entscheidend wichtig für den Welt-Boxverband (AIBA), in Barcelona ein ordentliches Turnier abzuliefern, optisch und sportlich.

Dafür wurde einiges unternommen. Wie zu vermuten ist, in erster Linie dank der Initiativen des deutschen General-Sekretärs der AIBA, Karl Heinz Wehr.

■ Boxen mit Samthandschuhen?

Zunächst einmal wurde die Teilnehmerzahl begrenzt. Maximal 32 Starter in jeder der 12 Gewichtsklassen wurden zugelassen, was ein Feld von 364 Boxern bedeutet hätte. Da sich in den extrem leichten und extrem schweren Gewichtsklassen nicht so viele turnierfähige Boxer finden, stiegen schließlich 338 Teilnehmer in den Ring. Kontinentale Ausscheidungen in den frequentierten Gewichtsklassen hatten eine gewisse Vorauswahl getroffen, so daß die grotesken und peinlichen K.-o.-Niederlagen der unqualifizierten Box-Exoten diesmal vermieden wur-

den. Dann wurde in Barcelona die Parole ausgegeben, jeden Anschein von optischem Beweis für Brutalität zu vermeiden. Die Ringrichter hatten Anweisung, bei der geringsten Blutung den Ringarzt zuzuziehen. Die Ringärzte wiederum stoppten Kämpfe auch wegen harmlosester Verletzungen, nur einer gewissen Kosmetik wegen. Allerdings machten Ärzte auch schon mal von ihrem Recht Gebrauch, den Gong zum Abbruch schlagen zu lassen, wenn unfähige Ringrichter und uneinsichtige Sekundanten es verabsäumten, einen nicht mehr kampffähigen Mann aus dem Ring zu nehmen.

Eine der entscheidendsten Maßnahmen zur Befriedung des IOC aber war der Ehrgeiz, die K.-o.-Ergebnisse zu reduzieren. Dies vor allem wegen einer Statistik, die beweisen soll, Boxen sei durch ständige Verbesserung des Materials (Handschuhe, Kopfschutz) und der Regeln (Anzählen im Stehen und ähnliches) ungefährlicher geworden. Um dieses Ergebnis zu erzielen, wurde ordentlich getrickst und manipuliert. Klar kampfunfähige Boxer, die auszuzählen gewesen wären, die also stehend K. o. waren, wurden mit dem Urteil R.S.C. (Referee stops contest, zu deutsch: Abbruch durch Ringrichter) in die Ecke geschickt. Damit hat man sicher eine günstige Statistik erzielt, wie angestrebt, der Sauberkeit des Boxens aber eher einen miserablen Dienst erwiesen. Denn Abbruch durch den

Ringrichter hat zu erfolgen, wenn der einem Boxer – oft gegen dessen Willen – die bevorstehende Kampfunfähigkeit ersparen möchte, nicht wenn diese, also der K. o., schon da ist.

Das ewige Dilemma des Amateurboxens, die Wertung, sollte mit der Einführung der Punktmaschine, eines Computers, bekämpft werden. Das angewandte System funktioniert so: An fünf Punktrichterplätzen steht ein kleines Kästchen mit je einer roten und einer blauen Taste. Der Punktrichter hat die Aufgabe, einen von ihm als korrekt gesehenen Treffer für die rote oder blaue Ecke zu drücken. Die Treffereingaben laufen im Zentralcomputer am Jurytisch zusammen. Sie führen zu einem Gesamtergebnis. Die Jury hat die Möglichkeit, unabhängig von der Summe, die Arbeit jedes einzelnen

Ein Volltreffer gelang Weltmeister Torsten May aus Frankfurt/Oder (rechts) im Halbschwergewicht bis 81 Kilogramm auch bei Olympia. Das Finale erreichte er zwar nur mit Glück und einem blauen Auge, im Endkampf hingegen besiegte er den Russen Rostislaw Sailitschny deutlich mit 8:3 Punkten, Geschick und Stehvermögen – und stemmte sich vehement gegen das Klischee seiner Sportart: »Boxer«, so May, »sind ganz normale Menschen.«

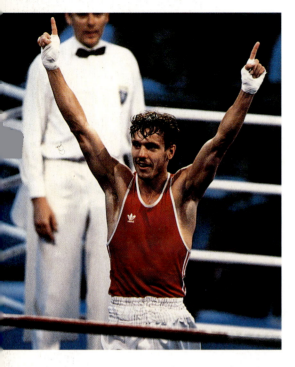

Punktrichters zu überprüfen, zu beobachten, was er wertet und was nicht. Diese Transparenz hatte schon bei Tests im Vorfeld des olympischen Turniers zu verheerenden Erkenntnissen geführt: Es gibt in der Box-Welt offenbar keinerlei Übereinstimmung darüber, welcher Treffer zählbar, wertbar ist und welcher nicht. Teils liegt das an uneinheitlicher, teils an mangelnder Schulung, teils an der der intellektuellen Beschränkung von Leuten, die den Ehrgeiz haben, Kampfrichter im Boxen sein zu wollen. Davon abgesehen stellte sich heraus, daß auch die Sichtbarkeit von Manipulation beim Werten (falsches Drücken eines Punktes oder vorsätzliches Übersehen) manche Kampfrichter nicht daran hindern, zu mogeln.

■ Der Computer als Oberschiedsrichter

So versuchte man nun in Barcelona, die Unfähigen oder Parteiischen zu neutralisieren: Der Computer zog zum Endergebnis nur jene Punkte heran, die von mindestens dreien der fünf Punktrichter, innerhalb einer Sekunde, gedrückt wurden. So gut gemeint diese Idee war, so wenig funktionierte sie. Denn besonders schnell schlagende

Boxer (Serien, Kombinationen) sind durch diese Art des Punktens benachteiligt, die Reaktionszeiten der Punktrichter zu unterschiedlich. Die Bedenkzeit, wieviel Treffer einer Serie zu bewerten wären, erwies sich als zu kurz. So kam es auch bei diesem olympischen Box-Turnier weniger zu falschen Siegern als zu grotesken Urteilsverzerrungen. Wenn es dem Boxsport nicht gelingt, zu einer in allen Verbänden einheitlichen, allen sinnvollen Boxstilen gerecht werdenden Wertung zu kommen, dann kann diesem Sport schon aus diesem Grund keine Zukunft mehr prophezeit werden. Wohlgemerkt: der Computer und die in Barcelona praktizierte »offene Wertung« (nach jeder Runde erscheint der Stand auf einer Anzeigetafel) sind ein Schritt in die richtige Richtung. Das System muß aber noch verbessert werden. Und das haben die Verantwortlichen auf einer Pressekonferenz auch schon eingeräumt.

■ Der Kampf der »Großen Drei«

Auf dieser Pressekonferenz wurde natürlich vor allem über die olympische Zukunft des Boxens gesprochen. Und es bestätigte sich, was Kenner der Szene immer schon vorausgesagt hatten: Es ist gänzlich undenkbar, auf dem Boden der Vereinigten Staaten ein olympisches Box-Turnier nicht stattfinden zu lassen, sind Turniere dieser Bedeutung doch für Amerikaner die große Talent-Schau für das Profigeschäft. Es ist also davon auszugehen, daß Boxen olympisch bleibt. Mit Sicherheit aber werden die Amerikaner für Atlanta einen Punktemodus durchsetzen, der schlagreiches, vorweggenommenes Berufsboxen bevorzugt. Womit die nächsten Skandale bereits programmiert wären. Die Entwicklung über 1996 hinaus zu vermuten, ist müßig.

Eine Neuerung anderer Art ist spätestens für Atlanta zu erwarten: das Setzen der Spitzenleute. Es gibt eine von den Verbänden anerkannte Weltrangliste. Es ist also naheliegend, die von ihrer Klasse her als Finalisten zu erwartenden Boxer auseinanderzusetzen und nicht – aufgrund des Loses – schon in der Vorrunde aufeinander-

Durchgeboxt: Andreas Tews (links oben und im großen Bild rechts) gewann Gold im Federgewicht. Das Halbfinale gegen Hocine Soltani aus Algerien (im großen Bild links) war nur Durchgangsstation, im Endkampf besiegte der Schweriner schließlich vor dessen fanatischen Landsleuten auch den Spanier Faustino Reyes. Und dann ab zu den Profis? »In meiner Gewichtsklasse nicht lukrativ«, sagt Tews. »Die Leute wollen Niederschläge sehen, im Federgewicht aber wird mehr schön geboxt.«

treffen zu lassen, wie mehrfach in Barcelona geschehen.

Das Box-Turnier dieser Spiele fand in Badalona statt, einer Satellitenstadt. Eine eher kleine Ballspielhalle – gleich nebenan hatte man für Basketball eine neue gebaut – wurde für das Boxen adaptiert. Die Halle war zwar immer ausverkauft, aber nie voll, oft nur schwach besucht. Der Grund: Die Praxis der Kartenvergabe über die Sponsoren.

Vier Nationen stellten sich mit kompletten 12er-Staffeln vor: Kuba, USA, GUS und Deutschland. Schon nach der Vorrunde mußte man davon sprechen, daß aus dem Vierkampf der Großen ein Dreikampf geworden sei. Die ehemals sowjetischen Boxer präsentierten sich überraschend schwach und flogen reihenweise aus dem Bewerb. Rückschlüsse auf das Verhältnis vom totalitären Regime und der Trainingsleistung in einer extremen Kampfsportart drängten sich auf: Darüber hinaus brachten selbständig gewordene Staa-

ten – wie etwa die baltischen – Boxer in den Bewerb, die dereinst für die UdSSR gestartet wären.

Die – erstmals olympisch vereinte – deutsche Staffel begann hervorragend, verlor in der ersten Runde nur einen Mann von zwölf, verkrampfte nach ersten Niederlagen aber zusehends, um im Finale wieder zu glänzen. Wie lange die Substanz aus dem vordem überlegenen Osten im deutschen Boxen noch anhalten wird, bleibt abzuwarten.

Niedergeschlagen: In Sydney war Leichtgewichtler Marco Rudolph (links und oben im roten Trikot) im Vorjahr noch Weltmeister gewesen, in Barcelona endeten die Träume vom olympischen Gold im Finale. Gegen den Amerikaner Oscar de la Hoya (blaues Trikot) mußte er diesmal unangenehme Treffer und entsprechende Wertungen einstecken. »Ihm hat die psychische Frische und Unbekümmertheit gefehlt«, analysierte Bundestrainer Helmut Ranze. Was vom Iren Michael Carruth (rechte Seite oben) auch nach getaner Arbeit nicht behauptet werden konnte: Der feierte seinen überraschenden Sieg im Weltergewicht gegen den Kubaner Juan Hernandez ziemlich ausgelassen.

Als in jeder Hinsicht überragend – von Vorrunde bis Finale – präsentierten sich die Kubaner. Hier vereinen sich politisches Zwangssystem, Physis und Intelligenz der Athleten mit einer hervorragenden technischen Schulung zu einer Sonderklasse. Selbstverständlich wird sich alles nach einem zu erwartenden Zusammenbruch der sozialistischen Diktatur ein wenig ändern. Denn zahlreiche kubanische Spitzenboxer würden die Chance, auf dem amerikanischen Markt Berufsboxer werden zu dürfen, sofort nützen.

Wenn man von der Dominanz Kubas absieht, dann zeigt die Beteiligung von 25(!) Nationen am Halbfinale, daß sich die Leistungsspitze verbreitert hat. Amerika und Europa dominieren als Kontinente allerdings noch klar.

■ Olympia-Bilanz – von »Halbfliegen« bis »Superschwer«

Ein kurzer Überblick über das Wichtigste aus den einzelnen Gewichtsklassen:

Halbfliegen: Der amerikanische Weltmeister Eric Griffin wird Opfer des Kampfgerichts. Gegen einen Spanier. Der Leverkusener Jan Quast, ins Limit von 48 Kilogramm heruntergequält, boxt sich solide in den Bronzerang. Der Kubaner Rogelio Marcelo bleibt im Finale ungefährdet. Die Gewichtsklasse scheint nach wie vor unsinnig zu sein.

Fliegen: Der Geraer Mario Loch scheitert in der zweiten Runde, allerdings an keinem späteren Medaillengewinner. Der Ungar Istvan Kovacs verliert überraschend im Halbfinale gegen den Nordkoreaner Choi. Der Kubaner Raul Gonzales – K.-o.-Sieger gegen Timothy Austin, USA – hat gegen Choi auch keine Chance.

Bantam: Hier der einzige Erstrundenverlust der Deutschen durch den Schweriner Dieter Berg. Sein Bezwinger, der Marokkaner Mohamed Achik, schafft allerdings Bronze. Gold holt der Kubaner Joel Casamayor gegen den überraschenden Iren McCullough. (Iren sind alle stark. Nationaltrainer aus Kuba!)

Feder: Der Schweriner Andreas Tews boxt im Finale. Wie schon in Seoul. Er hat beide Finalisten der letzten WM geschlagen, sein Finalgegner, der Spanier Faustino Reyes, den Kubaner Eddy Suarez. (Viel zu hoch gewertet. Der Halbfinalsieg gegen Paliani, GUS, reichlich zweifelhaft.) Im Finale gegen Tews ist der Deutsche aber zu überlegen.

Leicht: Der deutsche Weltmeister Marco Rudolph, Cottbus, scheitert im Kampf um Gold an dem Amerikaner Oscar de la Hoya, den er bei der letzten WM noch klar geschlagen hat. Eine Enttäuschung: Der Kubaner Julio Gonzales verliert schon in der Vorrunde gegen den Bulgaren Tontschew.

Halbwelter: Der Schweriner Andreas Zülow kommt nicht über den Kubaner Hector Vinent hinweg. Der Kanadier Mark Leduc schafft das im Endkampf auch nicht.

Welter: Die Sensation! Der Ire Michael Carruth, der den Ahlener Andreas Otto im Viertelfinale schlug, besiegt – äußerst knapp – den Kubaner Juan Hernandez.

Halbmittel: Der Geraer Markus Heyer übersteht gegen den Kubaner Juan Lemus keine Runde. Der überraschende türkische Niederländer Orhan Delibas kommt ins Finale. Und wehrt sich gegen Lemus nach Kräften, aber vergeblich.

Mittel: Eine taktische Glanzleistung des Kubaners Ariel Hernandez. Der schon professionell agierende hochklassige US-Boxer Chris Byrd (Sohn des Nationaltrainers) kommt an den Kubaner nicht heran. Die Viertelfinal-Niederlage des Berliners Sven Ottke gegen Hernandez wird aufgewertet.

Halbschwer: Der sich zunächst nicht in Form befindliche Weltmeister Torsten May aus Frankfurt/Oder hat mit knappen Siegen zunächst Glück. Der Pole Bartnik räumt den Kubaner Espinosa aus dem Weg. Im Finale aber zeigt sich May von seiner besten Seite. Das zweite Gold für Deutschland.

Schwer: Der Kubaner Felix Savon ist die Sonderklasse. Das muß der gute Nigerianer David Izonritei (Nigerianer überhaupt erstarkt, deutscher Nationaltrainer!) ebenso einsehen, wie vorher (zum sechsten Mal) der Leverkusener Niederländer Arnold van der Lidje und der Freiburger Bert Teuchert. Das vorweggenommene Finale allerdings war ein Sensationskampf Savons gegen Nicholson, USA!

Superschwer: Der Sieger über das deutsche Talent, den Frankfurter Willi Fischer, der bulgarische Routinier Roussinow, verliert im Halbfinale gegen den Nigerianer Ibineghu. Der wiederum kann den Kubaner Balado nicht gefährden.

■ Kuba olympische Box-Supermacht

Goldmedaillen: Kuba sieben, Deutschland zwei, USA, Irland, Nordkorea je eine.

Boxen

Halbfliegengewicht (bis 48 kg)
1.	Marcelo	CUB
2.	Bojinow	BUL
3.	Quast	GER
	Velasco	PHI

Boxen

Fliegengewicht (bis 51 kg)
1.	Chol-Su Choi	PRK
2.	Gonzalez	CUB
3.	Austin	USA
	Kovacs	HUN

Boxen

Bantamgewicht (bis 54 kg)
1.	Casamayor	CUB
2.	McCullough	IRL
3.	Gwang Li	PRK
	Achik	MAR

Boxen

Federgewicht (bis 57 kg)
1.	Tews	GER
2.	Reyes	ESP
3.	Soltani	ALG
	Palini	GUS

Boxen

Leichtgewicht (bis 60 kg)
1.	de la Hoya	USA
2.	Rudolph	GER
3.	Bayarsaichan	MGL
	Sung Hong	KOR

Boxen

Halbweltergewicht (bis 63,5 kg)
1.	Vinent	CUB
2.	Leduc	CAN
3.	Kjäll	FIN
	Doroftei	ROM

Boxen

Weltergewicht (bis 67 kg)
1.	Carruth	IRL
2.	Hernandez	CUB
3.	Chenglai	THA
	Acevedo	PUR

Boxen

Halbmittelgewicht (bis 71 kg)
1.	Lemus	CUB
2.	Delibas	NED
3.	Mizsei	HUN
	Reid	GBR

Boxen

Mittelgewicht (bis 75 kg)
1.	Hernandez	CUB
2.	Byrd	USA
3.	Johnson	CAN
	Seung Lee	KOR

Boxen

Halbschwergewicht (bis 81 kg)
1.	May	GER
2.	Sailitschny	GUS
3.	Beres	HUN
	Bartnik	POL

Boxen

Schwergewicht (bis 91 kg)
1.	Savon	CUB
2.	Izonritei	NGR
3.	Tua	NZL
	van der Lijde	NED

Boxen

Superschwergewicht (über 91 kg)
1.	Balado	CUB
2.	Igbineghu	NGR
3.	Nielsen	DEN
	Roussinow	BUL

Schlagkräftige Rückkehr: Der Eindruck täuscht, Schwergewichtler Felix Savon (blaues Trikot) verprügelte auch seinen nigerianischen Finalgegner David Izonritei und ergänzte die beeindruckende Erfolgsbilanz seiner Mannschaft. Acht Jahre hatten Kubas Boxer bei Olympia gefehlt, zum Comeback gewannen Castros Faustkämpfer in den zwölf Gewichtsklassen sieben Goldmedaillen. Und gerade Savon knüpfte vor den Augen seines Vorgängers an eine große Tradition an: Landsmann Teophilo Stevenson war zwischen 1972 und 1980 dreimal Olympiasieger im Schwergewicht. In Barcelona verfolgte er als Sportbeauftragter seiner Regierung den Triumphzug aus nächster Nähe.

Adios, Barcelona: Mit einem gigantischen Spektakel verabschiedete sich Olympia aus der katalanischen Hauptstadt. Ein letztes Mal versammelten sich die Fahnenträger der 172 teilnehmenden Nationen im Stadion am Montjuïc. Die Schlußfeier zeigte nochmals begeisternde Elemente spanischer Lebensart, doch wer mochte, der konnte in dem gigantischen Feuerwerk auch das Spiel mit dem Feuer erkennen, an dem sich die Bewegung allmählich zu verbrennen droht. Für IOC-Präsident Juan Antonio Samaranch waren es »die besten Spiele der olympischen Geschichte«. Es waren nicht zuletzt auch die teuersten, und ein Ende der Entwicklung ist nicht in Sicht. In vier Jahren wird die Flamme mit beträchtlichem Aufwand von neuem entzündet. See you in Atlanta 1996.

Bilanz Schweiz

Einmal Gold und x-mal Leder

Für Werner Günthör, den Schweizer Kugelstoß-Koloß, waren die Olympischen Spiele von Barcelona das letzte große Ziel seiner Karriere. Vier Jahre lang bereitete er sich darauf vor, 1991 schindete er sich in 646 Trainingsstunden. Um am 31. Juli knapp 100 Gramm Gold gewinnen zu können, stemmte er 2210 Tonnen Eisen, um Bauch und Rücken zu stärken, machte er 13 347 Rumpfübungen.

Für die Experten war klar, daß Günthör neben dem ukrainischen Stabhochspringer Sergej Bubka der sicherste Tip der Leichtathletik-Wettbewerbe war. Die wenigen Wettkämpfe vor den Spielen hatte er alle gewonnen, er strotzte vor Selbstvertrauen, und selbst die Doping-Attacke des deutschen Magazins »Der Spiegel« schien ihn, den Felsen, nicht erschüttern zu können.

Es konnte eigentlich gar nichts mehr passieren. Wir saßen auf der Tribüne des Olympiastadions und warteten gelassen auf den Vollzug der Formalität. Doch dann passierte das, womit selbst Günthör nicht gerechnet hatte. Der erste Versuch war ein Rohrkrepierer, der schlechteste Stoß seit Jahren, keine 20 Meter weit. »Selbst bei einem Leerlauf werde ich im ersten Versuch 21 Meter stoßen«, hatte Günthör zuvor gesagt, »ich werde so kontrolliert

stoßen, daß ich problemlos in den Wettkampf komme.«

Von Kontrolle war in diesem Augenblick nicht mehr die Rede. Die Koordination war gestört, und das ließ sich nicht mehr korrigieren. 130 Kilogramm Muskelmasse wurden durch irgendwelche geheimnisvollen Reaktionen im Gehirn fehlgeleitet. Der technische Ablauf stimmte nicht mehr. Der Körper, der sich wie der Stab Bubkas hätte spannen sollen, fand diese

Die große Show des Marc Rosset (links): Nach Jim Courier, Wayne Ferreira und Goran Ivanisevic besiegte der Schweizer Tennisspieler im Finale auch den Spanier Jordí Arrese und betrieb auf diese Weise eine unverhoffte Ehrenrettung für das olympische Aufgebot des kleinen

Landes. Die Ehrengäste König Juan Carlos, Königin Sofia und Kronprinz Felipe hatten sich das zweifellos anders vorgestellt – sie wollten eigentlich ihren Landsmann Arrese siegen sehen.

Spannung nicht. Ein einziger Versuch war akzeptabel, da hatte auch Günthör das Gefühl, daß er es doch noch geschafft haben könnte. Er schaute lange der Kugel nach. Zu lange, wie er danach feststellte. Der Koloß verlor das Gleichgewicht und mußte sich außerhalb des Rings mit den Händen abstützen. Statt mit 21,50 Metern wenigstens die Silbermedaille zu gewinnen, blieb Günthör die schlimmste aller Medaillen – die lederne, Platz vier.

Was Günthör passierte, war der Höhepunkt eines tristen Schweizer Gastspiels in Barcelona. Wie ein roter Faden zogen sich die Mißerfolge durch das Olympiaabenteuer. Bis zum vorletzten Tag blieb die Schweiz in der Medaillenbilanz unerwähnt.

Von Pech war viel die Rede in diesen Tagen. Vom Pech des Doppelvierers, der im Endspurt die Bronzemedaille um sechs Hundertstelsekunden verpaßte. Vom Pech der Kanuten Ueli und Peter Mattli, die im Wildwasserkanal von La Seu de Urgeli Silber erst durch eine Berührung am 25. und letzten Tor vergaben. Vom Pech der Springreiter, die bei ihrer Aufholjagd im zweiten Durchgang den Bronzeplatz in Griffweite hatten, ehe Thomas' Fuchs Dylano eine Stange des zweitletzten Sprungs so touchierte, daß sie zu Boden fiel. Und vom Pech der Judoka, deren öffentlich demonstriertes Selbstvertrauen bereits durch die Auslosung erschüttert wurde: Für Eric Born und Oliver Schaffter standen Europa- und Weltmeister auf dem Menü. Beide schieden aus, ehe sie überhaupt so richtig begonnen hatten.

■ Olympiasieg als Ferienvergnügen

Etwas viel Pech auf einmal, weshalb man sich fragen mußte: Kann eine solche Serie zufällig sein, oder hat sie Methode? Sind wir vielleicht gar nicht so gut, wie wir uns eingeredet haben? Ertragen wir den Druck nicht, sind wir zu sensibel, viel zu verwöhnt? Wirkten die Mißerfolge wie schon ein halbes Jahr zuvor in Albertville ansteckend?

Die realistische Antwort müßte lauten: Wir haben nur wenige Weltklasseathleten, und darunter war Werner Günthör der einzige, der sich vor Olympia als der Beste seines Fachs betrachten durfte. Die andern gehörten bestenfalls zu einem Dutzend Medaillenanwärter. Sie brauchten kein Pech, um eine Medaille zu verpassen. Sie hätten Glück gebraucht, um eine zu gewinnen.

Zum Glück gab's noch den langen Lulatsch vom Genfer See, der nach Barcelona gereist war, um, umgeben von Sportlern aus aller Welt, vergnügliche Ferien zu machen. Marc Rosset war im Gegensatz zu Werner Günthör nicht nach Barcelona gereist, um Olympiasieger zu werden. Für einen Tennisprofi geht es um Schecks und um ATP-Punkte, anderes interessiert ihn nicht. Auch in Barcelona sprach Marc Rosset noch davon, wie schön es wäre, einmal in Roland Garros zu gewinnen.

Jener Superstar, der dies bereits zweimal geschafft hatte, war Rossets Gegner in der zweiten Runde. Nach anderthalb Stunden war der Zauber vorbei. In der Hitze des Stadions von Val d'Hebron gewann Jim Courier, der Mann mit der Mütze, in etwas mehr als anderthalb Stunden gerade sieben Spiele. Dem Südafrikaner Wayne Ferreira war es zuvor nicht viel besser ergangen.

Und plötzlich wurde Tennis für die Schweiz zur olympischen Hauptsportart. Rosset, der ungeliebte, wurde zur gehätschelten Persönlichkeit, und nachdem er nacheinander auch den Spanier Emilio Sanchez und den Wimbledon-Finalisten Goran Ivanisevic bezwungen hatte, stand er nicht nur im Finale, sondern hatte auch das wertvollste Ticket im Sack, das es für einen Athleten im olympischen Dorf geben konnte: Eine Eintrittskarte für das Finalspiel des Dream Teams der amerikanischen Basketballer. Keiner sprach mehr vom »ungezogenen Lümmel«, Rossett wurde zu »unserem Marc«.

Im Finale gegen den Katalanen Jordi Arrese wurde Rosset gar zum Vorbild für alle Schweizer Sportler, zeigte Qualitäten, die man diesen in den ersten zehn Tagen schlichtweg absprechen mußte: Er kämpfte bis zum Umfallen, blieb auch in der größten Hitze kühl, konnte Rückschläge einstecken, bezwang die eigene Müdigkeit. Nach fünf Stunden und drei Minuten war Arrese bezwungen, und die Schweiz hatte erstmals seit 12 Jahren, erstmals seit Robert Dill-Bundi und Jürg Rüthlisberger, wieder einen Olympiasieger bei Sommerspielen.

Bei der Siegerehrung spürte man, daß Olympia selbst für Rosset mehr geworden war als die unwichtigste Nebensache der Welt. Der Mann, der nach fünf großen Siegen genauso viel verdiente wie nach einer Erstrunden-Niederlage in Wimbledon, verdrückte eine Träne der Rührung.

Favoritensturz: Werner Günthör galt als sicherer Sieganwärter im Kugelstoßen, doch im Finale kam der Weltmeister über Platz vier nicht hinaus. 20,91 Meter – für ihn eine geradezu läppische Weite. Die Folge eines schlimmen Verdachts?

Ein deutsches Nachrichtenmagazin hatte ihn vor dem olympischen Scheitern der gezielten Einnahme von leistungsfördernden Mitteln bezichtigt.

Österreichs Olympiateam, weit über hundert Sportler, war längst über Wasser, als der Himmel zum Abschied seine Schleusen öffnete. Ein Wolkenbruch, der mehrmals Verschiebungen erzwungen hatte, schwemmte die Medaillenhoffnungen von Hugo Simon (Nr. 3) und Thomas Frühmann (Nr. 13) schon mit dem Startnummern-Losepech zum großen Reiterfinale weg. Die Schimmelreiter versanken gleichsam im Morast des sandigen Polo-Clubs, es gab keine Absprungbasis mehr für sensationelle »Rößl-Sprünge« wie im Nationenpreis. Da hatten Weltcupsieger Thomas Frühmann (Genius) und Jörg Münzner (Graf Grande) den kleinen Hugo Simon (Apricot), der zum Fünfzigsten fast Gold geküßt hätte, aufs Podium gehoben, als Zugpferd einer Reiterei, die er vor 20 Jahren in München (4.) als Deutschland-Flüchtling erst aus der Taufe gehoben hatte. Österreichs Spring-Equipe versilbert, Deutschland abgestürzt – eine olympische Utopie hatte Gestalt angenommen in Form eines Trios. Da knallten die Champagnerkorken. Ausgiebig. Ausgelassen. Mit einem Wermutstropfen. Boris Boor, am störrischen Esel Love me Tender gescheitert, durfte nicht aufs Podium. Als Streichresultat wurde er vom Pferd geholt – vorm Einreiten. Frühmann war empört: »Sind wir ein Team – oder nicht?« Die FEI blieb hart. Österreichs Chefolympier Leo Wallner, der Casino-General, läßt die Kugel rollen. Boor wird geehrt wie die Versilberten. Bekommt Silbertaler. Samt Verdienstzeichen für den historischen Erfolg. Ohne ihn hätte man die Luzerner Qualifikationshürde nach Barcelona nie genommen. Darum hob ihn Frühmann in den Sattel.

■ Teufelsaustreibung in Banyoles

Aber nicht nur die Reiter sind ein eigenes Völkchen. Die Besatzung des Doppelzweiers im Rudern, Arnold Jonke und Christoph Zerbst, zwei Kärntner, die in Banyoles den Teufel, sprich: das WM-Debakel von 1991 in Wien, austrieben, läßt sich auch nicht gern an die Zügel nehmen. Sie atmeten im idyl-

Bilanz Österreich

Einzig: ein Trio und ein Doppelzweier

lischen Banyoles olympische Höhenluft – ganz ohne Höhencamp in Bulgarien, das sich den anderen Ruderern auf den Magen schlug! Nur ein Hauch fehlte den Weltmeistern von 1990 in Tasmanien, um nach dem tiefen Fall des Vorjahres den Olymp zu besteigen. Die Taktik (im Gegensatz zum WM-Debakel, als sie selbstherrlich ins

Das eigenwillige Olympia-Emblem, geschaffen vom Barceloneser Designer Josep Maria Trías, stilisiert einen Wettkämpfer, der über die olympischen Ringe springt. Die Farben sollen das mediterrane Leben repräsentieren: blau wie die See, gelb wie die Sonne und rot wie das Blut.

Verderben gerudert waren), das Feld von hinten aufzurollen, stach alle bis auf die Australier aus. Zuerst waren sie Fünfte, dann Vierte, dann Dritte, schließlich Zweite, Faust im Nacken der Führenden. Ein Rennen nach Marschplan. »Wir haben erst bei 1300 Meter angegriffen. Aber die Australier haben gekontert. Und dann war unser Akku leer, wir konnten uns ganz einfach nicht mehr steigern.« Eine Sekunde trennte sie von der Endstation Sehnsucht. Eine winzige Sekunde nach einem Jahr größter Entbehrungen, härtester Arbeit und mancher Querelen, weil sie – Einzelgänger im Duo – ihre eigene Kommandobrücke gebaut hatten. Dort entstand das einzige Schlachtschiff, das auf Erfolgswellen schaukelte. Alle anderen Boote, die auf Eckstein- und Verbandskurs eingeschwenkt waren, erlitten Schiffbruch.

■ Die Boote auf Verbandskurs erlitten Schiffbruch

Ein leiser Triumph des Individualismus. Zwei asketische Einzelgänger bliesen den Methoden von gestern den Marsch, pfiffen aber mit Silber auf (vor)laute Kritik. Der Erfolg sprach für sie. »Es hätt' eh keinen Sinn, mit Funktionären zu debattieren. Es zahlt sich nicht aus!« Mit Silber, der ersten Rudermedaille für Rotweißrot seit 1960, machten sie Kassensturz. Ein anderer wurde vom Schicksal mit brutaler Gewalt aus allen Träumen geholt. Herwig Röttl, 25, Gendarm aus Feldkirchen, Familienvater mit Kleinkind, lief im Vorfeld locker Rekord über 110 Meter Hürden (13,41), ehe der Sturmlauf mit einem Verletzungsschlag endete, schon an der zweiten Hürde des Zwischenlaufs. »Ein Brennen war's, ich bin 90 Meter mit einer Zerrung gelaufen!« Er nahm noch die Hürde zum Semifinale trotz Handikap in 13,68 Sekunden – und brach im Ziel zusammen. Ein Kraftpaket als Häuflein Elend, eingeschnürt und angebunden auf der Bahre, begleitet von Beifallssalven, die wie Hohngelächter wirkten. Die Welt brach erst richtig zusammen, als Röttl die Zeit sah, mit der man ins Finale gekommen wäre: 13,60. Auch Andreas Berger, der schnellste weiße Sprinter der Welt, hatte olympisches Pech. Wie immer. Der Schuß Risiko, den er am Start des 100-Meter-Vorlaufes, eine Formalität, gewählt hatte, war nach hinten losgegangen. Berger, die Doppelnull, hätte sich am liebsten verkrochen. Er hatte so früh gezuckt, daß er die schnellste Reaktionszeit auslöste – und darüber stolperte, obwohl er in der Toleranz (0,101) gelegen war. Ermessenssache. Der Startrichter sagte nein. Berger war weg, ohne einen Meter gelaufen zu sein. »Ich schäme mich, ich habe versagt. Zwei Tausendstel haben meine Karriere zerstört. Ich würd' lieber heute als morgen heimfahren. Was hab' ich noch in der Leichtathletik verloren?« Noch mehr als das Fiasko traf Berger der Dopingverdacht. Absichtlich sei er ausgeschieden, um nicht ertappt zu werden, diese Ungeheuerlichkeit, in der Heimat geboren, machte in Barcelona die Runde. Es löste eine Trotzreaktion aus. »Ich wollt' allen das Gegenteil beweisen. Es zeigen nur jene auf meine Muskeln, die einen solchen Körper nicht zusammenbringen!«, donnerte er. Die Infamie machte Berger nochmals Beine, ebenso der skandalisierte Zwist mit dem farbigen Talent Christoph Pöstinger, 20, der knapp am

200-Meter-Semifinale (20,83) vorbeigesprintet war. Die vermeintlichen Streithähne schlossen nicht nur Frieden, die Feinde wurden Freunde, mehr noch: Blutsbrüder des Sprints, die als Quartett in die Annalen stürmten: Olympiafinalisten, Siebente, in Rekordzeit obendrein. »Was beschissen begann, hat mit einem Traum geendet«, jubelte Berger. Er, Thomas Renner, Franz Ratzenberger, drei Klubkollegen, eine Santa-Monica-Kopie, bildeten mit Pöstinger, erst ausgegrenzt, dann adoptiert, einen Verschwörerkreis. »Wir werden uns nie wieder befleglen«, sagte Berger. »Wir sind hier und heute zur Mannschaft geworden.«

■ Auftrumpfen der Leisetreter

Fast hätte auch Sigrid Kirchmann, ein verpatztes Talent, nun Lehrerin aus Linz, einen historischen Sprung getan. Die notorische WM-Versagerin (1987/1989), EM-Vierte in Split, steigerte sich am Montjuïc in einen Höhenrausch. 1,88–1,91–1,94, fast noch 1,97, die Medaillenhöhe. Wie einst Ilona Gusenbauer (München 1972), aus deren Schatten sie sprang. Sensationell. »Ich weiß gar nicht, was passiert ist . . .«

So ging es wohl auch Klaus Bordenmüller, dem Kugel-Riesen aus Rankweil. Am Tag, als der Golddruck seinem Freund, dem Topfavoriten Werner Günthör, die Kugel gab, drehte sich der Ex-Halleneuropameister aus Verletzungspech und Milchallergie zurück zur Weltspitze: Viermal über 20 Meter, mit 20,48 dicht hinter dem Olympischen Timmermann (1988/20,49), knapp hinter Günthör, dem E.T., der auf der Erde landete. Ein Sechster, der sich als Sieger fühlte. »Eine Genugtuung für mich nach allen Leiden!«

Leisetreter trumpften groß auf – auch Ding Yi, der Austrochinese, 33 und längst Wiener Schlitzohr, schien Alter und Gegnern – pingpong – Schnippchen zu schlagen. »Ich will eine Medaille für Österreich!« sagte er nach dem 3:0 über den Belgier Saive. Fast hätte er Sterne vom Himmel geholt, 2:1 führte er im Viertelfinale gegen die Nummer eins, Jean-Philippe Gatien, 18:18 bei eigenem Aufschlag stand's

im vierten Satz. »Zu viel riskiert, ich hätt' in vier Sätzen gewinnen müssen!« Er verlor in fünf. Ding Yi weinte der letzten Chance nach. Fünfter statt Bronze. »Ob ich 1996 dabei bin? Nur im China-Restaurant!« Keine Peking-Ente – er besitzt zwei. Ding Yi, der Import, hat Wiener Wurzeln geschlagen. Ganz im Gegensatz zu den Handballdamen des Gunnar Prokop, der k. und k.-Auswahl, die in Barcelona so auseinanderbrach wie die Monarchie nach dem Ersten Weltkrieg. Das bunte Völkerbabel aus Ungarn, Polen, Rumänien, Kroatien, Bosnien, Serbien und Montenegro, dazu eine Deutsche,

ergänzt um vier heimische Mädels, wollte zum großen Wurf ausholen – und schoß sich ein Eigentor. Lileana Topea, erst durch Interventionen zur Paß-Österreicherin mutiert, weltbeste Handballerin, wurde zum Sargnagel einer Mannschaft, die keine Einheit war. Samt Betreuern, die einander in den Haaren statt Armen lagen. Gunnar Prokop, der Manager, und Vinko Kandija, der Trainer, stritten ums Coaching. Vergiftete Atmosphäre, verpestetes Klima, gescheitertes Experiment. Norwegens Damen stopften der Sportperversion das Maul – 17:19.

■ Dreimal baden gegangen und vorlaut aufgetaucht

Kerstin Jönsson zog aus dem Dorf aus. Schlagzeilen für Versager. Unverdient – wie für Schwimmerin Martina Nemec, die dreimal baden ging, aber so vorlaut auftauchte, als hätte sie Wellen geschlagen. Ein frecher Fratz, der sich ein Beispiel nehmen sollte, was andere aus weit schlechteren Voraussetzungen machen. Wie Kanutin Ursula Profanter, die das Wildwasser verließ, um in Castelldefels in Medaillennähe zu paddeln (5.). Wie Ringer Marchl (6.). Wie Schütze Farnik (6.). Die Österreicher stellten ihren Mann. Und zwei Mannschaften, die Silber holten.

Im Erfolg vereint: Hugo Simon, Thomas Frühmann und Jörg Mutzner (von links nach rechts) vergaßen für einen Moment ihre Rivalität und holten im Springreiten gemeinsam Silber, eine von zwei olympischen Medaillen für Österreich. Und Altmeister Simon, gerade 50 geworden, gewann mit der Plakette eine späte Erkenntnis: »Geburtstagspartys muß man feiern. Dann bist du gut drauf. Fünfzig hab' ich werden müssen, um das zu kapieren.«

Die Medaillen- gewinner von Barcelona

BADMINTON, FRAUEN

Einzel
1. Susi Susanti	INA
2. Soon Hyun Bang	KOR
3. Yiuhong Tang	CHN
Hua Huang	CHN

Doppel
1. Hye Young Hwang/	
So-Young Chung	KOR
2. Wai-Zhen Guan/	
Qunhua Nong	CHN
3. Young-Ah Gil/	
Eun-Yung Shim	KOR
Yan-Fen Lin/Fen Yao	CHN

BADMINTON, MÄNNER

Einzel
1. Alan Budi Kusuma	INA
2. Ardy Wiranata	INA
3. Thomas Stuer-Lauridsen	DEN
Hermawan Susanto	INA

Doppel
1. Moon-Soo Kim/	
Yoo-Bong Park	KOR
2. Eddy Hartono/	
Rudy Gunawan	INA
3. Razif Sidek/Jalani Sidek	MAS
Yonbo Li/Bingyi Tian	CHN

BASEBALL
1. CUB	
2. TPE	
3. JPN	

BASKETBALL, FRAUEN
1. GUS	
2. CHN	
3. USA	

BASKETBALL, MÄNNER
1. USA	
2. CRO	
3. LTU	

BOGENSCHIESSEN, FRAUEN

Einzel
1. Youn-Yeong Cho	KOR
2. Soo-Nyung Kim	KOR
3. Natalia Walejewa	GUS

Mannschaft
1. KOR	
2. CHN	
3. GUS	

BOGENSCHIESSEN, MÄNNER

Einzel
1. Sebastien Flute	FRA
2. Yae-Hun Chung	KOR
3. Simon Terry	GBR

Mannschaft
1. ESP	
2. FIN	
3. GBR	

BOXEN

Halbfliegengewicht (bis 48 kg)
1. Rogelio Marcelo	CUB
2. Daniel Petrow Bojinow	BUL
3. Jan Quast	GER
Roel Velasco	PHI

Fliegengewicht (bis 51 kg)
1. Chol-Su Choi	PRK
2. Raul Gonzales	CUB
3. Timothy Austin	USA
Istvan Kovacs	HUN

Bantamgewicht (bis 54 kg)
1. Joel Casamayor	CUB
2. Wayne McCullough	IRL
3. Gwang Li	PRK
Mohamed Achik	MAR

Federgewicht (bis 57 kg)
1. Andreas Tews	GER
2. Faustino Reyes	ESP
3. Hocine Soltani	ALG
Ramazi Palini	GUS

Leichtgewicht (bis 60 kg)
1. Oscar de la Hoya	USA
2. Marco Rudolph	GER
3. Nam Jil Bayarsaichan	MGL
Sung Hong	KOR

Halbweltergewicht (bis 63,5 kg)
1. Hector Vinent	CUB
2. Mark Leduc	CAN
3. Jyri Kjäll	FIN
Leonard Doroftei	ROM

Weltergewicht (bis 67 kg)
1. Michael Carruth	IRL
2. Juan Hernandez	CUB
3. Arkom Chenglai	THA
Anibal Acevedo	PUR

Halbmittelgewicht (bis 71 kg)
1. Juan Lemus	CUB
2. Orhan Delibas	NED
3. György Mizsei	HUN
Robin Reid	GBR

Mittelgewicht (bis 75 kg)
1. Ariel Hernandez	CUB
2. Chris Byrd	USA
3. Chris Johnson	CAN
Seung Lee	KOR

Halbschwergewicht (bis 81 kg)
1. Torsten May	GER
2. Rostislaw Sailitschny	GUS
3. Zoltan Beres	HUN
Wojciech Bartnik	POL

Schwergewicht (bis 91 kg)
1. Felix Savon	CUB
2. David Izonritei	NGR
3. David Tua	NZL
Arnold van der Lijde	NED

Superschwergewicht (über 91 kg)
1. Roberto Balado	CUB
2. Richard Igbineghu	NGR
3. Brian Nielsen	DEN
Swilen Roussinow	BUL

FECHTEN, FRAUEN

Florett, Einzel
1. Giovanna Trillini	ITA
2. Huifeng Wang	CHN
3. Tatjana Sadowskaja	GUS

Florett, Mannschaft
1. ITA	
2. GER	
3. ROM	

FECHTEN, MÄNNER

Florett, Einzel
1. Philippe Omnes	FRA
2. Sergej Golubitski	GUS
3. Elvis Gregory	CUB

Degen, Einzel
1. Eric Srecki	FRA
2. Pawel Kolobkow	GUS
3. Jean-Michel Henry	FRA

Säbel, Einzel
1. Benco Szabo	HUN
2. Marco Marin	ITA
3. Jean-François Lamour	FRA

Florett, Mannschaft
1. GER	
2. CUB	
3. POL	

Degen, Mannschaft
1. GER	
2. HUN	
3. GUS	

Säbel, Mannschaft
1. GUS	
2. HUN	
3. FRA	

FUSSBALL
1. ESP	
2. POL	
3. GHA	

GEWICHTHEBEN

Fliegengewicht (bis 52 kg)
1. Iwan Iwanow	BUL
2. Qisheng Lin	CHN
3. Trajan Giharean	ROM

Bantamgewicht (bis 56 kg)
1. Byung-Kwan Chun	KOR
2. Shoubin Liu	CHN
3. Jianming Luo	CHN

Federgewicht (bis 60 kg)
1. Nahim Suleymanoglu — TUR
2. Nikolai Peschalow — BUL
3. Yingqiang He — CHN

Leichtgewicht (bis 67,5 kg)
1. Israil Militosjan — GUS
2. Joto Jotow — BUL
3. Andreas Behm — GER

Mittelgewicht (bis 75 kg)
1. Fedor Kassapu — GUS
2. Pablo Lara — CUB
3. Myong-Nam Kim — PRK

Leichtschwergewicht (bis 82,5 kg)
1. Pyrros Dimas — GRE
2. Krzysztof Siemion — POL
(3.) Ibrahim Samadow
   (disqualifiziert) — GUS

Mittelschwergewicht (bis 90 kg)
1. Kachi Kachiachwili — GUS
2. Sergej Syrtsow — GUS
3. Sergiusz Woczaniecki — POL

1. Schwergewicht (bis 100 kg)
1. Viktor Tregubow — GUS
2. Timur Taimazow — GUS
3. Waldemar Malak — POL

2. Schwergewicht (bis 110 kg)
1. Ronny Weller — GER
2. Artur Akojew — GUS
3. Stefan Botew — BUL

Superschwergewicht (über 110 kg)
1. Alexander Kurlowitsch — GUS
2. Timur Taranenko — GUS
3. Manfred Nerlinger — GER

HANDBALL, FRAUEN
1. KOR
2. NOR
3. GUS

HANDBALL, MÄNNER
1. GUS
2. SWE
3. FRA

HOCKEY, FRAUEN
1. ESP
2. GER
3. GBR

HOCKEY, MÄNNER
1. GER
2. AUS
3. PAK

JUDO, FRAUEN

Schwergewicht (über 72 kg)
1. Xiaoyan Zhuang — CHN
2. Estella Rodriguez
   Villanueva — CUB
3. Natalia Lupino — FRA
   Yoko Sakaue — JPN

Halbschwergewicht (bis 72 kg)
1. Mi-Jung Kim — KOR
2. Yoko Tanabe — JPN
3. Laetitia Meignan — FRA
   Irene de Kok — NED

Mittelgewicht (bis 66 kg)
1. Odalis Reve — CUB
2. Emanuela Pierantozzi — ITA
3. Kathe Howey — GBR
   Heidi Rakels — BEL

Halbmittelgewicht (bis 61 kg)
1. Catherine Fleury — FRA
2. Yael Ana Arad — ISR
3. Jelena Petrowa — GUS
   Di Zhang — CHN

Leichtgewicht (bis 56 kg)
1. Miriam Blasco — ESP
2. Nicola Fairbrother — GBR
3. Chigori Tateno — JPN
   Driulis Gonzales — CUB

Halbleichtgewicht (bis 52 kg)
1. Almudena Muñoz — ESP
2. Noriko Mizoguchi — JPN
3. Sharon Rendle — GBR
   Zhongyun Li — CHN

Extraleichtgewicht (bis 48 kg)
1. Cecile Nowak — FRA
2. Ryoko Tamura — JPN
3. Amarilis Savon — CUB
   Hulya Senyurt — TUR

JUDO, MÄNNER

Schwergewicht (über 95 kg)
1. David Chachaleschwili — GUS
2. Naoya Ogawa — JPN
3. David Douillet — FRA
   Imre Czosz — HUN

Halbschwergewicht (bis 95 kg)
1. Antal Kovacs — HUN
2. Reymond Stevens — GBR
3. Theo Meijer — NED
   Dimitri Sergejew — GUS

Mittelgewicht (bis 86 kg)
1. Waldemar Legien — POL
2. Pascal Tayot — FRA
3. Hirotaka Okada — JPN
   Nicolaus Gill — CAN

Halbmittelgewicht (bis 78 kg)
1. Hidehiko Yoshida — JPN
2. Jason Morris — USA
3. Byung-Joo Kim — KOR
   Bertrand Damaisin — FRA

Leichtgewicht (bis 71 kg)
1. Toshihiro Koga — JPN
2. Berthalan Hajtos — HUN
3. Hoon Chung — KOR
   Oran Smagda — ISR

Halbleichtgewicht (bis 65 kg)
1. Rogerío Sampaio — BRA
2. Jozsef Csak — HUN
3. Udo Quellmalz — GER
   Israel Hernandez — CUB

Extraleichtgewicht (bis 60 kg)
1. Nazim Gussejnow — GUS
2. Hyon Yoon — KOR
3. Richard Trautmann — GER
   Tadanori Koshino — JPN

KANUSPORT, FRAUEN

Einer-Kajak (Wildwasser)
1. Elisabeth Micheler — GER
2. Danielle Woodward — AUS
3. Dana Chladek — USA

Einer-Kajak (500 m)
1. Birgit Schmidt — GER
2. Rita Koban — HUN
3. Izabella Dylewska — POL

Zweier-Kajak (500 m)
1. Ramona Portwich/
   Anke von Seck — GER
2. Susanne Gunnarsson/
   Agneta Andersson — SWE
3. Rita Koban/Eva Donusz — HUN

Vierer-Kajak (500 m)
1. HUN
2. GER
3. SWE

KANUSPORT, MÄNNER

Einer-Kajak (Wildwasser)
1. Pierpaolo Ferrazzi — ITA
2. Sylvain Curinier — FRA
3. Jochen Lettmann — GER

Einer-Kajak (500 m)
1. Mikko Kolehmainen — FIN
2. Zsolt Gyulay — HUN
3. Knut Holmann — NOR

Einer-Kajak (1000 m)
1. Clint Robinson — AUS
2. Knut Holmann — NOR
3. Greg Barton — USA

Zweier-Kajak (500 m)
1. Kay Bluhm/
   Torsten Gutsche — GER
2. Maciej Freimut/
   Wojciech Kurpiewski — POL
3. Antonio Rossi/
   Bruno Dreossi — ITA

Zweier-Kajak (1000 m)
1. Kay Bluhm/
   Torsten Gutsche — GER
2. Gunnar Olsson/
   Karl Sundqvist — SWE
3. Grzegorz Kotowicz/
   Dariusz Bialowski — POL

Vierer-Kajak (1000 m)
1. GER
2. HUN
3. AUS

Einer-Canadier (Wildwasser)
1. Lukas Pollert — TCH
2. Gareth Marriott — GBR
3. Jacky Avril — FRA

Einer-Canadier (500 m)
1. Nikolai Buchalow — BUL
2. Michail Sliwinski — GUS
3. Olaf Heukroth — GER

Einer-Canadier (1000 m)
1. Nikolai Buchalow — BUL
2. Ivans Klemetjevs — LAT
3. György Zala — HUN

Zweier-Canadier (Wildwasser)
1. Scott Strausbaugh/
   Joe Jacobi — USA
2. Miroslav Simek/Jiri Rohan — TCH
3. Franck Adisson/
   Wilfried Forgues — FRA

Zweier-Canadier (500 m)
1. Alexander Masseikow/
   Dimitri Dowgalenok — GUS
2. Ulrich Papke/Ingo Spelly — GER
3. Martin Marinow/
   Blagowest Stojanow — BUL

Zweier-Canadier (1000 m)
1. Ulrich Papke/Ingo Spelly — GER
2. Arne Nielsson/
   Christian Frederiksen — DEN
3. Didier Hoyer/Olivier Boivin — FRA

KUNST- UND TURMSPRINGEN, FRAUEN

Kunst
1. Min Gao — CHN
2. Irina Latschko — GUS
3. Brita Baldus — GER

Turm
1. Mingxia Fu — CHN
2. Jelena Miroschina — GUS
3. Mary Ellen Clark — USA

KUNST- UND TURMSPRINGEN, MÄNNER

Kunst
1. Mark Lenzi — USA
2. Liangde Tan — CHN
3. Dimitri Sautine — GUS

Turm
1. Shuwei Sun — CHN
2. Scott Donie — USA
3. Ni Xiong — CHN

LEICHTATHLETIK, FRAUEN

100 m
1. Gail Devers — USA
2. Juliet Cuthbert — JAM
3. Irina Priwalowa — GUS

200 m
1. Gwen Torrence — USA
2. Juliet Cuthbert — JAM
3. Merlene Ottey — JAM

400 m
1. Marie-Josée Perec — FRA
2. Olga Brysgina — GUS
3. Ximena Restrepo — COL

800 m
1. Ellen van Langen — NED
2. Lilia Nurutdinowa — GUS
3. Ana Fidelia Quirot — CUB

1500 m
1. Hassiba Boulmerka — ALG
2. Ludmilla Rogatschewa — GUS
3. Yungxia Qu — CHN

3000 m
1. Elena Romanowa — GUS
2. Tatjana Dorowskitsch — GUS
3. Angela Chalmers — CAN

10 000 m
1. Derartu Tulu — ETH
2. Elena Meyer — RSA
3. Lynn Jennings — USA

Marathon
1. Valentina Jegorowa — GUS
2. Yoko Arimori — JPN
3. Lorraine Möller — NZL

10 km Gehen
1. Yueling Chen — CHN
2. Jelena Nikolajewa — GUS
3. Chunxiu Li — CHN

4 × 100-m-Staffel
1. USA
2. GUS
3. NGR

4 × 400-m-Staffel
1. GUS
2. USA
3. GBR

100 m Hürden
1. Paraskevi Patoulidou — GRE
2. Lavonna Martin — USA
3. Jordanka Donkowa — BUL

400 m Hürden
1. Sally Gunnell — GBR
2. Sandra Farmer-Patrick — USA
3. Janeene Vickers — USA

Weitsprung
1. Heike Drechsler — GER
2. Inessa Krawets — GUS
3. Jackie Joyner-Kersee — USA

Hochsprung
1. Heike Henkel — GER
2. Galina Astafei — ROM
3. Joanet Quintero — CUB

Kugelstoßen
1. Swetlana Kriwelewa — GUS
2. Zeihong Huang — CHN
3. Kathrin Neimke — GER

Diskuswerfen
1. Maritza Marten — CUB
2. Zwetanka Christowa — BUL
3. Daniela Costian — AUS

Speerwerfen
1. Silke Renk — GER
2. Natalia Schikolenko — GUS
3. Karen Forkel — GER

Siebenkampf
1. Jackie Joyner-Kersee — USA
2. Irina Belowa — GUS
3. Sabine Braun — GER

LEICHTATHLETIK, MÄNNER

100 m
1. Linford Christie — GBR
2. Frank Fredericks — NAM
3. Dennis Mitchell — USA

200 m
1. Mike Marsh — USA
2. Frank Fredericks — NAM
3. Michael Bates — USA

400 m
1. Quincy Watts — USA
2. Steve Lewis — USA
3. Samson Kitur — KEN

800 m
1. William Tanui — KEN
2. Nixon Kiprotich — KEN
3. Johnny Gray — USA

1500 m
1. Fermin Cacho Ruiz — ESP
2. Rachid El-Basir — MAR
3. Mohamed Sulaiman — QAT

5000 m
1. Dieter Baumann — GER
2. Paul Bitok — KEN
3. Fita Bayisi — ETH

10 000 m
1. Khalid Skah — MAR
2. Richard Chelimo — KEN
3. Addis Abebe — ETH

Marathon
1. Young-Cho Hwang — KOR
2. Koichi Morishita — JPN
3. Stephan Freigang — GER

20 km Gehen
1. Daniel Plaza — ESP
2. Guillaume Leblanc — CAN
3. Giovanni de Benedictis — ITA

50 km Gehen
1. Andrej Perlow — GUS
2. Cesar Mercenario — MEX
3. Ronald Weigel — GER

4 × 100-m-Staffel
1. USA
2. NGR
3. CUB

4 × 400-m-Staffel
1. USA
2. CUB
3. GBR

110 m Hürden
1. Mark McKoy — CAN
2. Tony Dees — USA
3. Jack Pierce — USA

400 m Hürden
1. Kevin Young — USA
2. Winthrop Graham — JAM
3. Kriss Akabusi — GBR

3000 m Hindernis
1. Mathew Birir — KEN
2. Patrick Sang — KEN
3. William Mutwol — KEN

Weitsprung
1. Carl Lewis — USA
2. Mike Powell — USA
3. Joe Greene — USA

Hochsprung
1. Javier Sotomayor — CUB
2. Patrik Sjöberg — SWE
3. Artur Partyka — POL
   Timothy Forsythe — USA
   Hollis Conway — USA

Stabhochsprung
1. Maxim Tarassow — GUS
2. Igor Tradenkow — GUS
3. Javier Garcia — ESP

Dreisprung
1. Mike Conley — USA
2. Charles Simpkins — USA
3. Frank Rutherford — BAH

Kugelstoßen
1. Michael Stulce — USA
2. James Doehring — USA
3. Wjatscheslaw Lykho — GUS

Diskuswerfen
1. Romas Ubartas — LTU
2. Jürgen Schult — GER
3. Roberto Moya — CUB

Speerwerfen
1. Jan Selezny — TCH
2. Seppo Räty — FIN
3. Steve Backley — GBR

Hammerwerfen
1. Andrej Abduwaljew — GUS
2. Igor Astapkowitsch — GUS
3. Igor Nikulin — GUS

Zehnkampf
1. Robert Zmelik — TCH
2. Antonio Penalver — ESP
3. Dave Johnson — USA

MODERNER FÜNFKAMPF

Einzel
1. Arkadiusz Skrzypaszek — POL
2. Attila Mizser — HUN
3. Eduard Zenowka — GUS

Mannschaft
1. POL
2. GUS
3. ITA

RADSPORT, FRAUEN

Einer-Straßenrennen
1. Kathryn Watt — AUS
2. Jeannie Longo — FRA
3. Monique Knol — NED

Sprint
1. Erika Salumae — EST
2. Annett Neumann — GER
3. Ingrid Haringa — NED

3000 m Einzelverfolgung
1. Petra Roßner — GER
2. Kathryn Watt — AUS
3. Rebecca Twigg — USA

RADSPORT, MÄNNER

Einer-Straßenrennen
1. Fabio Casartelli — ITA
2. Erik Dekker — NED
3. Dainis Ozols — LAT

Sprint
1. Jens Fiedler — GER
2. Garry Neiwand — AUS
3. Curtis Harnett — CAN

Punktefahren (50 km)
1. Giovanni Lombardi — ITA
2. Leo van Bon — NED
3. Cedric Mathy — BEL

100 km Mannschaftsfahren
1. GER
2. ITA
3. FRA

1000 m Zeitfahren
1. Jose Manuel Moreno — ESP
2. Shane Kelly — AUS
3. Erin Hartwell — USA

4000 m Einzelverfolgung
1. Christopher Boardman — GBR
2. Jens Lehmann — GER
3. Gary Anderson — NZL

4000 m Mannschaftsverfolgung
1. GER
2. AUS
3. DEN

REITEN

Dressur, Einzel
1. Nicole Uphoff — GER
2. Isabell Werth — GER
3. Klaus Balkenhol — GER

Dressur, Mannschaft
1. GER
2. NED
3. USA

Springen, Einzel
1. Ludger Beerbaum — GER
2. Piet Raymakers — NED
3. Norman Dello Joio — USA

Springen, Mannschaft
1. NED
2. AUT
3. FRA

Military, Einzel
1. Matthew Ryan — AUS
2. Herbert Blöcker — GER
3. Blyth Tait — NZL

Military, Mannschaft
1. AUS
2. NZL
3. GER

RINGEN, FREISTIL

Papiergewicht (bis 48 kg)
1. Il Kim — PRK
2. Yong-Shin Kim — KOR
3. Wugar Orudijew — GUS

Fliegengewicht (bis 52 kg)
1. Hak-Son Li — PRK
2. Larry Jones — USA
3. Walentin Jordanow — BUL

Bantamgewicht (bis 57 kg)
1. Alejandro Puerto — CUB
2. Sergej Smal — GUS
3. Yong-Sik Kim — PRK

Federgewicht (bis 62 kg)
1. John Smith — USA
2. Asgari Mohammedian — IRI
3. Lazaro Reinoso — CUB

Leichtgewicht (bis 68kg)
1. Arsen Fadzajew — GUS
2. Walentin Getzow — GUS
3. Kosei Akaishi — JPN

Weltergewicht (bis 74 kg)
1. Yang-Soon Park — KOR
2. Kenneth Monday — USA
3. Amir Khadem Azghadi — IRI

Mittelgewicht (bis 82 kg)
1. Kevin Jackson — USA
2. Elemadi Dschabrailow — GUS
3. Rasul Khadem — IRI

Halbschwergewicht (bis 90 kg)
1. Macharbek Chardarzew — GUS
2. Kenan Simsek — TUR
3. Christopher Campbell — USA

Schwergewicht (bis 100 kg)
1. Leri Chabelow — GUS
2. Heiko Balz — GER
3. Ali Kayali — TUR

Superschwergewicht (bis 130 kg)
1. Bruce Baumgartner — USA
2. Jeffrey Thue — CAN
3. David Gobedjitschwili — GUS

RINGEN, GRIECHISCH-RÖMISCH

Papiergewicht (bis 48 kg)
1. Oleg Kutscherenko — GUS
2. Vincenzo Maenza — ITA
3. Wilber Sanchez — CUB

Fliegengewicht (bis 52 kg)
1. Jon Rönningen — NOR
2. Alfred Ter-Mkrtytschan — GUS
3. Kap Min Kyung — KOR

Bantamgewicht (bis 57 kg)
1. Han-Bong An — KOR
2. Rifat Yildiz — GER
3. Zetian Sheng — CHN

Federgewicht (bis 62 kg)
1. Akif Pirim — TUR
2. Sergej Martinow — GUS
3. Juan Maren — CUB

Leichtgewicht (bis 68 kg)
1. Attila Repka — HUN
2. Islam Dugutschijew — GUS
3. Rodney Smith — USA

Weltergewicht (bis 74 kg)
1. Minazakan Iskandarian — GUS
2. Jozef Tracz — HUN
3. Torbjörn Kornbakk — SWE

Mittelgewicht (bis 82 kg)
1. Peter Farkas — HUN
2. Piotr Stepien — POL
3. Daulet Turlichanow — GUS

Halbschwergewicht (bis 90 kg)
1. Maik Bullmann — GER
2. Hakki Basar — TUR
3. Gogui Koguaschwili — GUS

Schwergewicht (bis 100 kg)
1. Hector Milian — CUB
2. Dennis Koslowski — USA
3. Sergej Demiaschkiewitsch — GUS

Superschwergewicht (über 100 kg)
1. Alexander Karelin — GUS
2. Thomas Johansson — SWE
3. Ioan Grigoras — ROM

RUDERN, FRAUEN

Einer
1. Elisabeta Lipa — ROM
2. Annelies Bredael — BEL
3. Silken Suzette Laumann — CAN

Zweier ohne Steuerfrau
1. Marnie McBean/
   Kathleen Heddle — CAN
2. Stefanie Werremeier/
   Ingeborg Schwerzmann — GER
3. Anna Seaton/
   Stephanie Pierson — USA

Doppelzweier
1. Kerstin Köppen/
   Kathrin Boron — GER
2. Veronica Cochelea/
   Elisabeta Lipa — ROM
3. Xiaoli Gu/Huali Lu — CHN

Vierer ohne Steuerfrau
1. CAN
2. USA
3. GER

Doppelvierer
1. GER
2. ROM
3. GUS

Achter
1. CAN
2. ROM
3. GER

RUDERN, MÄNNER

Einer
1. Thomas Lange — GER
2. Vaclav Chalupa — TCH
3. Kajetan Broniewski — POL

Zweier ohne Steuermann
1. Steven Redgrave/
   Matthew Pinsent — GBR
2. Peter Hoeltzenbein/
   Colin von Ettinghausen — GER
3. Iztok Cop/Denis Zvegelj — SLO

Zweier mit Steuermann
1. Jonathan Searle, Greg Searle,
   Garry Herbert — GBR
2. Carmine Abbagnale,
   Giuseppe Abbagnale,
   Giuseppe di Capua — ITA
3. Dimitri Popescu, Nicolae Taga,
   Dumitru Raducanu — ROM

Doppelzweier
1. Stephen Hawkins/
   Peter Antonie — USA
2. Arnold Jonke/
   Christoph Zerbst — AUT
3. Henk-Jan Zwolle/
   Nico Rienks — NED

Vierer ohne Steuermann
1. AUS
2. USA
   SLO
3. GER

Vierer mit Steuermann
1. ROM
2. GER
3. POL

Doppelvierer
1. GER
2. NOR
3. ITA

Achter
1. CAN
2. ROM
3. GER

SCHIESSEN, FRAUEN

Luftgewehr
1. Kab-Soon Yeo — KOR
2. Wessela Letschewa — BUL
3. Aranka Binder — IOP

Luftpistole
1. Marina Logwinenko — GUS
2. Jasna Sekaric — IOP
3. Maria Grusdewa — BUL

Sportpistole
1. Marina Logwinenko — GUS
2. Duihong Li — CHN
3. Dorza Munkhbayar — MGL

Kleinkalibergewehr
1. Launi Meili — USA
2. Nanka Matova — BUL
3. Malgorzata Ksiazkiewicz — POL

SCHIESSEN, MÄNNER

Luftgewehr
1. Juri Fedkine — GUS
2. Franck Badiou — FRA
3. Johann Riederer — GER

Luftpistole
1. Yifu Wang — CHN
2. Sergej Pyjianow — GUS
3. Sorin Babii — ROM

Freie Pistole
1. Konstantin Loukatschik — GUS
2. Yifu Wang — CHN
3. Ragnar Skanaker — SWE

Schnellfeuerpistole
1. Ralf Schumann — GER
2. Afanasis Kusmins — LAT
3. Wladimir Wochmianin — GUS

Kleinkaliber liegend
1. Eun-Chul Lee — KR
2. Harald Stenvaag — NOR
3. Stefan Pletikosic — IOP

Kleinkaliber Dreistellungskampf
1. Gratschia Petikian — GUS
2. Robert Foth — USA
3. Ryohei Koba — JPN

Laufende Scheibe
1. Michael Jakosits — GER
2. Anatoli Asrabajew — GUS
3. Lubos Racansky — TCH

Skeet, Männer/Frauen
1. Shan Zhang — CHN
2. Juan Jorge Giha Yahur — PER
3. Bruno Mario Rossetti — ITA

Trap, Männer/Frauen
1. Petr Hrdlicka — TCH
2. Kazumi Watanabe — JPN
3. Marco Venturini — ITA

SCHWIMMEN, FRAUEN

50 m Freistil
1. Wenyi Yang — CHN
2. Yong Zhuang — CHN
3. Angel Martino — USA

100 m Freistil
1. Yong Zhuang — CHN
2. Jennifer Thompson — USA
3. Franziska van Almsick — GER

200 m Freistil
1. Nicole Haislett — USA
2. Franziska van Almsick — GER
3. Kerstin Kielgaß — GER

400 m Freistil
1. Dagmar Hase — GER
2. Janet Evans — USA
3. Hayley Lewis — AUS

800 m Freistil
1. Janet Evans — USA
2. Hayley Lewis — AUS
3. Jana Henke — GER

100 m Rücken
1. Krisztina Egerszegi — HUN
2. Tunde Szabo — HUN
3. Lea Loveless — USA

200 m Rücken
1. Krisztina Egerszegi — HUN
2. Dagmar Hase — GER
3. Nicole Stevenson — AUS

100 m Brust
1. Jelena Rudkowskaja — GUS
2. Anita Nall — USA
3. Samantha Riley — AUS

200 m Brust
1. Kyoko Iwasaki — JPN
2. Li Lin — CHN
3. Anita Nall — USA

100 m Delphin
1. Hong Qian — CHN
2. Christine Ahmann-Leighton — USA
3. Catherine Plewinski — FRA

200 m Delphin
1. Summer Sanders — USA
2. Xiaohong Wang — CHN
3. Susan O'Neill — AUS

200 m Lagen
1. Li Lin — CHN
2. Summer Sanders — USA
3. Daniela Hunger — GER

400 m Lagen
1. Krisztina Egerszegi — HUN
2. Li Lin — CHN
3. Summer Sanders — USA

4 × 100 m Freistil
1. USA
2. CHN
3. GER

4 × 100 m Lagen
1. USA
2. GER
3. GUS

Synchronschwimmen, Solo
1. Kristen Babb-Sprague — USA
2. Sylvie Frechette — CAN
3. Fumiko Okuno — JPN

Synchronschwimmen, Duett
1. Karen Josephson/ Sarah Josephson — CAN
2. Penny Vilagos/ Vicky Vilagos — CAN
3. Fumiko Okuno/ Aki Takayama — JPN

SCHWIMMEN, MÄNNER

50 m Freistil
1. Alexander Popow — GUS
2. Matt Biondi — USA
3. Tom Jager — USA

100 m Freistil
1. Alexander Popow — GUS
2. Gustavo Borges — BRA
3. Stephan Caron — FRA

200 m Freistil
1. Jewgeni Sadowyi — GUS
2. Anders Holmertz — SWE
3. Antti Kasvio — FIN

400 m Freistil
1. Jewgeni Sadowyi — GUS
2. Kieren Perkins — AUS
3. Anders Holmertz — SWE

1500 m Freistil
1. Kieren Perkins — AUS
2. Glen Housman — AUS
3. Jörg Hoffmann — GER

100 m Rücken
1. Mark Tewksbury — CAN
2. Jeff Rouse — USA
3. David Berkoff — USA

200 m Rücken
1. Martin Lopez-Zubero — ESP
2. Wladimir Selkow — GUS
3. Stefano Battistelli — ITA

100 m Brust
1. Nelson Diebel — USA
2. Norbert Rozsa — HUN
3. Philip John Rogers — AUS

200 m Brust
1. Mike Barrowman — USA
2. Norbert Rozsa — HUN
3. Nick Gillingham — GBR

100 m Delphin
1. Pablo Morales — USA
2. Rafal Szukala — POL
3. Anthony Nesty — SUR

200 m Delphin
1. Melvin Stewart — USA
2. Danyon Loader — NZL
3. Franck Esposito — FRA

200 m Lagen
1. Tamas Darnyi — HUN
2. Greg Burgess — USA
3. Attila Czene — HUN

400 m Lagen
1. Tamas Darnyi — HUN
2. Eric Namesnik — USA
3. Luca Sacchi — ITA

4 × 100 m Freistil
1. USA
2. GUS
3. GER

4 × 200 m Freistil
1. GUS
2. SWE
3. USA

4 × 100 m Lagen
1. USA
2. GUS
3. CAN

SEGELN, FRAUEN

Europe
1. Linda Andersen — NOR
2. Natalia via Dufresne — ESP
3. Julia Trotman — USA

470er
1. Teresa Zabell/ Patricia Guerra — ESP
2. Leslie Egnot/ Janet Shearer — NZL
3. Jennifer Isler/ Pamela Healey — USA

Lechner A-390
1. Barbara Kendall — NZL
2. Xiaodong Zhang — CHN
3. Dorien de Vries — NED

SEGELN, MÄNNER

Finn-Dinghy
1. Jose van der Ploeg — ESP
2. Brian Ledbetter — USA
3. Craig Monk — NZL

Flying Dutchman
1. Luis Doreste/ Domingo Manrique — ESP
2. Paul Foerster/ Stephen Bourdow — USA
3. Jorgen Bojsen/ Jens Bojsen — DEN

470er
1. Jordi Calafat/ Francisco Sanchez Luna — ESP
2. Morgan Reeser/ Kevin Burnham — USA
3. Tonu Toniste/ Toomas Toniste — EST

Soling
1. DEN
2. USA
3. GBR

Starboot
1. Marc Reynolds/ Hal Haenel — USA
2. Roderick Davis/ Donald Cowie — NZL
3. Ross McDonald/ Eric Jespersen — CAN

Tornado
1. Yves Loday/ Nicolas Henard — FRA
2. Randy Smyth/ Keith Notary — USA
3. Mitch Booth/John Forbes — AUS

Lechner A-390
1. Franck David — FRA
2. Mike Gebhardt — USA
3. Lars Kleppich — AUS

TENNIS, FRAUEN

Einzel
1. Jennifer Capriati — USA
2. Steffi Graf — GER
3. Aràntxa Sanchez-Vicario — ESP
   Mary Joe Fernandez — USA

Doppel
1. Mary Joe Fernandez/ Gigi Fernandez — USA
2. Aràntxa Sanchez-Vicario/ Conchita Martinez — ESP
3. Leila Meschki/ Natalia Zwerewa — GUS
   Rachel McQuillan/ Nicole Provis — AUS

TENNIS, MÄNNER

Einzel
1. Marc Rosset — SUI
2. Jordí Arrese — ESP
3. Goran Ivanisevic — CRO
   Andrej Tscherkassow — GUS

Doppel
1. Boris Becker/Michael Stich — GER
2. Wayne Ferreira/Piet Norval — RSA
3. Javier Frana/ Christian Minuissi — ARG
   Goran Ivanisevic/ Goran Prpic — CRO

TISCHTENNIS, FRAUEN

Einzel
1. Deng Yaping — CHN
2. Qiao Hong — CHN
3. Hyun-Jung Hwa — KOR
   Li-Bun Hui — PRK

Doppel
1. Deng Yaping/Qiao Hong — CHN
2. Chen Zihe/Gao Jun — CHN
3. Li-Bun Hui/Yu-Sun Bok — PRK
   Hyun-Jung Hwa/ Hong-Cha Ok — KOR

TISCHTENNIS, MÄNNER

Einzel
1. Jan-Ove Waldner   SWE
2. Jean-Philippe Gatien   FRA
3. Kim Taek Soo   KOR
   Ma Wenge   CHN

Doppel
1. Lu Lin/Wang Tao   CHN
2. Jörg Roßkopf/
   Steffen Fetzner   GER
3. Yoo-Nam Kyu/
   Kim-Taek Boo   KOR
   Kang-Hee Chan/
   Lee-Chul Seung   KOR

TURNEN, FRAUEN

Boden
1. Lavinia Milosovici   ROM
2. Henrietta Onodi   HUN
3. Shannon Miller   USA
   Christina Bontas   ROM
   Tatjana Gutsu   GUS

Pferdsprung
1. Henrietta Onodi   HUN
2. Lavinia Milosovici   ROM
3. Tatjana Lyssenko   GUS

Schwebebalken
1. Tatjana Lyssenko   GUS
2. Li Lu   CHN
3. Shannon Miller   USA

Stufenbarren
1. Li Lu   CHN
2. Tatjana Gustu   GUS
3. Shannon Miller   USA

Mehrkampf
1. Tatjana Gustu   GUS
2. Shannon Miller   USA
3. Lavinia Milosovici   ROM

Mannschaft
1. GUS
2. ROM
3. USA

Rhythmische Sportgymnastik
1. Alexandra Timoschenko   GUS
2. Carolina Pascual   ESP
3. Oksana Skaldina   GUS

TURNEN, MÄNNER

Barren
1. Witali Scherbo   GUS
2. Jing Li   CHN
3. Igor Korobtschinski   GUS
   Linyao Guo   CHN
   Masayuki Matsunaga   JPN

Boden
1. Li Xiaoshuang   CHN
2. Grigori Misjutin   GUS
   Yukio Iketani   JPN

Pferdsprung
1. Witali Scherbo   GUS
2. Grigori Misjutin   GUS
3. You-Ok Youl   KOR

Reck
1. Trent Dimas   USA
2. Andreas Wecker   GER
3. Grigori Misjutin   GUS

Ringe
1. Witali Scherbo   GUS
2. Jing Li   CHN
3. Li Xiaoshuang   CHN
   Andreas Wecker   GER

Seitpferd
1. Witali Scherbo   GUS
2. Gil-Su Pae   PRK
3. Andreas Wecker   GER

Mehrkampf
1. Witali Scherbo   GUS
2. Grigori Misjutin   GUS
3. Waleri Belenki   GUS

Mannschaft
1. GUS
2. CHN
3. JPN

VOLLEYBALL, FRAUEN
1. CUB
2. GUS
3. USA

VOLLEYBALL, MÄNNER
1. BRA
2. NED
3. USA

WASSERBALL
1. ITA
2. ESP
3. GUS

Auf Wiedersehen in Atlanta 1996 – zu den XXVI. Olympischen Sommerspielen!

Medaillenspiegel

	Gold	Silber	Bronze
GUS	45	38	29
USA	37	34	37
Deutschland	33	21	28
China	16	22	16
Kuba	14	6	11
Spanien	13	7	2
Südkorea	12	5	12
Ungarn	11	12	7
Frankreich	8	6	16
Australien	7	9	11
Italien	6	5	8
Kanada	6	5	8
Großbritannien	5	3	12
Rumänien	4	6	8
ČSFR	4	2	1
Nordkorea	4	–	5
Japan	3	8	11
Bulgarien	3	7	6
Polen	3	6	10
Niederlande	2	6	7
Kenia	2	4	2
Norwegen	2	4	1
Türkei	2	2	2
Indonesien	2	2	1
Brasilien	2	1	–
Griechenland	2	–	–
Schweden	1	7	4
Neuseeland	1	4	5
Finnland	1	2	2
Dänemark	1	1	4
Marokko	1	1	1
Irland	1	1	–
Äthiopien	1	–	2
Algerien	1	–	1
Estland	1	–	1
Litauen	1	–	1
Schweiz	1	–	–
Jamaika	–	3	1
Nigeria	–	3	1
Lettland	–	2	1
Namibia	–	2	–
Österreich	–	2	–
Südafrika	–	2	–
Belgien	–	1	2
IOP (Serbien/Montenegro)	–	1	2
Iran	–	1	2
Kroatien	–	1	2
Israel	–	1	1
Mexiko	–	1	–
Peru	–	1	–
Taiwan	–	1	–
Mongolei	–	–	2
Slowenien	–	–	2
Argentinien	–	–	1
Bahamas	–	–	1
Ghana	–	–	1
Katar	–	–	1
Kolumbien	–	–	1
Malaysia	–	–	1
Pakistan	–	–	1
Philippinen	–	–	1
Puerto Rico	–	–	1
Surinam	–	–	1
Thailand	–	–	1

Die Olympiasieger 1896–1988 Sommerspiele

Baron Pierre de Coubertin

LEICHTATHLETIK MÄNNER

100 Meter

1896	12,0	Sek.	**Burke** USA
1900	11,0	Sek.	**Jarvis** USA
1904	11,0	Sek.	**Hahn** USA
1908	10,8	Sek.	**Walker** Südafrika
1912	10,8	Sek.	**Craig** USA
1920	10,8	Sek.	**Paddock** USA
1924	10,6	Sek.	**Abrahams** Großbritannien
1928	10,8	Sek.	**Williams** Kanada
1932	10,3	Sek.	**Tolan** USA
1936	10,3	Sek.	**Owens** USA
1948	10,3	Sek.	**Dillard** USA
1952	10,4	Sek.	**Remigino** USA
1956	10,5	Sek.	**Morrow** USA
1960	10,2	Sek.	**Hary** Deutschland ✓
1964	10,0	Sek.	**Hayes** USA
1968	9,9	Sek.	**Hines** USA
1972	10,14	Sek.	**Borsow** UdSSR
1976	10,06	Sek.	**Crawford** Trinidad u. Tobago
1980	10,25	Sek.	**Wells** Großbritannien
1984	9,99	Sek.	**Lewis** USA
1988	9,92	Sek.	**Lewis** USA

200 Meter

1900	22,2	Sek.	**Tewksbury** USA
1904	21,6	Sek.	**Hahn** USA
1908	22,6	Sek.	**Kerr** Kanada
1912	21,7	Sek.	**Craig** USA
1920	22,0	Sek.	**Woodring** USA
1924	21,6	Sek.	**Scholz** USA
1928	21,8	Sek.	**Williams** Kanada
1932	21,2	Sek.	**Tolan** USA
1936	20,7	Sek.	**Owens** USA
1948	21,1	Sek.	**Patton** USA
1952	20,7	Sek.	**Stanfield** USA
1956	20,6	Sek.	**Morrow** USA
1960	20,5	Sek.	**Berruti** Italien
1964	20,3	Sek.	**Carr** USA

1968	19,8	Sek.	**T. Smith** USA
1972	20,0	Sek.	**Borsow** UdSSR
1976	20,23	Sek.	**Quarrie** Jamaika
1980	20,19	Sek.	**Mennea** Italien
1984	19,80	Sek.	**Lewis** USA
1988	19,75	Sek.	**De Loach** USA

Oben: Jesse Owens (1913–1980), der schwarze Topstar der Olympischen Spiele 1936 in Berlin, gewann viermal Gold (über 100 und 200 m, in der 4×100-m-Staffel und im Weitsprung).

Rechts: Finnlands Wunderläufer Paavo Nurmi (1897–1973) holte zwischen 1920 und 1928 neun Gold- und drei Silbermedaillen – meist mit der Stoppuhr in der Hand.

400 Meter

1896	54,2	Sek.	**Burke** USA
1900	49,4	Sek.	**Long** USA
1904	49,2	Sek.	**Hillman** USA
1908	50,0	Sek.	**Halswelle** Großbritannien
1912	48,2	Sek.	**Reidpath** USA
1920	49,6	Sek.	**Rudd** Südafrika
1924	47,6	Sek.	**Liddell** Großbritannien
1928	47,8	Sek.	**Barbuti** USA
1932	46,2	Sek.	**Carr** USA
1936	46,5	Sek.	**Williams** USA
1948	46,2	Sek.	**Wint** Jamaika
1952	45,9	Sek.	**Rhoden** Jamaika
1956	46,7	Sek.	**Jenkins** USA
1960	44,9	Sek.	**O. Davis** USA
1964	45,1	Sek.	**Larrabee** USA
1968	43,8	Sek.	**Evans** USA
1972	44,66	Sek.	**Matthews** USA
1976	44,26	Sek.	**Juantorena** Kuba
1980	44,60	Sek.	**Markin** UdSSR
1984	44,27	Sek.	**Babers** USA
1988	43,87	Sek.	**St. Lewis** USA

Oben: Dem unvergessenen deutschen Sprinter Armin Hary gelang es 1960 in Rom, die Amerikaner im 100-m-Lauf zu schlagen.

Rechts: Barfuß in den Sommer und auf den Olymp: Abebe Bikila (1932–1973) aus Äthiopien siegte 1960 in Rom als erster Schwarzafrikaner im Marathonlauf und wiederholte diesen Triumph (diesmal mit Schuhen) 1964 in Tokio.

Rechts: Emil Zatopek, unsterblich geworden als »tschechische Lokomotive«, dampfte der olympischen Konkurrenz auf den Langstrecken 1948 und 1952 unaufhaltsam davon.

Oben: Deutschlands »Goldstaffel«, die 1960 in Rom über 100 m die Nase vorn hatte. Von links: Bernd Cullmann, Armin Hary, Walter Mahlendorf, Martin Lauer.

800 Meter

1896	2:11,0	Min.	**Flack** Australien
1900	2:01,4	Min.	**Tysoe** Großbritannien
1904	1:56,0	Min.	**Lightbody** USA
1908	1:52,8	Min.	**Sheppard** USA
1912	1:51,9	Min.	**Meredith** USA
1920	1:53,4	Min.	**Hill** Großbritannien
1924	1:52,4	Min.	**Lowe** Großbritannien
1928	1:51,8	Min.	**Lowe** Großbritannien
1932	1:48,8	Min.	**Hampson** Großbritannien
1936	1:52,9	Min.	**Woodruff** USA
1948	1:49,2	Min.	**Whitfield** USA
1952	1:49,2	Min.	**Whitfield** USA
1956	1:47,7	Min.	**Courtney** USA
1960	1:46,3	Min.	**Snell** Neuseeland
1964	1:45,1	Min.	**Snell** Neuseeland
1968	1:44,3	Min.	**Doubell** Australien
1972	1:45,9	Min.	**Wottle** USA
1976	1:43,5	Min.	**Juantorena** Kuba
1980	1:45,4	Min.	**Ovett** Großbritannien
1984	1:43,0	Min.	**Cruz** Brasilien
1988	1:43,4	Min.	**Ereng** Kenia

1500 Meter

1896	4:33,2	Min.	**Flack** Australien
1900	4:06,2	Min.	**Bennett** Großbritannien
1904	4:05,4	Min.	**Lightbody** USA
1908	4:03,4	Min.	**Sheppard** USA
1912	3:56,8	Min.	**Jackson** Großbritannien
1920	4:01,8	Min.	**Hill** Großbritannien
1924	3:53,6	Min.	**Nurmi** Finnland
1928	3:53,2	Min.	**Larva** Finnland
1932	3:51,2	Min.	**Beccali** Italien
1936	3:47,8	Min.	**Lovelock** Neuseeland
1948	3:49,8	Min.	**Eriksson** Schweden
1952	3:45,2	Min.	**Barthel** Luxemburg
1956	3:41,2	Min.	**Delany** Irland
1960	3:35,6	Min.	**Elliott** Australien
1964	3:38,1	Min.	**Snell** Neuseeland
1968	3:34,9	Min.	**Keino** Kenia
1972	3:36,3	Min.	**Vasala** Finnland
1976	3:39,17	Min.	**Walker** Neuseeland
1980	3:38,4	Min.	**Coe** Großbritannien
1984	3:32,53	Min.	**Coe** Großbritannien
1988	3:35,96	Min.	**Rono** Kenia

5000 Meter

1912	14:36,6	Min.	**Kolehmainen** Finnland
1920	14:55,6	Min.	**Guillemot** Frankreich
1924	14:31,2	Min.	**Nurmi** Finnland
1928	14:38,0	Min.	**Ritola** Finnland
1932	14:30,0	Min.	**Lehtinen** Finnland
1936	14:22,2	Min.	**Höckert** Finnland
1948	14:17,6	Min.	**Reiff** Belgien
1952	14:06,6	Min.	**Zatopek** Tschechoslowakei
1956	13:39,6	Min.	**Kuz** UdSSR
1960	13:43,4	Min.	**Halberg** Neuseeland
1964	13:48,8	Min.	**Schul** USA
1968	14:05,0	Min.	**Gammoudi** Tunesien
1972	13:26,4	Min.	**Viren** Finnland
1976	13:24,76	Min.	**Viren** Finnland
1980	13:21,0	Min.	**Yifter** Äthiopien
1984	13:05,59	Min.	**Aouita** Marokko
1988	13:11,7	Min.	**Ngugi** Kenia

10 000 Meter

1912	31:20,8	Min.	**Kolehmainen** Finnland
1920	31:45,8	Min.	**Nurmi** Finnland
1924	30:23,2	Min.	**Ritola** Finnland
1928	30:18,8	Min.	**Nurmi** Finnland
1932	30:11,4	Min.	**Kusocinski** Polen
1936	30:15,4	Min.	**Salminen** Finnland
1948	29:59,6	Min.	**Zatopek** Tschechoslowakei
1952	29:17,0	Min.	**Zatopek** Tschechoslowakei
1956	28:45,6	Min.	**Kuz** UdSSR
1960	28:32,2	Min.	**Bolotnikow** UdSSR
1964	28:24,4	Min.	**Mills** USA
1968	29:27,4	Min.	**Temu** Kenia
1972	27:38,4	Min.	**Viren** Finnland
1976	27:40,38	Min.	**Viren** Finnland
1980	27:42,7	Min.	**Yifter** Äthiopien
1984	27:47,54	Min.	**Cova** Italien
1988	27:21,46	Min.	**Boutayeb** Marokko

Marathonlauf

1896	2:58:50,0	Std.	**Louis** Griechenland
1900	2:59:45,0	Std.	**Theato** Frankreich
1904	3:28:53,0	Std.	**Hicks** USA
1908	2:55:18,4	Std.	**Hayes** USA
1912	2:36:54,8	Std.	**McArthur** Südafrika
1920	2:32:35,8	Std.	**Kolehmainen** Finnland
1924	2:41:22,6	Std.	**Stenroos** Finnland
1928	2:32:57,0	Std.	**El Quafi** Frankreich
1932	2:31:36,0	Std.	**Zabala** Argentinien
1936	2:29:19,2	Std.	**Son** Japan
1948	2:34:51,6	Std.	**Cabrera** Argentinien
1952	2:23:03,2	Std.	**Zatopek** Tschechoslowakei
1956	2:25:00,0	Std.	**Mimoun** Frankreich
1960	2:15:16,2	Std.	**Bikila** Äthiopien
1964	2:12:11,2	Std.	**Bikila** Äthiopien
1968	2:20:26,4	Std.	**Wolde** Äthiopien
1972	2:12:19,8	Std.	**Shorter** USA
1976	2:09:55,0	Std.	**Cierpinski** DDR
1980	2:11:03,0	Std.	**Cierpinski** DDR
1984	2:09:22,0	Std.	**Lopes** Portugal
1988	2:10:31,6	Std.	**Bordin** Italien

4 × 100-m-Staffel

1912	42,4	Sek.	Großbritannien
1920	42,2	Sek.	USA
1924	41,0	Sek.	USA
1928	41,0	Sek.	USA
1932	40,0	Sek.	USA
1936	39,8	Sek.	USA
1948	40,6	Sek.	USA
1952	40,1	Sek.	USA
1956	39,5	Sek.	USA
1960	39,5	Sek.	Deutschland ✓
1964	39,0	Sek.	USA
1968	38,2	Sek.	USA
1972	38,19	Sek.	USA
1976	38,33	Sek.	USA
1980	38,26	Sek.	UdSSR
1984	37,83	Sek.	USA
1988	38,19	Sek.	UdSSR

4 × 400-m-Staffel

1912	3:16,6	Min.	USA
1920	3:22,2	Min.	Großbritannien
1924	3:16,0	Min.	USA
1928	3:14,2	Min.	USA
1932	3:08,2	Min.	USA
1936	3:09,0	Min.	Großbritannien
1948	3:10,4	Min.	USA

1952	3:03,9	Min.	Jamaika
1956	3:04,7	Min.	USA
1960	3:02,2	Min.	USA
1964	3:00,7	Min.	USA
1968	2:56,1	Min.	USA
1972	2:59,8	Min.	Kenia
1976	2:58,7	Min.	USA
1980	3:01,1	Min.	UdSSR
1984	2:57,91	Min.	USA
1988	2:56,16	Min.	USA

110 m Hürden

1896	17,6	Sek.	Curtis USA – 100 m
1900	15,4	Sek.	Kraenzlein USA
1904	16,0	Sek.	Schule USA
1908	15,0	Sek.	Smithson USA
1912	15,1	Sek.	Kelly USA
1920	14,8	Sek.	Thomson Kanada
1924	15,0	Sek.	Kinsey USA
1928	14,8	Sek.	Atkinson Südafrika
1932	14,6	Sek.	Saling USA
1936	14,2	Sek.	Towns USA
1948	13,9	Sek.	Porter USA
1952	13,7	Sek.	Dillard USA
1956	13,5	Sek.	Calhoun USA
1960	13,8	Sek.	Calhoun USA
1964	13,6	Sek.	Jones USA
1968	13,3	Sek.	Davenport USA
1972	13,24	Sek.	Milburn USA
1976	13,30	Sek.	Drut Frankreich
1980	13,39	Sek.	Munkelt DDR
1984	13,21	Sek.	Kingdom USA
1988	12,98	Sek.	Kingdom USA

400 m Hürden

1900	57,6	Sek.	Tewksbury USA
1904	53,0	Sek.	Hillman USA
1908	55,0	Sek.	Bacon USA
1920	54,0	Sek.	Loomis USA
1924	52,6	Sek.	Taylor USA
1928	53,4	Sek.	Burghley Großbritannien
1932	51,7	Sek.	Tisdall Irland
1936	52,4	Sek.	Hardin USA
1948	51,1	Sek.	Cochran USA
1952	50,8	Sek.	Moore USA
1956	50,1	Sek.	G. Davis USA
1960	49,3	Sek.	G. Davis USA
1964	49,6	Sek.	Cawley USA
1968	48,1	Sek.	Hemery Großbritannien
1972	47,82	Sek.	Akii-Bua Uganda
1976	47,64	Sek.	Moses USA
1980	48,7	Sek.	Beck DDR
1984	47,75	Sek.	Moses USA
1988	47,19	Sek.	Phillips USA

3000-m-Hindernislauf

1900	7:34,4	Min.	Orton USA – 2500 m
1904	7:39,6	Min.	Lightbody USA – 2500 m
1908	10:47,8	Min.	Russel Großbritannien 3200 m
1920	10:00,4	Min.	Hodge Großbritannien
1924	9:33,6	Min.	Ritola Finnland

1928	9:21,8	Min.	Loukola Finnland
1932	10:33,4	Min.	Iso-Hollo Finnland 3460 m
1936	9:03,8	Min.	Iso-Hollo Finnland
1948	9:04,6	Min.	Sjöstrand Schweden
1952	8:45,4	Min.	Ashenfelter USA
1956	8:41,2	Min.	Brasher Großbritannien
1960	8:34,2	Min.	Krzyszkowiak Polen
1964	8:30,8	Min.	Roelants Belgien
1968	8:51,0	Min.	Biwott Kenia
1972	8:23,6	Min.	Keino Kenia
1976	8:08,02	Min.	Gärderud Schweden
1980	8:09,7	Min.	Malinowski Polen
1984	8:11,8	Min.	Korir Kenia
1988	8:05,51	Min.	Kariuki Kenia

20 km Gehen

1956	1:31:27,4	Std.	Spirin UdSSR
1960	1:34:07,2	Std.	Golubnitschi UdSSR
1964	1:29:34,0	Std.	Matthews Großbritannien
1968	1:33:58,4	Std.	Golubnitschi UdSSR
1972	1:26:42,4	Std.	Frenkel DDR
1976	1:24:40,6	Std.	Bautista Mexiko
1980	1:23:35,0	Std.	Damilano Italien
1984	1:23:13,0	Std.	Canto Mexiko
1988	1:19:37,0	Std.	Pribilinec Tschechoslowakei

50 km Gehen

1932	4:50:10,0	Std.	Green Großbritannien
1936	4:30:41,4	Std.	Whitlock Großbritannien
1948	4:41:52,0	Std.	Ljunggren Schweden
1952	4:28:07,8	Std.	Dordoni Italien
1956	4:30:42,8	Std.	Read Neuseeland
1960	4:25:30,0	Std.	Thompson Großbritannien
1964	4:11:12,4	Std.	Pamich Italien
1968	4:20:13,6	Std.	Höhne DDR
1972	3:56:11,6	Std.	Kannenberg Deutschland
1980	3:49:24,0	Std.	Gauder DDR
1984	3:47:26,0	Std.	Gonzalez Mexiko
1988	3:38:29,0	Std.	Iwanenko UdSSR

Weitsprung

1896	6,35	m	Clark USA
1900	7,185	m	Kraenzlein USA
1904	7,34	m	Prinstein USA
1908	7,48	m	Irons USA

1912	7,60	m	Gutterson USA
1920	7,15	m	Petersson Schweden
1924	7,445	m	Hubbard USA
1928	7,73	m	Hamm USA
1932	7,64	m	Gordon USA
1936	8,06	m	Owens USA
1948	7,825	m	Steele USA
1952	7,57	m	Biffle USA
1956	7,83	m	Bell USA
1960	8,12	m	Boston USA
1964	8,07	m	Davies Großbritannien
1968	8,90	m	Beamon USA
1972	8,24	m	Williams USA
1976	8,35	m	Robinson USA
1980	8,54	m	Dombrowski DDR
1984	8,54	m	Lewis USA
1988	8,72	m	Lewis USA

Hochsprung

1896	1,81	m	Clark USA
1900	1,90	m	Baxter USA
1904	1,80	m	Jones USA
1908	1,905	m	Porter USA
1912	1,93	m	Richards USA
1920	1,935	m	Landon USA
1924	1,98	m	Osborn USA
1928	1,94	m	King USA
1932	1,97	m	McNaughton Kanada
1936	2,03	m	Johnson USA
1948	1,98	m	Winter Australien
1952	2,04	m	Davis USA
1956	2,12	m	Dumas USA
1960	2,16	m	Schawlakadse UdSSR
1964	2,18	m	Brumel UdSSR
1968	2,24	m	Fosbury USA
1972	2,23	m	Tarmak UdSSR
1976	2,25	m	Wszola Polen
1980	2,36	m	Wessig DDR
1984	2,35	m	Mögenburg Deutschland
1988	2,38	m	Awdejenko UdSSR

Stabhochsprung

1896	3,30	m	Hoyt USA
1900	3,30	m	Baxter USA

Rechts: Mit Mexikos Höhenluft im Rücken gelang Bob Beamon (USA) 1968 ein »Jahrhundert-Weitsprung« über 8,90 m. Dieser neue Weltrekord hielt bis 1991, also 23 Jahre, was wiederum in die Geschichte der Rekorde einging.

Oben: Für die zweite Sprung-Sensation 1968 in Mexiko sorgte Richard Fosbury mit seiner neuen (inzwischen »klassischen«) Rückwärtstechnik, dem sogenannten »Fosbury-Flop« – ein »Flop« freilich, der ihm Gold im Hochsprung und den Einzug in die olympische Ruhmeshalle bescherte.

1904	3,505 m	Dvorak USA
1908	3,71 m	Cooke USA und
		Gilbert USA
1912	3,95 m	Babcock USA
1920	4,09 m	Foss USA
1924	3,95 m	Barnes USA
1928	4,20 m	Carr USA
1932	4,315 m	Miller USA
1936	4,35 m	Meadows USA
1948	4,30 m	Smith USA
1952	4,55 m	Richards USA
1956	4,56 m	Richards USA
1960	4,70 m	Bragg USA
1964	5,10 m	Hansen USA
1968	5,40 m	Seagren USA
1972	5,50 m	Nordwig DDR
1976	5,50 m	Slusarski Polen
1980	5,78 m	Kozakiewiez Polen
1984	5,75 m	Quinon Frankreich
1988	5,90 m	Bubka UdSSR

Links: Der erfolgreichste Diskuswerfer der olympischen Neuzeit in Aktion: Alfred Oerter (USA). Auf seinem Ruhmesblatt prangen vier Goldmedaillen hintereinander (1956, 1960, 1964, 1968).

Rechts: Der erste Olympiasieger der Neuzeit hieß James B. Conolly (USA). Der Sprachstudent aus Harvard ließ sich nach seiner Anlandung in Piräus direkt ins Athener Stadion kutschieren, wo er gerade noch rechtzeitig zur ersten Entscheidung (im Dreisprung) eintraf.

Oben: Rivalen Schulter an Schulter nach hartem Zehnkampf in Mexiko City, 1968: Links der amerikanische Goldmedaillengewinner Bill Toomey, rechts sein deutscher Kollege Kurt Bendlin, der Bronze gewann.

1980	21,35 m	Kisseljow UdSSR
1984	21,26 m	Andrei Italien
1988	22,47 m	Timmermann DDR

Dreisprung

1896	13,71 m	Connolly USA
1900	14,47 m	Prinstein USA
1904	14,35 m	Prinstein USA
1908	14,92 m	Ahearne Großbritannien
1912	14,76 m	Lindblom Schweden
1920	14,505 m	Tuulos Finnland
1924	15,525 m	Winter Australien
1928	15,21 m	Oda Japan
1932	15,72 m	Nambu Japan
1936	16,00 m	Tajima Japan
1948	15,40 m	Ahman Schweden
1952	16,22 m	Da Silva Brasilien
1956	16,35 m	Da Silva Brasilien
1960	16,81 m	Schmidt Polen
1964	16,85 m	Schmidt Polen
1968	17,39 m	Sanejew UdSSR
1972	17,35 m	Sanejew UdSSR
1976	17,29 m	Sanejew UdSSR
1980	17,35 m	Uudmä UdSSR
1984	17,26 m	Joyner USA
1988	17,62 m	Markow Bulgarien

Kugelstoßen

1896	11,22 m	Garrett USA
1900	14,10 m	Sheldon USA
1904	14,81 m	Rose USA
1908	14,21 m	Rose USA
1912	15,34 m	McDonald USA
1920	14,81 m	Pörhölä Finnland
1924	14,995 m	Houser USA
1928	15,87 m	Kuck USA
1932	16,00 m	Sexton USA
1936	16,20 m	Woellke Deutschland
1948	17,12 m	Thompson USA
1952	17,41 m	O'Brien USA
1956	18,57 m	O'Brien USA
1960	19,68 m	Nieder USA
1964	20,33 m	Long USA
1968	20,54 m	Matson USA
1972	21,18 m	Komar Polen
1976	21,05 m	Beyer DDR

Diskuswerfen

1896	29,15 m	Garrett USA
1900	36,04 m	Bauer Ungarn
1904	39,28 m	Sheridan USA
1908	40,89 m	Sheridan USA
1912	45,21 m	Taipale Finnland
1920	44,685 m	Niklander Finnland
1924	46,155 m	Houser USA
1928	47,32 m	Houser USA
1932	49,49 m	Anderson USA
1936	50,48 m	Carpenter USA
1948	52,78 m	Consolini Italien
1952	55,03 m	Iness USA
1956	56,36 m	Oerter USA
1960	59,18 m	Oerter USA
1964	61,00 m	Oerter USA
1968	64,78 m	Oerter USA
1972	64,40 m	Danek Tschechoslowakei
1976	67,50 m	Wilkins USA
1980	66,64 m	Raschtschupkin UdSSR
1984	66,60 m	Danneberg Deutschland
1988	68,82 m	Schult DDR

Hammerwerfen

1900	49,73 m	Flanagan USA
1904	51,23 m	Flanagan USA
1908	51,92 m	Flanagan USA
1912	54,74 m	McGrath USA
1920	52,87 m	Ryan USA
1924	53,295 m	Tootell USA
1928	51,39 m	O'Callaghan Irland
1932	53,92 m	O'Callaghan Irland
1936	56,49 m	Hein Deutschland
1948	56,07 m	Nemeth Ungarn
1952	60,34 m	Csermak Ungarn
1956	63,19 m	Connolly USA
1960	67,10 m	Rudenkow UdSSR
1964	69,74 m	Klim UdSSR
1968	73,36 m	Zsivotzky Ungarn
1972	75,50 m	Bondartschuk UdSSR
1976	77,52 m	Sedych UdSSR
1980	81,80 m	Sedych UdSSR
1984	78,08 m	Tiainen Finnland
1988	84,80 m	Litwinow UdSSR

Speerwerfen

1908	54,83 m	Lemming Schweden
1912	60,64 m	Lemming Schweden
1920	65,78 m	Myyrä Finnland
1924	62,96 m	Myyrä Finnland
1928	66,60 m	Lundqvist Schweden
1932	72,71 m	Järvinen Finnland
1936	71,84 m	Stöck Deutschland
1948	69,77 m	Rautavaara Finnland
1952	73,78 m	Young USA
1956	85,71 m	Danielsen Norwegen
1960	84,64 m	Zybulenko UdSSR
1964	82,66 m	Nevala Finnland
1968	90,10 m	Lusis UdSSR
1972	90,48 m	Wolfermann Deutschland
1976	94,58 m	Nemeth Ungarn
1980	91,20 m	Kula UdSSR
1984	86,76 m	Härkönen Finnland
1988	84,28 m	Korjus Finnland

Zehnkampf

1904	6036 Pkt.	Kiely Irland
1912	7724 Pkt.	Wieslander Schweden
1920	6804 Pkt.	Lövland Norwegen
1924	7710 Pkt.	Osborn USA
1928	8053 Pkt.	Yrjölä Finnland
1932	8462 Pkt.	Bausch USA
1936	7900 Pkt.	Morris USA
1948	7139 Pkt.	Mathias USA
1952	7887 Pkt.	Mathias USA
1956	7937 Pkt.	Campbell USA
1960	8392 Pkt.	Johnson USA
1964	7887 Pkt.	Holdorf Deutschland
1968	8193 Pkt.	Toomey USA
1972	8454 Pkt.	Awilow UdSSR
1976	8618 Pkt.	Jenner USA
1980	8495 Pkt.	Thompson Großbritannien
1984	8797 Pkt.	Thompson Großbritannien
1988	8488 Pkt.	Schenk DDR

Aller guten Dinge sind drei. Die polnische Läuferin Irena Szewinska (links) siegte 1964 mit der 4×100-m-Staffel, 1968 über 200 m und 1976 über 400 m; Heide Rosendahl (rechts) gewann 1972 in München Gold im Weitsprung und mit der Sprintstaffel sowie Silber im Fünfkampf.

Oben: Die »fliegende Hausfrau« Fanny Blankers-Koen, die 1948 Gold über 100 m, 200 m, 80 m Hürden und mit der 4×100-m-Staffel heim nach Holland holte.

LEICHTATHLETIK FRAUEN

100 Meter

1928	12,2	Sek.	**Robinson**	USA
1932	11,9	Sek.	**Walaslewiczowna**	Polen
1936	11,5	Sek.	**Stephens**	USA
1948	11,9	Sek.	**Blankers-Koen**	Niederlande
1952	11,5	Sek.	**Jackson**	Australien
1956	11,5	Sek.	**Cuthbert**	Australien
1960	11,0	Sek.	**Rudolph**	USA
1964	11,4	Sek.	**Tyus**	USA
1968	11,0	Sek.	**Tyus**	USA
1972	11,07	Sek.	**Stecher**	DDR
1976	11,08	Sek.	**Richter**	Deutschland
1980	11,06	Sek.	**Kondratjewa**	UdSSR
1984	10,97	Sek.	**Ashford**	USA
1988	10,54	Sek.	**Griffith-Joyner**	USA

200 Meter

1948	24,4	Sek.	**Blankers-Koen**	Niederlande
1952	23,7	Sek.	**Jackson**	Australien
1956	23,4	Sek.	**Cuthbert**	Australien
1960	24,0	Sek.	**Rudolph**	USA
1964	23,0	Sek.	**McGuire**	USA
1968	22,5	Sek.	**Szewinska**	Polen
1972	22,40	Sek.	**Stecher**	DDR
1976	22,37	Sek.	**Eckert**	DDR
1980	22,03	Sek.	**Wöckel**	DDR
1984	21,81	Sek.	**Brisco-Hooks**	USA
1988	21,34	Sek.	**Griffith-Joyner**	USA

400 Meter

1964	52,0	Sek.	**Cuthbert**	Australien
1968	52,0	Sek.	**Besson**	Frankreich
1972	51,08	Sek.	**Zehrt**	DDR
1976	49,29	Sek.	**Szewinska**	Polen
1980	48,88	Sek.	**Koch**	DDR
1984	48,83	Sek.	**Brisco-Hooks**	USA
1988	48,65	Sek.	**Brysgina**	UdSSR

800 Meter

1928	2:16,8	Min.	**Radke-Batschauer**	Deutschland
1960	2:04,3	Min.	**Schewzowa**	UdSSR
1964	2:01,1	Min.	**Packer**	Großbritannien
1968	2:00,9	Min.	**Manning**	USA
1972	1:58,6	Min.	**Falck**	Deutschland
1976	1:54,94	Min.	**Kasankina**	UdSSR
1980	1:53,5	Min.	**Olisarenko**	UdSSR
1984	1:57,6	Min.	**Melinte**	Rumänien
1988	1:56,1	Min.	**Wodars**	DDR

1500 Meter

1972	4:01,4	Min.	**Bragina**	UdSSR
1976	4:05,5	Min.	**Kasankina**	UdSSR
1980	3:56,5	Min.	**Kasankina**	UdSSR
1984	4:03,25	Min.	**Dorio**	Italien
1988	3:53,96	Min.	**Ivan**	Rumänien

3000 Meter

1984	8:35,96	Min.	**Puica**	Rumänien
1988	8:26,53	Min.	**Samolenko**	UdSSR

10 000 Meter

1988	31:05,21	Min.	**Bondarenko**	UdSSR

Marathonlauf

1984	2:24:52	Std.	**Benoit**	USA
1988	2:25,40	Std.	**Mota**	Portugal

100 m Hürden (bis 1968 80 m Hürden)

1932	11,7	Sek.	**Didrikson**	USA
1936	11,7	Sek.	**Valla**	Italien
1948	11,2	Sek.	**Blankers-Koen**	Niederlande
1952	10,9	Sek.	**Strickland**	Australien
1956	10,7	Sek.	**Strickland**	Australien
1960	10,8	Sek.	**I. Press**	UdSSR
1964	10,5	Sek.	**Balzer**	DDR
1968	10,3	Sek.	**Caird**	Australien
1972	12,59	Sek.	**Ehrhardt**	DDR
1976	12,77	Sek.	**Schaller**	DDR
1980	12,56	Sek.	**Kommissowa**	UdSSR
1984	12,84	Sek.	**Fitzgerald-Brown**	USA
1988	12,38	Sek.	**Donkowa**	Bulgarien

400 m Hürden

1984	54,61	Sek.	**El Moutawakel**	Marokko
1988	53,17	Sek.	**Flintoff-King**	Australien

Mit ihrem Hochsprung über 1,92 m wurde die 16jährige Ulrike Meyfarth 1972 in München jüngste Olympiasiegerin in der Leichtathletik; 1984 überwand sie 2,03 m zum goldenen Abschluß ihrer Karriere.

4×100-m-Staffel

1928	48,4	Sek.	Kanada
1932	47,0	Sek.	USA
1936	46,9	Sek.	USA
1948	47,5	Sek.	Niederlande
1952	45,9	Sek.	USA
1956	44,5	Sek.	Australien
1960	44,5	Sek.	USA
1964	43,6	Sek.	Polen
1968	42,8	Sek.	USA
1972	42,81	Sek.	Deutschland
1976	42,55	Sek.	DDR
1980	41,6	Sek.	DDR
1984	41,65	Sek.	USA
1988	41,98	Sek.	USA

4×400-m-Staffel

1972	3:23,0	Min.	DDR
1976	3:19,24	Min.	DDR
1980	3:20,2	Min.	UdSSR
1984	3:18,29	Min.	USA
1988	3:15,18	Min.	UdSSR

Weitsprung

1948	5,69 m	**Gyarmati**	Ungarn
1952	6,24 m	**Williams**	Neuseeland
1956	6,35 m	**Krzesinska**	Polen
1960	6,37 m	**Krepkina**	UdSSR
1964	6,76 m	**Rand**	Großbritannien
1968	6,82 m	**Viscopoleanu**	Rumänien
1972	6,78 m	**Rosendahl**	Deutschland
1976	6,72 m	**Voigt**	DDR
1980	7,06 m	**Kolpakowa**	UdSSR
1984	6,96 m	**Stanciu-Cusmir**	Rumänien
1988	7,40 m	**Joyner-Kersee**	USA

Hochsprung

1928	1,59 m	**Catherwood**	Kanada
1932	1,65 m	**Shiley**	USA
1936	1,60 m	**Csak**	Ungarn
1948	1,68 m	**Coachman**	USA
1952	1,67 m	**Brand**	Südafrika
1956	1,76 m	**McDaniel**	USA
1960	1,85 m	**Balas**	Rumänien
1964	1,90 m	**Balas**	Rumänien
1968	1,82 m	**Rezkova**	Tschechoslowakei
1972	1,92 m	**Meyfarth**	Deutschland
1976	1,93 m	**Ackermann**	DDR
1980	1,97 m	**Simeoni**	Italien
1984	2,02 m	**Meyfarth**	Deutschland
1988	2,03 m	**Ritter**	USA

Kugelstoßen

1948	13,75 m	**Ostermeyer** Frankreich
1952	15,28 m	**Zybina** UdSSR
1956	16,59 m	**Tyschkewitsch** UdSSR
1960	17,32 m	**T. Press** UdSSR
1964	18,14 m	**T. Press** UdSSR
1968	19,61 m	**Gummel** DDR
1972	21,03 m	**Tschischowa** UdSSR
1976	21,16 m	**Christova** Bulgarien
1980	22,41 m	**Slupianek** DDR
1984	20,48 m	**Losch** Deutschland
1988	22,24 m	**Lisowskaja** UdSSR

Diskuswerfen

1928	39,62 m	**Konopacka** Polen
1932	40,59 m	**Copeland** USA
1936	47,63 m	**Mauermayer** Deutschland
1948	41,92 m	**Ostermeyer** Frankreich
1952	51,42 m	**Romaschkowa** UdSSR
1956	53,69 m	**Fikotova** Tschechoslowakei
1960	55,10 m	**Ponomarewa** UdSSR
1964	57,27 m	**T. Press** UdSSR

Die Münchnerin Gisela Mauermayer, Olympiasiegerin im Diskuswerfen 1936 in Berlin, setzte auch in anderen Disziplinen Maßstäbe: 1934 bei den Frauenweltspielen in London übertraf sie als erste Kugelstoßerin der Welt die 14-m-Marke und stellte mit 377 Punkten einen neuen Weltrekord im Fünfkampf auf.

1968	58,28 m	**Manoliu** Rumänien
1972	66,62 m	**Melnik** UdSSR
1976	69,00 m	**Schlaak** DDR
1980	69,96 m	**Jahl** DDR
1984	65,36 m	**Stalman** Niederlande
1988	72,30 m	**Hellmann** DDR

Speerwerfen

1932	43,69 m	**Didrikson** UdSSR
1936	45,18 m	**Fleischer** Deutschland
1948	45,57 m	**Bauma** Österreich
1952	50,47 m	**Zatopekova** Tschechoslowakei
1956	53,86 m	**Jaunzeme** UdSSR
1960	55,98 m	**Osolina** UdSSR
1964	60,54 m	**Penes** Rumänien
1968	60,36 m	**Nemeth** Ungarn
1972	63,88 m	**Fuchs** DDR
1976	65,94 m	**Fuchs** DDR
1980	68,40 m	**Colon** Kuba
1984	69,56 m	**Sanderson** Großbritannien
1988	74,68 m	**Felke** DDR

Fünfkampf/Siebenkampf (ab 1984)

1964	5246 Pkt.	**I. Press** UdSSR
1968	5098 Pkt.	**Becker** Deutschland
1972	4801 Pkt.	**Peters** Großbritannien
1976	4745 Pkt.	**Siegl** DDR
1980	5083 Pkt.	**Tkatschenko** UdSSR
1984	6390 Pkt.	**Nunn** Australien
1988	7291 Pkt.	**Joyner-Kersee** USA

TURNEN MÄNNER

Zwölfkampf · Mannschaft

1904	USA
1908	Schweden
1912	Italien
1920	Italien
1924	Italien
1928	Schweiz
1932	Italien
1936	Deutschland
1948	Finnland
1952	UdSSR
1956	UdSSR
1960	Japan
1964	Japan
1968	Japan
1972	Japan
1976	Japan
1980	UdSSR
1984	USA
1988	UdSSR

Ingrid Becker überwand 1968 in Mexiko bravourös alle Hürden auf dem Weg zum Olympiasieg im Fünfkampf. 1972 gewann sie in München ihr zweites Gold mit der 4×100-m-Staffel vor der hochfavorisierten DDR-Mannschaft.

Zwölfkampf · Einzel

1900	**Sandras** Frankreich	
1904	**Lenhardt** USA	
1908	**Braglia** Italien	
1912	**Braglia** Italien	
1920	**Zampori** Italien	
1924	**Stukely** Jugoslawien	
1928	**Miez** Schweiz	
1932	**Neri** Italien	
1936	**Schwarzmann** Deutschland	
1948	**Huhtanen** Finnland	
1952	**Tschukarin** UdSSR	
1956	**Tschukarin** UdSSR	
1960	**Schaklin** UdSSR	
1964	**Endo** Japan	

Körperbeherrschung in Vollendung zeigte der japanische Kunstturner Yukio Endo 1964 in Tokio am Barren. Dank seines turnerischen Einfallsreichtums wurde die sportliche Fachsprache mit Begriffen wie »Endo-Grätsche« oder »Endo-Umschwung« bereichert.

1968	**Kato** Japan	
1972	**Kato** Japan	
1976	**Andrianow** UdSSR	
1980	**Ditjatin** UdSSR	
1984	**Gushiken** Japan	
1988	**Artemow** UdSSR	

Boden

1932	**Pelle** Ungarn
1936	**Miez** Schweiz
1948	**Pataki** Ungarn
1952	**Thoresson** Schweden
1956	**Muratow** UdSSR
1960	**Aihara** Japan
1964	**Menichelli** Italien
1968	**Kato** Japan
1972	**Andrianow** UdSSR
1976	**Andrianow** UdSSR
1980	**Brückner** DDR
1984	**Li Ning** China
1988	**Charkow** UdSSR

Seitpferd

1896	**Zutter** Schweiz
1904	**Heida** USA
1924	**Wilhelm** Schweiz
1928	**Hänggi** Schweiz
1932	**Pelle** Ungarn
1936	**Frey** Deutschland
1948	**Aaltonen** Finnland
1952	**Tschukarin** UdSSR
1956	**Schaklin** UdSSR
1960	**Ekman** Finnland und
	Schaklin UdSSR
1964	**Cerar** Jugoslawien
1968	**Cerar** Jugoslawien
1972	**Klimenko** UdSSR
1976	**Magyar** Ungarn
1980	**Magyar** Ungarn
1984	**Li Ning** China
	Vidmar USA
1988	**Gueraskow** Bulgarien
	Borkai Ungarn
	Bilosertschew UdSSR

Ringe

1896	**Mitropulos** Griechenland
1904	**Glass** USA
1924	**Martino** Italien
1928	**Stukely** Jugoslawien
1932	**Gulack** USA
1936	**Hudec** Tschechoslowakei
1948	**Frei** Schweiz
1952	**Schaginjan** UdSSR
1956	**Asarjan** UdSSR
1960	**Asarjan** UdSSR
1964	**Hayata** Japan
1968	**Nakayama** Japan
1972	**Nakayama** Japan
1976	**Andrianow** UdSSR
1980	**Ditjatin** UdSSR
1984	**Gushiken** Japan
	Li Ning China
1988	**Behrendt** DDR
	Bilosertschew UdSSR

Pferdsprung

1896 **Schumann** Deutschland
1904 **Heida** USA
1924 **Kriz** USA
1928 **Mack** Schweiz
1932 **Guglielmetti** Italien
1936 **Schwarzmann** Deutschland
1948 **Aaltonen** Finnland
1952 **Tschukarin** UdSSR
1956 **Muratow** UdSSR und
     Bantz Deutschland
1960 **Ono** Japan und **Schaklin** UdSSR
1964 **Yamashita** Japan
1968 **Woronin** UdSSR
1972 **Köste** DDR
1976 **Andrianow** UdSSR
1980 **Andrianow** UdSSR
1984 **Lou Yun** China
1988 **Lou Yun** China

Barren

1896 **Flatow** Deutschland
1904 **Eyser** USA
1924 **Güttinger** Schweiz
1928 **Vacha** Tschechoslowakei
1932 **Neri** Italien
1936 **Frey** Deutschland
1948 **Reusch** Schweiz
1952 **Eugster** Schweiz
1956 **Tschukarin** UdSSR
1960 **Schaklin** UdSSR
1964 **Endo** Japan
1968 **Nakayama** Japan
1972 **Kato** Japan
1976 **Kato** Japan
1980 **Tkatschew** UdSSR
1984 **Conner** USA
1988 **Artemow** UdSSR

Reck

1896 **Weingärtner**
     Deutschland
1904 **Heida** USA
1924 **Stukely** Jugoslawien
1932 **Bixler** USA
1936 **Saarvala** Finnland
1948 **Stalder** Schweiz
1952 **Günthard** Schweiz
1956 **Ono** Japan
1960 **Ono** Japan
1964 **Schaklin** UdSSR
1968 **Woronin** UdSSR
     Nakayama Japan
1972 **Tsukahara** Japan
1976 **Tsukahara** Japan
1980 **Deltschev** Bulgarien
1984 **Morisue** Japan
1988 **Artemow** UdSSR
     Ljukin UdSSR

TURNEN FRAUEN

Achtkampf · Mannschaft

1928 Niederlande
1936 Deutschland
1948 Tschechoslowakei
1952 UdSSR
1956 UdSSR
1960 UdSSR
1964 UdSSR
1968 UdSSR
1972 UdSSR
1976 UdSSR
1980 UdSSR
1984 Rumänien
1988 UdSSR

Achtkampf · Einzel

1952 **Goroschowskaja** UdSSR
1956 **Latynina** UdSSR
1960 **Latynina** UdSSR
1964 **Caslavska** Tschechoslowakei
1968 **Caslavska** Tschechoslowakei
1972 **Turischtschewa** UdSSR
1976 **Comaneci** Rumänien
1980 **Dawydowa** UdSSR
1984 **Retton** USA
1988 **Schuschunowa** UdSSR

Pferdsprung

1952 **Kalintschuk** UdSSR
1956 **Latynina** UdSSR
1960 **Nikolajewa** UdSSR
1964 **Caslavska** Tschechoslowakei
1968 **Caslavska** Tschechoslowakei
1972 **Janz** DDR
1976 **Kim** UdSSR
1980 **Schaposchnikowa** UdSSR
1984 **Szabo** Rumänien
1988 **Boginskaja** UdSSR

Stufenbarren

1952 **Korondi** Ungarn
1956 **Keleti** Ungarn
1960 **Astachowa** UdSSR
1964 **Astachowa** UdSSR
1968 **Caslavska** Tschechoslowakei
1972 **Janz** DDR
1976 **Comaneci** Rumänien
1980 **Gnauck** DDR
1984 **Yanhong Ma** China
     McNamara USA
1988 **Silivas** Rumänien

Schwebebalken

1952 **Botscharowa** UdSSR
1956 **Keleti** Ungarn
1960 **Bosakova** Tschechoslowakei
1964 **Caslavska** Tschechoslowakei
1968 **Kutschinskaya** UdSSR
1972 **Korbut** UdSSR
1976 **Comaneci** Rumänien
1980 **Comaneci** Rumänien
1984 **Szabo** Rumänien
     Pauca Rumänien
1988 **Silivas** Rumänien

Boden

1952 **Keleti** Ungarn
1956 **Keleti** Ungarn
     Latynina UdSSR
1960 **Latynina** UdSSR
1964 **Latynina** UdSSR
1968 **Petrik** UdSSR
     Caslavska Tschechoslowakei
1972 **Korbut** UdSSR
1976 **Kim** UdSSR
1980 **Comaneci** Rumänien
1984 **Szabo** Rumänien
1988 **Silivas** Rumänien

Rhythmische Sportgymnastik

1984 **Fung** Kanada
1988 **Lobatsch** UdSSR

FUSSBALL

1900 Großbritannien
1904 Kanada
1908 Großbritannien
1912 Großbritannien
1920 Belgien
1924 Uruguay
1928 Uruguay
1936 Italien
1948 Schweden
1952 Ungarn
1956 UdSSR
1960 Jugoslawien
1964 Ungarn
1968 Ungarn
1972 Polen
1976 DDR
1980 Tschechoslowakei
1984 Frankreich
1988 UdSSR

Links: Sie schoß 1972 bei den Olympischen Spielen in München mit ihrer ebenso anmutigen wie kühnen Turnkunst den Vogel ab: Olga Korbut aus der UdSSR, vom hingerissenen Publikum »der Spatz von Minsk« genannt.

Rechts: Sie vollführte 1968 das Menschenmögliche beim Pferdsprung, am Barren und am Boden: Die mehrfache Goldmedaillengewinnerin Vera Caslavska aus Prag.

Gut lachen hatte Japans Top-Turner Sawao Kato (rechts) nach dem Gewinn der Goldmedaille im Zwölfkampf 1968 in Mexiko.

Jubel bei der deutschen Hockey-Mann-schaft nach dem goldenen Siegtor über die Pakistani 1972 in München (links außen). Allen Grund zur Freude hatten in München auch die siegreichen jugoslawischen Hand-baller samt ihrem bärtigen Trainer Vlado Stenzel (links), der 1978 die deutsche Natio-nalmannschaft zum WM-Titel führte.

HOCKEY MÄNNER

1908 Großbritannien
1920 Großbritannien
1928 Indien
1932 Indien
1936 Indien
1948 Indien
1952 Indien
1956 Indien
1960 Pakistan
1964 Indien
1968 Pakistan
1972 Deutschland
1976 Neuseeland
1980 Indien
1984 Pakistan
1988 Großbritannien

HOCKEY FRAUEN

1980 Zimbabwe
1984 Niederlande
1988 Australien

BASKETBALL MÄNNER

1904 USA
1936 USA
1948 USA
1952 USA
1956 USA
1960 USA
1964 USA
1968 USA
1972 UdSSR
1976 USA
1980 Jugoslawien
1984 USA
1988 UdSSR

BASKETBALL FRAUEN

1976 UdSSR
1980 UdSSR
1984 USA
1988 USA

VOLLEYBALL MÄNNER

1964 UdSSR
1968 UdSSR

1972 Japan
1976 Polen
1980 UdSSR
1984 USA
1988 USA

VOLLEYBALL FRAUEN

1964 Japan
1968 UdSSR
1972 UdSSR
1976 Japan
1980 UdSSR
1984 China
1988 UdSSR

HANDBALL MÄNNER

1936 Deutschland (Feldhandball)
1972 Jugoslawien
1976 UdSSR
1980 DDR
1984 Jugoslawien
1988 Südkorea

HANDBALL FRAUEN

1976 UdSSR
1980 UdSSR
1984 Jugoslawien
1988 Südkorea

SCHIESSEN HERREN

Freies Gewehr bis 1972

1896 **Orphanidis** Griechenland
1908 **Helgerud** Norwegen
1912 **Colas** Frankreich
1920 **Fisher** USA
1924 **Fisher** USA
1948 **Grünig** Schweiz
1952 **Bogdanow** UdSSR
1956 **Borissow** UdSSR
1960 **Hammerer** Österreich

Das Präzisionsgerät allein macht noch keinen Meister-schützen – ein gutes Auge gehört auch dazu. Das beste hatte 1968 in Mexiko Bernd Klingner (rechts) im Klein-kaliber-Dreistellungskampf.

1964 **Anderson** USA
1968 **Anderson** USA
1972 **Wigger** USA

Kleinkaliber liegend

1908 **Carnell** Großbritannien
1912 **Hird** USA
1920 **Nuesslein** USA
1924 **de Lisle** Frankreich
1932 **Rönnmark** Schweden
1936 **Rögeberg** Norwegen
1948 **Cook** USA
1952 **Sirbu** Rumänien
1956 **Quelette** Kanada
1960 **Kohnke** Deutschland
1964 **Hammerl** Ungarn
1968 **Kurka** Tschechoslowakei
1972 **Ho Jun Li** Nordkorea
1976 **Smieszek** Deutschland
1980 **Varga** Ungarn
1984 **Etzel** USA
1988 **Varga** Tschechoslowakei

Kleinkaliber-Dreistellungskampf

1952 **Kongshaug** Norwegen
1956 **Bogdanow** UdSSR
1960 **Schamburkin** UdSSR
1964 **Wigger** USA
1968 **Klingner** Deutschland
1972 **Writer** USA
1976 **Bassham** USA
1980 **Wlassow** UdSSR
1984 **Cooper** Großbritannien
1988 **Cooper** Großbritannien

Freie Pistole

1896 **Paine** USA
1900 **Röderer** Schweiz
1912 **Lane** USA
1920 **Frederick** USA
1936 **Ullmann** Schweden
1948 **Cam** Peru
1952 **Benner** USA
1956 **Linnosvuo** Finnland
1960 **Guschtschin** UdSSR
1964 **Markkanen** Finnland
1968 **Kossykh** UdSSR

1972 **Skanaker** Schweden
1976 **Potteck** DDR
1980 **Melentjew** UdSSR
1984 **Haifeng** China
1988 **Babii** Rumänien

Schnellfeuerpistole

1896 **Phrangoudis** Griechenland
1900 **Larouy** Frankreich
1908 **van Asbroeck** Belgien
1912 **Lane** USA
1920 **Paraense** Brasilien
1924 **Bailey** USA
1932 **Morigi** Italien
1936 **van Oyen** Deutschland
1948 **Takacs** Ungarn
1952 **Takacs** Ungarn
1956 **Petrescu** Rumänien
1960 **McMillan** USA
1964 **Linnosvuo** Finnland
1968 **Zapedzki** Polen
1972 **Zapedzki** Polen
1976 **Klaar** DDR
1980 **Ion** Rumänien
1984 **Kamachi** Japan
1988 **Kuzmine** UdSSR

Laufende Scheibe

1900 **Debray** Frankreich
1972 **Zhelezniak** UdSSR
1976 **Gasow** UdSSR
1980 **Sokolow** UdSSR
1984 **Yuwei Li** China
1988 **Heiestad** Norwegen

Wurftaubenschießen/Trap (Herren und Damen)

1900 **de Barbarin** Frankreich
1908 **Ewing** Kanada
1912 **Graham** USA
1920 **Arie** USA
1924 **Halasy** Ungarn
1952 **Genereux** Kanada
1956 **Rossini** Italien
1960 **Dumitrescu** Rumänien
1964 **Maltarelli** Italien
1968 **Braithwaite** Großbritannien
1972 **Scalzone** Italien
1976 **Haldeman** USA
1980 **Giovanetti** Italien
1984 **Giovanetti** Italien
1988 **Monakow** UdSSR

Tontauben im Visier hat hier der spätere Bundestrainer Konrad Wirnhier, 1961 bis 1969 neunmaliger deutscher Meister und Olympiasieger im Skeet-schießen 1972.

Wurftaubenschießen/Skeet (Herren und Damen)

1968 Petrow UdSSR
1972 Wirnhier Deutschland
1976 Panacek Tschechoslowakei
1980 Rasmussen Dänemark
1984 Dryke USA
1988 Wegner DDR

Bogenschießen · Einzel

1972 Williams USA
1976 Pace USA
1980 Poikolainen Finnland
1984 Pace USA
1988 Barrs USA

Bogenschießen · Mannschaft

1988 Südkorea

Luftgewehr

1984 Heberle Frankreich
1988 Maksimovic Jugoslawien

SCHIESSEN DAMEN

Kleinkaliber-Dreistellungskampf

1984 Xiaoxuan Wu China
1988 Sperber Deutschland

Sportpistole

1984 Thom Kanada
1988 Salukwadze UdSSR

Luftgewehr

1984 Spurgin USA
1988 Tschilowa UdSSR

Bogenschießen · Einzel

1972 Wilber USA
1976 Ryon USA
1980 Lossaberidse UdSSR
1984 Hyang-Soon Seo Südkorea
1988 Kim Soo Nyung Südkorea

Bogenschießen · Mannschaft

1988 Südkorea

Seit jeher haben die Franzosen zu den weltbesten Fechtern gehört. Im Bild Emile Costa, der 1900 in Paris wie kein zweiter das Florett zu führen wußte.

MODERNER FÜNFKAMPF

Einzel

1912 Lilliehöök Schweden
1920 Dyrssen Schweden
1924 Lindman Schweden
1928 Thofelt Schweden
1932 Oxenstierna Schweden
1936 Handrick Deutschland
1948 Grut Schweden
1952 Hall Schweden
1956 Hall Schweden
1960 Nemeth Ungarn
1964 Török Ungarn
1968 Ferm Schweden
1972 Balczo Ungarn
1976 Peciak-Pyciak Polen
1980 Starostin UdSSR
1984 Masala Italien
1988 Martinek Ungarn

Mannschaft

1952 Ungarn
1956 UdSSR
1960 Ungarn
1964 UdSSR
1968 Ungarn
1972 UdSSR
1976 Großbritannien
1980 UdSSR
1984 Italien
1988 Ungarn

Mit 16 Vizeweltmeister, mit 18 Weltmeister, 1972 in München Olympiasieger: Ausnahme-Bogenschütze John Williams aus den USA.

FECHTEN HERREN

Florett · Einzel

1896 Gravelotte Frankreich
1900 Coste Frankreich
1904 Fonst Kuba
1912 Nadi Italien
1920 Nadi Italien
1924 Ducret Frankreich
1928 Gaudin Frankreich
1932 Marzi Italien
1936 Gaudini Italien
1948 Buhan Frankreich
1952 d'Oriola Frankreich
1956 d'Oriola Frankreich
1960 Schdanowitsch UdSSR
1964 Franke Polen
1968 Drimba Rumänien
1972 Woyda Polen
1976 dal Zotto Italien
1980 Smirnow UdSSR
1984 Numa Italien
1988 Cerioni Italien

Florett · Mannschaft

1904 Kuba
1920 Italien
1924 Frankreich
1928 Italien
1932 Frankreich
1936 Italien

1948 Frankreich
1952 Frankreich
1956 Italien
1960 UdSSR
1964 UdSSR
1968 Frankreich
1972 Polen
1976 Deutschland
1980 Frankreich
1984 Italien
1988 UdSSR

Degen · Einzel

1900 Fonst Kuba
1904 Fonst Kuba
1908 Alibert Frankreich
1912 Anspach Belgien
1920 Massard Frankreich
1924 Delporte Belgien
1928 Gaudin Frankreich
1932 Cornaggia-Medici Italien
1936 Riccardi Italien
1948 Cantone Italien
1952 Mangiarotti Italien
1956 Pavesi Italien
1960 Delfino Italien
1964 Kriss UdSSR
1968 Kulcsar Ungarn
1972 Fenyvesi Ungarn
1976 Pusch Deutschland
1980 Harmenberg Schweden
1984 Boisse Frankreich
1988 Schmitt Deutschland

Degen · Mannschaft

1908 Frankreich
1912 Belgien
1920 Italien
1924 Frankreich
1928 Italien
1932 Frankreich
1936 Italien
1948 Frankreich
1952 Italien
1956 Italien
1960 Italien
1964 Ungarn
1968 Ungarn
1972 Ungarn
1976 Schweden

Rechts: 1900 in Paris wurden die olympischen Medaillen auf historisch und literaturgeschichtlich trächtigem Boden ausgefochten: in den Tuilerien, wo schon Dumas' Musketiere ihre Klingen kreuzten.

Montreal, 1976: Deutschlands strahlender Fechttrainer Emil Beck mit zwei Musterschülern, Alexander Pusch (rechts, Degen-Gold) und Jürgen Hehn (Degen-Silber).

1980 Frankreich
1984 Deutschland
1988 Frankreich

Säbel · Einzel

1896 **Georgiadis** Griechenland
1900 **de la Falaise** Frankreich
1904 **Diaz** Kuba
1908 **Fuchs** Ungarn
1912 **Fuchs** Ungarn
1920 **Nadi** Italien
1924 **Posta** Ungarn
1928 **Tersztyansky** Ungarn
1932 **Piller** Ungarn
1936 **Kabos** Ungarn
1948 **Gerevich** Ungarn
1952 **Kovacs** Ungarn
1956 **Karpati** Ungarn
1960 **Karpati** Ungarn
1964 **Pezsa** Ungarn
1968 **Pawlowski** Polen
1972 **Sidiak** UdSSR
1976 **Krowopouskow** UdSSR
1980 **Krowopouskow** UdSSR
1984 **Lamour** Frankreich
1988 **Lamour** Frankreich

Säbel · Mannschaft

1908 Ungarn
1912 Ungarn
1920 Italien
1924 Italien
1928 Ungarn
1932 Ungarn
1936 Ungarn
1948 Ungarn
1952 Ungarn
1956 Ungarn
1960 Ungarn
1964 UdSSR
1968 UdSSR
1972 Italien
1976 UdSSR
1980 UdSSR
1984 Italien
1988 Ungarn

Unten: Heidi Schmid knüpfte mit ihrer Goldmedaille 1960 in Rom an die stolze olympische Tradition der deutschen Florettfechterinnen an, die Helene Mayer 1928 mit ihrem Olympiasieg in Amsterdam begründet hatte.

FECHTEN DAMEN

Florett · Einzel

1924 **Osiier** Dänemark
1928 Mayer Deutschland
1932 **Preis** Österreich
1936 **Elek-Schacherer** Ungarn
1948 **Elek-Schacherer** Ungarn
1952 **Camber** Italien
1956 **Sheen** Großbritannien
1960 Schmid Deutschland
1964 **Ujlaki-Rejtö** Ungarn
1968 **Nowikowa** UdSSR
1972 **Ragno-Lonzi** Italien
1976 **Schwarczenberger** Ungarn
1980 **Trinquet** Frankreich
1984 **Ju Jie Luan** China
1988 Fichtel Deutschland

Florett · Mannschaft

1960 UdSSR
1964 Ungarn
1968 UdSSR
1972 UdSSR
1976 UdSSR
1980 Frankreich
1984 Deutschland
1988 Deutschland

GEWICHTHEBEN*

* Seit 1976 wird erstmals ein Zweikampf aus Stoßen und Reißen unter Wegfall des Drückens durchgeführt
** 1924 fand ein olympischer Fünfkampf statt

Fliegengewicht

1972 337,5 kg **Smalcerz** Polen
1976 242,5 kg **Woronin** UdSSR
1980 245,0 kg **Osmonalijew** UdSSR
1984 235,0 kg **Guoqiang Zeng** China
1988 270,0 kg **Marinow** Bulgarien

Oben: Rudolf Ismayr, der populärste deutsche Gewichtheber der 30er Jahre, erstemmte sich 1932 in Los Angeles Gold und 1936 in Berlin Silber.

Bantamgewicht

1948 307,5 kg **de Pietro** USA
1952 315,0 kg **Udodow** UdSSR
1956 342,5 kg **Vinci** USA
1960 345,0 kg **Vinci** USA
1964 357,5 kg **Wachonin** UdSSR
1968 367,5 kg **Nasiri** Iran
1972 377,5 kg **Földi** Ungarn
1976 262,5 kg **Nourikian** Bulgarien
1980 275,0 kg **Nunez** Kuba
1984 267,5 kg **Shude Wu** China
1988 292,5 kg **Mirsojan** UdSSR

Federgewicht

1920 220,0 kg **de Haes** Belgien
1924 402,5 kg** **Gabetti** Italien
1928 287,5 kg **Andrysek** Österreich
1932 287,5 kg **Suvigny** Frankreich
1936 312,5 kg **Terlazzo** USA
1948 332,5 kg **Fayad** Ägypten
1952 337,5 kg **Chimischkyan** UdSSR
1956 352,5 kg **Berger** USA
1960 372,5 kg **Minajew** UdSSR
1964 397,5 kg **Miyake** Japan
1968 392,5 kg **Miyake** Japan
1972 402,5 kg **Nourikian** Bulgarien
1976 285,0 kg **Kolesnikow** UdSSR
1980 290,0 kg **Masin** UdSSR
1984 282,5 kg **Weiqiang Chen** China
1988 342,5 kg **Suleymanoglu** Türkei

Leichtgewicht

1920 257,5 kg **Neyland** Estland
1924 440,0 kg** **Descottignies** Frankreich
1928 322,5 kg **Haas** Österreich
              Helbig Deutschland
1932 325,0 kg **Duverger** Frankreich
1936 342,5 kg **Mesbah** Ägypten
1948 360,0 kg **Shams** Ägypten
1952 362,5 kg **Kono** USA
1956 380,0 kg **Rybak** UdSSR
1960 397,5 kg **Buschujew** UdSSR
1964 432,5 kg **Baszanowski** Polen
1968 437,5 kg **Baszanowski** Polen
1972 460,0 kg **Kirschinow** UdSSR
1976 307,5 kg **Kaczmarek** Polen
1980 342,5 kg **Rusew** Bulgarien
1984 320,0 kg **Yao Jingyuan** China
1988 340,0 kg **Kunz** DDR

Mittelgewicht

1920 245,0 kg **Gance** Frankreich
1924 492,5 kg** **Galimberti** Italien
1928 335,0 kg **Roger** Frankreich
1932 345,0 kg **Ismayr** Deutschland
1936 387,5 kg **el Touni** Ägypten
1948 390,0 kg **Spellman** USA
1952 400,0 kg **George** USA
1956 420,0 kg **Bogdanowski** UdSSR
1960 437,5 kg **Kurinow** UdSSR
1964 445,0 kg **Zdrazila** Tschechoslowakei
1968 475,0 kg **Kurentsow** UdSSR
1972 485,0 kg **Bikow** Bulgarien
1976 335,0 kg **Mitkow** Bulgarien
1980 360,0 kg **Zlatew** Bulgarien
1984 340,0 kg **Radschinsky** Deutschland
1988 375,0 kg **Guidikow** Bulgarien

Leichtschwergewicht

1920 290,0 kg **Cadine** Frankreich
1924 502,5 kg** **Rigoulot** Frankreich
1928 355,0 kg **Nosseir** Ägypten
1932 365,0 kg **Hostin** Frankreich
1936 372,5 kg **Hostin** Frankreich
1948 417,5 kg **Stanczyk** USA
1952 417,5 kg **Lomakin** UdSSR
1956 447,5 kg **Kono** USA
1960 442,5 kg **Palinski** Polen

1964	475,0 kg	**Plukfelder**	UdSSR
1968	485,0 kg	**Selitsky**	UdSSR
1972	507,5 kg	**Jenssen**	Norwegen
1976	365,0 kg	**Schare**	UdSSR
1980	400,0 kg	**Wardanjan**	UdSSR
1984	355,0 kg	**Becheru**	Rumänien
1988	377,5 kg	**Arsamakow**	UdSSR

Mittelschwergewicht bis 90 kg

1952	445,0 kg	**Schemansky**	USA
1956	462,5 kg	**Worobjew**	UdSSR
1960	472,5 kg	**Worobjew**	UdSSR
1964	487,5 kg	**Golowanow**	UdSSR
1968	517,5 kg	**Kangasniemi**	Finnland
1972	525,0 kg	**Nikolow**	Bulgarien
1976	382,5 kg	**Rigert**	UdSSR
1980	377,5 kg	**Baczako**	Ungarn
1984	392,5 kg	**Vlad**	Rumänien
1988	412,5 kg	**Chrapaty**	UdSSR

1. Schwergewicht
(bis 100 kg ab 1980, vorher bis 110 kg)

1920	270,0 kg	**Bottino**	Italien
1924	517,5 kg**	**Tonani**	Italien
1928	372,5 kg	**Strassberger**	Deutschland
1932	380,5 kg	**Skobla**	Tschechoslowakei
1936	410,0 kg	**Manger**	Deutschland
1948	452,5 kg	**Davis**	USA

1952	460,0 kg	**Davis**	USA
1956	500,0 kg	**Anderson**	USA
1960	537,5 kg	**Wlassow**	UdSSR
1964	572,5 kg	**Tschabotinski**	UdSSR
1968	572,5 kg	**Tschabotinski**	UdSSR
1972	580,0 kg	**Talts**	UdSSR
1976	400,0 kg	**Christow**	Bulgarien
1980	395,0 kg	**Zaremba**	Tschechoslowakei
1984	385,0 kg	**Milser**	Deutschland
1988	425,0 kg	**Kuznetsow**	UdSSR

2. Schwergewicht (bis 110 kg/ab 1980)

1980	422,5 kg	**Taranenko**	UdSSR
1984	290,0 kg	**Oberburger**	Italien
1988	455,0 kg	**Zacharewitsch**	UdSSR

Super-Schwergewicht (über 110 kg)

1972	640,0 kg	**Alexejew**	UdSSR
1976	440,0 kg	**Alexejew**	UdSSR
1980	440,5 kg	**Rachmanow**	UdSSR
1984	412,5 kg	**Lukin**	Australien
1988	462,5 kg	**Kurlowitsch**	UdSSR

RINGEN GRIECHISCH-RÖMISCH

Papiergewicht

1972	**Berceanu**	Rumänien
1976	**Schumakow**	UdSSR
1980	**Uschkempirow**	UdSSR
1984	**Maenza**	Italien
1988	**Maenza**	Italien

Fliegengewicht

1948	**Lombardi**	Italien
1952	**Gurewitsch**	UdSSR
1956	**Solowjew**	UdSSR
1960	**Pirvulescu**	Rumänien
1964	**Hanahara**	Japan
1968	**Kirow**	Bulgarien
1972	**Kirow**	Bulgarien
1976	**Konstantinow**	UdSSR
1980	**Blagidse**	UdSSR
1984	**Miyahara**	Japan
1988	**Ronningen**	Norwegen

Links außen: John Davis, Goldmedaillengewinner im Schwergewicht 1948 in London und 1952 in Helsinki.

Links: Einer der markantesten Gewichtheber aller Zeiten war Wassili Alexejew (UdSSR), Olympiasieger im Superschwergewicht 1972 in München und 1976 in Montreal; die internationale Sportpresse gab dem ebenso kraft- wie gemütvollen Muskelmann den naheliegenden Spitznamen »russischer Bär«.

Bantamgewicht

1924	**Puttsepp**	Estland
1928	**Leucht**	Deutschland
1932	**Brendel**	Deutschland
1936	**Lörincz**	Ungarn
1948	**Pettersson**	Schweden
1952	**Hodos**	Ungarn
1956	**Wyrupajew**	UdSSR
1960	**Karawajew**	UdSSR
1964	**Ichiguchi**	Japan
1968	**Varga**	Ungarn
1972	**Kazakow**	UdSSR
1976	**Ukkola**	Finnland
1980	**Serikow**	UdSSR
1984	**Passarelli**	Deutschland
1988	**Sike**	Ungarn

Federgewicht

1912	**Koskela**	Finnland
1920	**Friman**	Finnland
1924	**Anttila**	Finnland
1928	**Wäli**	Estland
1932	**Gozzi**	Italien
1936	**Erkan**	Türkei
1948	**Oktav**	Türkei
1952	**Punkin**	UdSSR
1956	**Mäkinen**	Finnland
1960	**Sille**	Türkei
1964	**Polyak**	Ungarn
1968	**Rurua**	UdSSR
1972	**Markow**	Bulgarien
1976	**Lipien**	Polen
1980	**Migiakis**	Griechenland
1984	**Weon-Kee Kim**	Korea
1988	**Madjidow**	UdSSR

Leichtgewicht

1908	**Porro**	Italien
1912	**Väre**	Finnland
1920	**Väre**	Finnland
1924	**Friman**	Finnland
1928	**Keresztes**	Ungarn
1932	**Malmberg**	Schweden
1936	**Koskela**	Finnland
1948	**Freij**	Schweden
1952	**Safin**	UdSSR
1956	**Lehtonen**	Finnland
1960	**Koridse**	UdSSR
1964	**Ayvas**	Türkei
1968	**Mumemura**	Japan
1972	**Chisamutdinow**	UdSSR
1976	**Nalbandjan**	UdSSR
1980	**Rusu**	Rumänien
1984	**Lisjak**	Jugoslawien
1988	**Djulfalakian**	UdSSR

Weltergewicht

1932	**Johansson**	Schweden
1936	**Svedberg**	Schweden
1948	**Andersson**	Schweden
1952	**Szilvasy**	Ungarn
1956	**Bayrak**	Türkei
1960	**Bayrak**	Türkei
1964	**Kolesow**	UdSSR
1968	**Vesper**	DDR
1972	**Macha**	Tschechoslowakei
1976	**Bykow**	UdSSR
1980	**Kocsis**	Ungarn
1984	**Salomäki**	Finnland
1988	**Kim Young Nam**	Südkorea

Mittelgewicht

1908	**Martensson**	Schweden
1912	**Johansson**	Schweden
1920	**Westergren**	Schweden
1924	**Westerlund**	Finnland
1928	**Kokkinen**	Finnland
1932	**Kokkinen**	Finnland
1936	**Johansson**	Schweden
1948	**Grönberg**	Schweden

1952 Grönberg Schweden
1956 Kartosia UdSSR
1960 Dobrew Bulgarien
1964 Simic Jugoslawien
1968 Metz DDR
1972 Hegedus Ungarn
1976 Petkovic Jugoslawien
1980 Korban UdSSR
1984 Draica Rumänien
1988 Mamischwili UdSSR

Halbschwergewicht

1908 Weckmann Finnland
1912 keine Gold-, zwei Silbermedaillen:
    Ahlgren Schweden
    Böhling Finnland
1920 Johansson Schweden
1924 Westergren Schweden
1928 Moustafa Ägypten
1932 Svensson Schweden
1936 Cadier Schweden
1948 Nilsson Schweden
1952 Gröndahl Finnland
1956 Nikolajew UdSSR
1960 Kis Türkei
1964 Radew Bulgarien
1968 Radew Bulgarien
1972 Resanzew UdSSR
1976 Resanzew UdSSR
1980 Nottny Ungarn
1984 Fraser USA
1988 Komchew Bulgarien

Schwergewicht

1896 Schuhmann Deutschland
1908 Weisz Ungarn
1912 Saarela Finnland
1920 Lindfors Finnland
1924 Deglane Frankreich
1928 Svensson Schweden
1932 Westergren Schweden
1936 Palusalu Estland
1948 Kirecci Türkei
1952 Kotkas UdSSR
1956 Parfenow UdSSR
1960 Bogdan UdSSR

1964 Kozma Ungarn
1968 Kozma Ungarn
1972 Martinescu Rumänien
1976 Balboschin UdSSR
1980 Raikow Bulgarien
1984 Andrei Rumänien
1988 Wronski Polen

Super-Schwergewicht

1972 Roschin UdSSR
1976 Koltschinski UdSSR
1980 Koltschinski UdSSR
1984 Blatnick USA
1988 Karelin UdSSR

RINGEN FREISTIL

Papiergewicht

1904 Curry USA
1972 Dimitriew UdSSR
1976 Issajew Bulgarien
1980 Polio Italien
1984 Weaver USA
1988 Kobayashi Japan

Fliegengewicht

1904 Mehnert USA
1948 Viitala Finnland
1952 Cemici Türkei
1956 Zalkalamanidze UdSSR
1960 Bilek Türkei
1964 Yoshida Japan
1968 Nakata Japan
1972 Kato Japan
1976 Takada Japan
1980 A. Beloglasow UdSSR
1984 Trstena Jugoslawien
1988 Sato Japan

Bantamgewicht

1904 Niflot USA
1908 Mehnert USA
1924 K. Pihlajamäki Finnland
1928 Mäkinen Finnland
1932 Pearce USA
1936 Zombori Ungarn
1948 Akar Türkei
1952 Ishii Japan
1956 Dagistanli Türkei
1960 McCann USA
1964 Uetake Japan
1968 Uetake Japan
1972 Yanagida Japan

1976 Jumin UdSSR
1980 S. Beloglasow UdSSR
1984 Tmiyami Japan
1988 S. Beloglasow UdSSR

Federgewicht

1904 Bradshaw USA
1908 Dole USA
1920 Ackerley USA
1924 Reed USA
1928 Morrison USA
1932 H. Pihlajamäki Finnland
1936 K. Pihlajamäki Finnland
1948 Bilge Türkei
1952 Sit Türkei
1956 Sasahara Japan
1960 Dagistanli Türkei
1964 Watanabe Japan
1968 Kaneko Japan
1972 Abdulbekow UdSSR
1976 Jung Mo Südkorea
1980 Abuschew UdSSR
1984 Lewis USA
1988 Smith USA

Leichtgewicht

1904 Roehm USA
1908 de Relwyskow Großbritannien
1920 Anttila Finnland
1924 Vis USA
1928 Käpp Estland
1932 Pacome Frankreich
1936 Karpati Ungarn
1948 Atik Türkei
1952 Anderberg Schweden
1956 Habibi Iran
1960 Wilson USA
1964 Dimow Bulgarien
1968 Ardabili Iran
1972 Gable USA
1976 Pinigin UdSSR
1980 Absaidow UdSSR
1984 In-Tak You Südkorea
1988 Fadsajew UdSSR

Weltergewicht

1904 Erikson USA
1924 Gehri Schweiz
1928 Haavisto Finnland
1932 van Bebber USA
1936 Lewis USA
1948 Dogu Türkei
1952 Smith USA
1956 Ikeda Japan
1960 Blubaugh USA
1964 Ogan Türkei
1968 Atalay Türkei

Kampflos zu einer Goldmedaille im griechisch-römischen Stil kam 1912 in Stockholm der Schwede Johansson, weil sich der Russe Klein und der Finne Asikainen nach 10stündigem Ringen um die Finalqualifikation total verausgabt hatten (oben).

Links: Der japanische Fliegengewichtler Kiyomi Kato (links) errang sich bei den Olympischen Spielen 1972 in München die Goldmedaille (im Bild mit seinem Gegner Kim Gwong aus Nordkorea bei vergeblicher Gegenwehr).

1972 **Wells** USA
1976 **Date** Japan
1980 **Raitschew** Bulgarien
1984 **D. Shultz** USA
1988 **Monday** USA

Mittelgewicht

1908 **Bacon** Großbritannien
1920 **Leino** Finnland
1924 **Hagmann** Schweiz
1928 **Kyburz** Schweiz
1932 **Johansson** Schweden
1936 **Poilvé** Frankreich
1948 **Brand** USA
1952 **Simakuridze** UdSSR
1956 **Nikolow** Bulgarien
1960 **Güngör** Türkei
1964 **Gardschew** Bulgarien
1968 **Gurewitsch** UdSSR
1972 **Tadiaschwili** UdSSR
1976 **Peterson** USA
1980 **Abilow** Bulgarien
1984 **M. Shultz** USA
1988 **Han Myung Woo** Südkorea

Halbschwergewicht

1920 **Larsson** Schweden
1924 **Spellman** USA
1928 **Sjöstedt** Schweden
1932 **Mehringer** USA
1936 **Fridell** Schweden
1948 **Wittenberg** USA
1952 **Palm** Schweden
1956 **Takhti** Iran
1960 **Atli** Türkei
1964 **Medwed** UdSSR
1968 **Ayik** Türkei
1972 **Peterson** USA
1976 **Tediaschwili** UdSSR
1980 **Oganesjan** UdSSR
1984 **E. Banach** USA
1988 **Khadartsew** UdSSR

Schwergewicht

1904 **Hansen** USA
1908 **O'Kelly** Großbritannien
1920 **Roth** Schweiz
1924 **Steele** USA
1928 **Richthoff** Schweden
1932 **Richthoff** Schweden
1936 **Palusalu** Estland
1948 **Bobis** Ungarn
1952 **Mekokischwili** UdSSR
1956 **Kaplan** Türkei
1960 **Dietrich** Deutschland
1964 **Iwanitzki** UdSSR
1968 **Medwed** UdSSR
1972 **Jarigin** UdSSR
1976 **Jarigin** UdSSR
1980 **Mate** UdSSR
1984 **L. Banach** USA
1988 **Puscasu** Rumänien

Super-Schwergewicht

1972 **Medwed** UdSSR
1976 **Andjew** UdSSR
1980 **Andjew** UdSSR
1984 **Baumgartner** USA
1988 **Gobedjischwili** UdSSR

JUDO

Bis 60 kg

1980 **Rey** Frankreich
1984 **Hosokawa** Japan
1988 **Kim Jae Yup** Südkorea

Bis 65 kg

1984 **Matsuoka** Japan
1988 **Lee Kyung Keun** Südkorea

Bis 71 kg

1964 **Nakatani** Japan
1972 **Kawaguchi** Japan
1976 **Rodriguez** Kuba
1980 **Gamba** Italien
1984 **Alu-Byeong Kenn** Südkorea
1988 **Alexandre** Frankreich

Bis 78 kg

1980 **Kabareli** UdSSR
1984 **Wieneke** Deutschland
1988 **Legien** Polen

Weltergewicht (bis 1976)

1972 **Nomura** Japan
1976 **Newzorow** UdSSR

Bis 86 kg

1964 **Okano** Japan
1972 **Sekine** Japan
1976 **Sonoda** Japan
1980 **Röthlisberger** Schweiz
1984 **Seisenbacher** Österreich
1988 **Seisenbacher** Österreich

Bis 95 kg

1972 **Tschotschoschwili** UdSSR
1976 **Ninomiya** Japan
1980 **van de Walle** Belgien
1984 **Hyoung-Zoo Ha** Südkorea
1988 **Miguel** Brasilien

Über 95 kg

1964 **Inokuma** Japan
1972 **Ruska** Niederlande
1976 **Nowikow** UdSSR
1980 **Parisi** Frankreich
1984 **Saito** Japan
1988 **Saito** Japan

Allkategorie · offene Klasse

1964 **Geesink** Niederlande
1972 **Ruska** Niederlande
1976 **Uemura** Japan
1980 **Lorenz** DDR
1984 **Yamashita** Japan

Rechts: München,
1972: Der deutsche
Schwergewichtler
Klaus Glahn (rechts)
unterliegt im Finale
Wim Ruska aus den
Niederlanden.

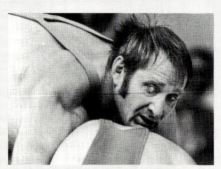

Der Schwergewicht-
ler Wilfried Diet-
rich (1933–1992),
genannt »der Kran
von Schifferstadt«,
war einer des
erfolgreichsten
deutschen Ringer
bei Olympischen
Spielen. Sein größ-
ter Triumph: Gold
im Freistil 1960 in
Rom.

Rechts: Montreal,
1976: Sergej Nowi-
kow aus der UdSSR
preßt seinen deut-
schen Gegner Günter
Neureuther auf die
Matte. Nowikows fra-
gender Blick Rich-
tung Kampfrichter
wurde positiv beant-
wortet: Gold!

BOXEN

Leichtfliegengewicht

1968 **Rodriguez** Venezuela
1972 **Gedo** Ungarn
1976 **Hernandez** Kuba
1980 **Sabirow** UdSSR
1984 **Gonzales** USA
1988 **Marimow** Bulgarien

Fliegengewicht

1904 **Finnigan** USA
1920 **de Genaro** USA
1924 **La Barba** USA
1928 **Kocsis** Ungarn
1932 **Enekes** Ungarn
1936 **Kaiser** Deutschland
1948 **Perez** Argentinien
1952 **Brooks** USA
1956 **Spinks** Großbritannien
1960 **Török** Ungarn
1964 **Atzori** Italien
1968 **Delgado** Mexiko
1972 **Kostadinow** UdSSR
1976 **Randolph** USA
1980 **Lessow** Bulgarien
1984 **McCrory** USA
1988 **Kim Kwang Sun** Südkorea

Bantamgewicht

1904 **Kirk** USA
1908 **Thomas** Großbritannien
1920 **Walker** Südafrika
1924 **Smith** Südafrika
1928 **Tamagnini** Italien
1932 **Gwynne** Kanada
1936 **Sergo** Italien
1948 **Csik** Ungarn
1952 **Hämäläinen** Finnland
1956 **Behrendt** Deutschland
1960 **Grigorjew** UdSSR
1964 **Sakurai** Japan
1968 **Sokolow** UdSSR
1972 **Martinez** Kuba
1976 **Gu** Nordkorea
1980 **Hernandez** Kuba
1984 **Stecca** Italien
1988 **McKinney** USA

Federgewicht

1904 **Kirk** USA
1908 **Gunn** Großbritannien
1920 **Fritsch** Frankreich
1924 **Fields** USA
1928 **van Klaveren** Niederlande
1932 **Robledo** Argentinien
1936 **Casanovas** Argentinien
1948 **Formenti** Italien
1952 **Zachara** Tschechoslowakei
1956 **Safronow** UdSSR
1960 **Musso** Italien
1964 **Stepaschkin** UdSSR
1968 **Roldan** Mexiko
1972 **Kusnezow** UdSSR
1976 **Herrera** Kuba

Rechts: »Ich bin der Champion!« Der krönende Abschluß einer erfolgreichen Boxerkarriere war für den Hamburger Dieter Kottysch (Halbmittelgewicht) der Gewinn der Goldmedaille 1972 in München.

1980 Fink DDR
1984 Taylor USA
1988 Parisi Italien

Leichtgewicht

1904 Spanger USA
1908 Grace Großbritannien
1920 Mosberg USA
1924 Nielsen Dänemark
1928 Orlandi Italien
1932 Stevens Südafrika
1936 Harangi Ungarn
1948 Dreyer Südafrika
1952 Bolognesi Italien
1956 McTaggart Großbritannien
1960 Pazdzior Polen
1964 Grudzien Polen
1968 Harris USA
1972 Szczepanski Polen
1976 Davis USA
1980 Herrera Kuba
1984 Whitaker USA
1988 Zülow DDR

Halbweltergewicht

1952 Adkins USA
1956 Jengibarian UdSSR
1960 Nemecek Tschechoslowakei
1964 Kulej Polen
1968 Kulej Polen
1972 Seales USA
1976 Leonard USA
1980 Oliva Italien
1984 Page USA
1988 Janowski UdSSR

Weltergewicht

1904 Young USA
1920 Schneider Kanada
1924 Delarge Belgien
1928 Morgan Neuseeland
1932 Flynn USA
1936 Suvio Finnland
1948 Torma Tschechoslowakei
1952 Chychla Polen
1956 Linca Rumänien
1960 Benvenuti Italien
1964 Kasprzyk Polen
1968 Wolke DDR
1972 Correa Kuba
1976 Bachfeld DDR
1980 Aldama Kuba
1984 Breland USA
1988 Wangila Kenia

Oben: Eine einmalige olympische Karriere im Boxen begann 1948 in London der Ungar Laszlo Papp. Er siegte im Mittelgewicht und wiederholte diesen Erfolg im Halbmittelgewicht 1952 und 1956.

Halbmittelgewicht

1952 Papp Ungarn
1956 Papp Ungarn
1960 McClure USA
1964 Lagutin UdSSR
1968 Lagutin UdSSR
1972 Kottysch Deutschland
1976 Rybicki Polen
1980 Martinez Kuba
1984 Tate USA
1988 Park Chi Hun Südkorea

Mittelgewicht

1904 Mayer USA
1908 Douglas Großbritannien
1920 Mallin Großbritannien
1924 Mallin Großbritannien
1928 Toscani Italien
1932 Barth USA
1936 Despeaux Frankreich
1948 Papp Ungarn
1952 Patterson USA
1956 Schatkow UdSSR
1960 Crook USA
1964 Popenschenko UdSSR
1968 Finnegan Großbritannien
1972 Lemetschew UdSSR
1976 M. Spinks USA
1980 Gomez Kuba
1984 Joon-Sup Shin Südkorea
1988 Maske DDR

Halbschwergewicht

1920 Eagan USA
1924 Mitchell Großbritannien
1928 Avendano Argentinien
1932 Carstens Südafrika

1936 Michelot Frankreich
1948 Hunter Südafrika
1952 Lee USA
1956 Boyd USA
1960 Clay USA
1964 Pinto Italien
1968 Poznyak UdSSR
1972 Parlow Jugoslawien
1976 L. Spinks USA
1980 Kacar Jugoslawien
1984 Josipovic Jugoslawien
1988 Meynard USA

Schwergewicht

1904 Berger USA
1908 Oldhan Großbritannien
1920 Rawson Großbritannien
1924 von Porat Norwegen
1928 Jurado Argentinien
1932 Lovell Argentinien
1936 Runge Deutschland
1948 Iglesias Argentinien
1952 Sanders USA
1956 Rademacher USA
1960 de Piccoli Italien
1964 Frazier USA
1968 Foreman USA
1972 Stevenson Kuba
1976 Stevenson Kuba
1980 Stevenson Kuba
1984 Tillman USA
1988 Mercer USA

Superschwergewicht

1984 Biggs USA
1988 Lewis Kanada

Oben: Der Kubaner Theophilo Stevenson war in den 70er Jahren die schillerndste Gestalt im olympischen Schwergewichtsboxen: Dreimal Gold hintereinander (1972, 1976 und 1980) erstritt sich der begnadete Faustkämpfer von der Zuckerinsel mit seiner fürchterlichen Rechten.

RADSPORT MÄNNER

Sprint

1896 Masson Frankreich
1900 Taillandier Frankreich
1920 Peters Niederlande
1924 Michard Frankreich
1928 Beaufrand Frankreich
1932 van Egmond Niederlande
1936 Merkens Deutschland
1948 Ghella Italien
1952 Sacchi Italien
1956 Rousseau Frankreich
1960 Gaiardoni Italien
1964 Pettenella Italien
1968 Morelon Frankreich
1972 Morelon Frankreich
1976 Tkac Tschechoslowakei
1980 Heßlich DDR
1984 Gorski USA
1988 Heßlich DDR

1000 m Zeitfahren

1928	1:14,4	Min.	Falck-Hansen Dänemark
1932	1:13,0	Min.	Gray Australien
1936	1:12,0	Min.	van Vliet Niederlande
1948	1:13,5	Min.	Dupont Frankreich
1952	1:11,1	Min.	Mockridge Australien
1956	1:09,8	Min.	Faggin Italien
1960	1:07,27	Min.	Gaiardoni Italien
1964	1:09,59	Min.	Sercu Belgien
1968	1:03,91	Min.	Trentin Frankreich
1972	1:06,44	Min.	Fredborg Dänemark
1976	1:05,927	Min.	Krünke DDR
1980	1:02,955	Min.	Thoms DDR
1984	1:06,104	Min.	Schmidtke Deutschland
1988	1:04,499	Min.	Kiritschenko UdSSR

Einzel-Verfolgung 4000 m

1964	5:04,75	Min.	Daler Tschechoslowakei
1968	4:41,75	Min.	Rebillard Frankreich
1972	4:45,74	Min.	Knudsen Norwegen
1976	4:47,61	Min.	Braun Deutschland
1980	4:35,66	Min.	Dill-Bundi Schweiz
1984	4:39,35	Min.	Hegg USA
1988	4:32,00	Min.	Umaras UdSSR

Links: Der herausragende Radsportler im Veldrom von Montreal 1976 war der Deutsche Gregor Braun, der Gold in der 4000-m-Einzelverfolgung und mit der Mannschaft gewann. Dieser Doppeltriumph brachte ihm den Ehrentitel »Sportler des Jahres« ein.

Mannschafts-Verfolgung 4000 m

1908 Großbritannien 1810,5 m
1920 Italien
1924 Italien
1928 Italien
1932 Italien
1936 Frankreich
1948 Frankreich
1952 Italien
1956 Italien
1960 Italien
1964 Deutschland
1968 Dänemark
1972 Deutschland
1976 Deutschland
1980 UdSSR
1984 Australien
1988 UdSSR

Punktefahren

1984 Ilegems Belgien
1988 Frost Dänemark

Straßenrennen · Einzel

1896 Konstantinidis Griechenland
1912 Lewis Südafrika
1920 Stenquist Schweden
1924 Blanchonnet Frankreich
1928 Hansen Dänemark
1932 Pavesi Italien
1936 Charpentier Frankreich
1948 Beyaert Frankreich
1952 Noyelle Belgien
1956 Baldini Italien
1960 Kapitanow UdSSR
1964 Zanin Italien
1968 Vianelli Italien
1972 Kuiper Niederlande
1976 Johansson Schweden
1980 Suchorutschenkow UdSSR
1984 Grewal USA
1988 Ludwig DDR

100-km-Mannschaftszeitfahren

1912 Schweden
1920 Frankreich
1924 Frankreich

1928 Dänemark
1932 Italien
1936 Frankreich
1948 Belgien
1952 Belgien
1956 Frankreich
1960 Italien
1964 Niederlande
1968 Niederlande
1972 UdSSR
1976 UdSSR
1980 UdSSR
1984 Italien
1988 DDR

RADSPORT FRAUEN

Straßenrennen

1984 Carpenter-Phinney USA
1988 Knol Niederlande

Sprint

1988 Saloumiae UdSSR

SCHWIMMEN MÄNNER

50 m Freistil

1988 22,14 Sek. Biondi USA

100 m Kraul

1896	1:22,2	Min.	Hajos Ungarn
1904	1:02,8	Min.	Halmay Ungarn (100 Yards)
1908	1:05,6	Min.	Daniels USA
1912	1:03,4	Min.	Kahanamoku USA
1920	1:01,4	Min.	Kahanamoku USA
1924	59,0	Sek.	Weissmueller USA
1928	58,6	Sek.	Weissmueller USA
1932	58,2	Sek.	Miyazaki Japan
1936	57,6	Sek.	Csik Ungarn
1948	57,3	Sek.	Ris USA
1952	57,4	Sek.	Scholes USA
1956	55,4	Sek.	Henricks Australien
1960	55,2	Sek.	Devitt Australien
1964	53,4	Sek.	Schollander USA
1968	52,2	Sek.	Wenden Australien
1972	51,22	Sek.	Spitz USA
1976	49,99	Sek.	Montgomery USA
1980	50,4	Sek.	Woithe DDR
1984	49,8	Sek.	Gaines USA
1988	48,63	Sek.	Biondi USA

200 m Kraul

1900	2:25,2	Min.	Lane Australien
1904	2:44,2	Min.	Daniels USA
1968	1:55,2	Min.	Wenden Australien
1972	1:52,78	Min.	Spitz USA
1976	1:50,29	Min.	Furniss USA
1980	1:49,81	Min.	Kopljakow UdSSR
1984	1:47,44	Min.	Groß Deutschland
1988	1:47,25	Min.	Armstrong Australien

400 m Kraul

1896	8:12,6	Min.	Neumann Österreich
1904	6:16,2	Min.	Daniels USA
1908	5:36,8	Min.	Taylor Großbritannien
1912	5:24,4	Min.	Hodgson Kanada
1920	5:26,8	Min.	Ross USA
1924	5:04,2	Min.	Weissmueller USA
1928	5:01,6	Min.	Zorilla Argentinien
1932	4:48,4	Min.	Crabbe USA
1936	4:44,5	Min.	Medica USA
1948	4:41,0	Min.	Smith USA
1952	4:30,7	Min.	Boiteux Frankreich
1956	4:27,3	Min.	Rose Australien
1960	4:18,3	Min.	Rose Australien
1964	4:12,2	Min.	Schollander USA
1968	4:09,0	Min.	Burton USA
1972	4:00,27	Min.	Cooper Australien
1976	3:51,93	Min.	Goodell USA
1980	3:51,31	Min.	Salnikow UdSSR
1984	3:51,23	Min.	Dicarlo USA
1988	3:46,95	Min.	Dassler DDR

1500 m Kraul

1896	18:22,2	Min.	Hajos Ungarn 1200 m
1900	13:40,2	Min.	Jarvis Großbritannien (1000 m)
1904	27:18,2	Min.	Rausch Deutschland (1 Meile)

Unten: Deutschlands Verfolgungs-Vierer auf der Siegerstraße 1964 in Tokio. Am Ende entschieden sieben Hundertstelsekunden Vorsprung für Lothar Claesges, Karl Link, Karl-Heinz Henrichs und Ernst Streng vor den starken Italienern über Gold und Silber.

Rechts: Alfred Hajos, genannt »der ungarische Delphin«, wurde 1896 der erste Sieger über 100 m Kraul in der olympischen Geschichte.

Unten: In den frühen Annalen Olympias steht auch der Name des Deutschen Emil Rausch verzeichnet, der 1904 in Paris über eine Meile und 880 Yards Gold gewann.

Johnny Weissmueller (rechts, neben ihm der Australier Charlton) gehörte zu den ganz Großen im olympischen Schwimmsport, bevor er seine Hollywood-Karriere als Film-Tarzan begann. 1924 siegte er über 100, 400 und 4×200 m Freistil, 1928 nochmal über 100 und 4×200 m Freistil.

Zwei »Goldfische« in Menschengestalt: Der Amerikaner Mark Spitz (links außen) war der Triumphator der Olympischen Spiele 1972 in München, er gewann siebenmal Gold und schwamm alle Konkurrenzen in Weltrekordzeit; der Erfurter Roland Matthes (links) bestieg zweimal das Siegerpodest, wie schon 1968 in Mexiko holte er Gold über 100 und 200 m Rücken.

1908	22:48,4	Min.	**Taylor**	Großbritannien
1912	22:00,0	Min.	**Hodgson**	Kanada
1920	22:23,2	Min.	**Ross**	USA
1924	20:06,6	Min.	**Charlton**	Australien
1928	19:51,8	Min.	**Borg**	Schweden
1932	19:12,4	Min.	**Kitamura**	Japan
1936	19:13,7	Min.	**Terada**	Japan
1948	19:18,5	Min.	**McLane**	USA
1952	18:30,3	Min.	**Konno**	USA
1956	17:58,9	Min.	**Rose**	Australien
1960	17:19,6	Min.	**Konrads**	Australien
1964	17:01,7	Min.	**Windle**	Australien
1968	16:38,9	Min.	**Burton**	USA
1972	15:52,58	Min.	**Burton**	USA
1976	15:02,40	Min.	**Goodell**	USA
1980	14:58,27	Min.	**Salnikow**	UdSSR
1984	15:05,20	Min.	**O'Brien**	USA
1988	15:00,40	Min.	**Salnikow**	UdSSR

100 m Rücken

1904	1:16,8	Min.	**Brack**	Deutschland
1908	1:24,6	Min.	**Bieberstein** Deutschland	
1912	1:21,2	Min.	**Hebner**	USA
1920	1:15,2	Min.	**Kealoha**	USA
1924	1:13,2	Min.	**Kealoha**	USA
1928	1:08,2	Min.	**Kojac**	USA
1932	1:08,6	Min.	**Kiyokawa**	Japan
1936	1:05,9	Min.	**Kiefer**	USA
1948	1:06,4	Min.	**Stack**	USA
1952	1:05,4	Min.	**Oyakawa**	USA
1956	1:02,2	Min.	**Theile**	Australien
1960	1:01,9	Min.	**Theile**	Australien
1968	58,7	Sek.	**Matthes**	DDR
1972	56,58	Sek.	**Matthes**	DDR
1976	55,49	Sek.	**Naber**	USA
1980	56,63	Sek.	**Baron**	Schweden
1984	55,79	Sek.	**Carey**	USA
1988	55,05	Sek.	**Suzuki**	Japan

200 m Rücken

1900	2:47,0	Min.	**Hoppenberg**	Deutschland
1964	2:10,3	Min.	**Graef**	USA
1968	2:09,6	Min.	**Matthes**	DDR
1972	2:02,82	Min.	**Matthes**	DDR
1976	1:59,19	Min.	**Naber**	USA
1980	2:01,93	Min.	**Wladar**	Ungarn

1984	2:00,23	Min.	**Carey**	USA
1988	1:59,37	Min.	**Poljanski**	UdSSR

100 m Brust

1968	1:07,7	Min.	**McKenzie**	USA
1972	1:04,94	Min.	**Taguchi**	Japan
1976	1:03,11	Min.	**Hencken**	USA
1980	1:03,34	Min.	**Goodhew**	Großbritannien
1984	1:01,65	Min.	**Lundquist**	USA
1988	1:02,04	Min.	**Moorhouse** Großbritannien	

200 m Brust

1908	3:09,2	Min.	**Holman**	Großbritannien
1912	3:01,8	Min.	**Bathe**	Deutschland
1920	3:04,4	Min.	**Malmroth**	Schweden
1924	2:56,6	Min.	**Skelton**	USA
1928	2:48,8	Min.	**Tsuruta**	Japan
1932	2:45,4	Min.	**Tsuruta**	Japan
1936	2:41,5	Min.	**Hamuro**	Japan
1948	2:39,3	Min.	**Verdeur**	USA
1952	2:34,4	Min.	**Davies**	Australien
1956	2:34,7	Min.	**Furukawa**	Japan
1960	2:37,4	Min.	**Mulliken**	USA
1964	2:27,8	Min.	**O'Brien**	Australien
1968	2:28,7	Min.	**Munoz**	Mexiko
1972	2:21,55	Min.	**Hencken**	USA
1976	2:15,11	Min.	**Wilkie**	Großbritannien
1980	2:15,85	Min.	**Schulpa**	UdSSR
1984	2:13,34	Min.	**Davis**	Kanada
1988	2:13,52	Min.	**Szabo**	Ungarn

100 m Delphin

1968	55,9	Sek.	**Russell**	USA
1972	54,27	Sek.	**Spitz**	USA
1976	54,35	Sek.	**Vogel**	USA
1980	54,92	Sek.	**Arvidsson**	Schweden
1984	53,08	Sek.	**Groß**	Deutschland
1988	53,00	Sek.	**Nesty**	Surinam

200 m Delphin

1956	2:19,3	Min.	**Yorzyk**	USA
1960	2:12,8	Min.	**Troy**	USA
1964	2:06,6	Min.	**Berry**	Australien
1968	2:08,7	Min.	**Robie**	USA
1972	2:00,70	Min.	**Spitz**	USA
1976	1:59,23	Min.	**Bruner**	USA
1980	1:59,76	Min.	**Fessenko**	UdSSR

1984	1:57,04	Min.	**Sieben**	Australien
1988	1:56,94	Min.	**Groß**	Deutschland

200 m Lagen

1968	2:12.0	Min.	**Hickox**	USA
1972	2:07,17	Min.	**Larsson**	Schweden
1984	2:01,44	Min.	**Baumann**	Kanada
1988	2:00,17	Min.	**Darnyi**	Ungarn

400 m Lagen

1964	4:45,4	Min.	**Roth**	USA
1968	4:48,4	Min.	**Hickcox**	USA
1972	4:31,981	Min.	**Larsson**	Schweden
1976	4:23,68	Min.	**Strachan**	USA
1980	4:22,89	Min.	**Sidorenko**	UdSSR
1984	4:17,41	Min.	**Baumann**	Kanada
1988	4:14,75	Min.	**Darnyi**	Ungarn

4×100-m-Kraul-Staffel

1964	3:33,2	Min.	USA
1968	3:31,7	Min.	USA
1972	3:26,42	Min.	USA
1984	3:19,03	Min.	USA
1988	3:16,53	Min.	USA

4×200-m-Kraul-Staffel

1908	10:55,6	Min.	Großbritannien
1912	10:11,6	Min.	Australien
1920	10:04,4	Min.	USA
1924	9:53,4	Min.	USA
1928	9:36,2	Min.	USA
1932	8:58,4	Min.	Japan
1936	8:51,5	Min.	Japan
1948	8:46,0	Min.	USA
1952	8:31,1	Min.	USA
1956	8:23,6	Min.	Australien
1960	8:10,2	Min.	USA
1964	7:52,1	Min.	USA
1968	7:52,3	Min.	USA
1972	7:35,78	Min.	USA
1976	7:23,22	Min.	USA
1980	7:23,5	Min.	UdSSR
1984	7:15,69	Min.	USA
1988	7:12,51	Min.	USA

4×100-m-Lagen-Staffel

1960	4:05,4	Min.	USA
1964	3:58,4	Min.	USA
1968	3:54,9	Min.	USA
1972	3:48,16	Min.	USA
1976	3:42,22	Min.	USA
1980	3:45,7	Min.	Australien
1984	3:39,30	Min.	USA
1988	3:36,93	Min.	USA

Das Kunst- und Turmspringen ist seit jeher eine Domäne der Amerikaner. Im Kunstspringen gingen alle Goldmedaillen von 1920 bis 1968 in die USA. Im Bild Bruce Harlan, der Olympiasieger von 1948.

Kunstspringen

1908 **Zürner** Deutschland
1912 **Günther** Deutschland
1920 **Kuehn** USA
1924 **White** USA
1928 **Desjardins** USA
1932 **Galitzen** USA
1936 **Degener** USA
1948 **Harlan** USA
1952 **Browning** USA
1956 **Clotworthy** USA
1960 **Tobian** USA
1964 **Sitzberger** USA
1968 **Wrightson** USA
1972 **Wasin** UdSSR
1976 **Boggs** USA
1980 **Portnow** UdSSR
1984 **Louganis** USA
1988 **Louganis** USA

Turmspringen

1904 **Sheldon** USA
1908 **Johansson** Schweden
1912 **Adlerz** Schweden
1920 **Pinkston** USA
1924 **White** USA
1928 **Desjardins** USA
1932 **Smith** USA
1936 **Wayne** USA
1948 **Lee** USA
1952 **Lee** USA
1956 **Capilla** Mexiko
1960 **Webster** USA
1964 **Webster** USA
1968 **Dibiasi** Italien
1972 **Dibiasi** Italien
1976 **Dibiasi** Italien
1980 **Hoffmann** DDR
1984 **Louganis** USA
1988 **Louganis** USA

Wasserball

1900 Großbritannien
1904 USA
1908 Großbritannien
1912 Großbritannien
1920 Großbritannien
1924 Frankreich
1928 Deutschland
1932 Ungarn
1936 Ungarn
1948 Italien
1952 Ungarn
1956 Ungarn
1960 Italien
1964 Ungarn
1968 Jugoslawien
1972 UdSSR
1976 Ungarn
1980 UdSSR
1984 Jugoslawien
1988 Jugoslawien

SCHWIMMEN FRAUEN

50 m Freistil

1988 25,49 Sek. **Otto** DDR

100 m Kraul

1912 1:22,2 Min. **Durack** Australien
1920 1:13,6 Min. **Bleibtrey** USA
1924 1:12,4 Min. **Lackie** USA
1928 1:11,0 Min. **Osipowich** USA
1932 1:06,8 Min. **Madison** USA
1936 1:05,9 Min. **Mastenbroek** Niederlande
1948 1:06,3 Min. **Andersen** Dänemark
1952 1:06,8 Min. **Szöke** Ungarn
1956 1:02,0 Min. **Fraser** Australien
1960 1:01,2 Min. **Fraser** Australien
1964 59,5 Sek. **Fraser** Australien
1968 1:00,0 Min. **Henne** USA
1972 58,59 Sek. **Neilson** USA
1976 55,65 Sek. **Ender** DDR
1980 54,79 Sek. **Krause** DDR
1984 55,92 Sek. **Steinseifer** USA
     55,92 Sek. **Hogshead** USA
1988 54,93 Sek. **Otto** DDR

Oben: Gruppenbild mit Hase. Weil's so schön war, versuchten sich die Medaillengewinnerinnen über 100 m Kraul 1960 in Rom nach ihrem Erfolg im Plüschtier-Kraulen. Von links: Sharon Stouder (Silber), Dawn Fraser (Gold) und Kathy Ellis (Bronze, alle USA).

200 m Kraul

1968 2:10,5 Min. **Meyer** USA
1972 2:03,56 Min. **Gould** Australien
1976 1:59,26 Min. **Ender** DDR
1980 1:58,33 Min. **Krause** DDR
1984 1:59,23 Min. **Wayte** USA
1988 1:57,65 Min. **Friedrich** DDR

400 m Kraul

1920 4:34,0 Min. **Bleibtrey** USA 300 m
1924 6:02,2 Min. **Norelius** USA
1928 5:42,8 Min. **Norelius** USA
1932 5:28,5 Min. **Madison** USA
1936 5:26,4 Min. **Mastenbroek** Niederlande
1948 5:17,8 Min. **Curtis** USA
1952 5:12,1 Min. **Gyenge** Ungarn
1956 4:54,6 Min. **Crapp** Australien
1960 4:50,6 Min. **v. Saltza** USA
1964 4:43,3 Min. **Duenkel** USA

1968 4:31,8 Min. **Meyer** USA
1972 4:19,04 Min. **Gould** Australien
1976 4:09,89 Min. **Thümer** DDR
1980 4:08,76 Min. **Diers** DDR
1984 4:07,10 Min. **Cohen** USA
1988 4:03,85 Min. **Evans** USA

800 m Kraul

1968 9:24,0 Min. **Meyer** USA
1972 8:53,68 Min. **Rothhammer** USA
1976 8:37,14 Min. **Thümer** DDR
1980 8:28,90 Min. **Ford** Australien
1984 8:24,95 Min. **Cohen** USA
1988 8:20,20 Min. **Evans** USA

100 m Rücken

1924 1:23,2 Min. **Bauer** USA
1928 1:22,0 Min. **Braun** Niederlande
1932 1:19,4 Min. **Holm** USA
1936 1:18,9 Min. **Senff** Niederlande
1948 1:14,4 Min. **Harup** Dänemark
1952 1:14,3 Min. **Harrison** Südafrika
1956 1:12,9 Min. **Grinham** Großbritannien
1960 1:09,3 Min. **Burke** USA
1964 1:07,7 Min. **Ferguson** USA

Nach ihren Siegen über 100 m Delphin und 200 m Freistil gewann Kornelia Ender (links) 1976 in Montreal noch Gold über 100 m Freistil, 100 m Butterfly und mit der 4×100-m-Staffel. Rechts entsteigt Ingrid Krämer, die 1960 in Rom Gold im Kunst- und Turmspringen holte, dem feuchten Element.

1968 1:06,2 Min. **Hall** USA
1972 1:05,78 Min. **Belote** USA
1976 1:01,83 Min. **Richter** DDR
1980 1:00,86 Min. **Reinisch** DDR
1984 1:02,55 Min. **Andrews** USA
1988 1:00,89 Min. **Otto** DDR

200 m Rücken

1968 2:24,8 Min. **Watson** USA
1972 2:19,19 Min. **Belote** USA
1976 2:13,43 Min. **Richter** DDR
1980 2:11,77 Min. **Reinisch** DDR
1984 2:12,38 Min. **de Rover** Niederlande
1988 2:09,29 Min. **Egerszegi** Ungarn

100 m Delphin

1956 1:11,0 Min. **Mann** USA
1960 1:09,5 Min. **Schuler** USA
1964 1:04,7 Min. **Stouder** USA
1968 1:05,5 Min. **McClements** Australien
1972 1:03,34 Min. **Aoki** Japan
1976 1:00,13 Min. **Ender** DDR
1980 1:00,42 Min. **Metschuck** DDR
1984 0:59,26 Min. **Meagher** USA
1988 0:59,00 Min. **Otto** DDR

200 m Delphin

1968	2:24,7	Min.	**Kok** Niederlande
1972	2:15,57	Min.	**Moe** USA
1976	2:11,41	Min.	**Pollack** DDR
1980	2:10,44	Min.	**Geißler** DDR
1984	2:06,90	Min.	**Meagher** USA
1988	2:09,51	Min.	**Nord** DDR

100 m Brust

1968	1:15,8	Min.	**Bjedov** Jugoslawien
1972	1:13,58	Min.	**Carr** USA
1976	1:11,16	Min.	**Anke** DDR
1980	1:10,22	Min.	**Geweniger** DDR
1984	1:09,88	Min.	**v. Staveren** Niederlande
1988	1:07,95	Min.	**Dangalakowa** Bulgarien

200 m Brust

1924	3:33,2	Min.	**Morton** Großbritannien
1928	3:12,6	Min.	**Schrader** Deutschland
1932	3:06,3	Min.	**Dennis** Australien
1936	3:03,6	Min.	**Maehata** Japan
1948	2:57,2	Min.	**van Vliet** Niederlande
1952	2:51,7	Min.	**Szekely** Ungarn
1956	2:53,1	Min.	**Happe** Deutschland
1960	2:49,5	Min.	**Lonsbrough** Großbritannien
1964	2:46,4	Min.	**Prosumenschikowa** UdSSR
1968	2:44,4	Min.	**Wichman** USA
1972	2:41,71	Min.	**Whitfield** Australien
1976	2:33,35	Min.	**Koschewaja** UdSSR
1980	2:29,54	Min.	**Kaciusyte** UdSSR
1984	2:30,38	Min.	**Ottenbrite** Kanada
1988	2:26,71	Min.	**Hörner** DDR

200 m Lagen

1968	2:24,7	Min.	**Kolb** USA
1972	2:23,07	Min.	**Gould** USA
1984	2:12,64	Min.	**Caulkins** USA
1988	2:12,59	Min.	**Hunger** DDR

400 m Lagen

1964	5:18,7	Min.	**de Varona** USA
1968	5:08,5	Min.	**Kolb** USA
1972	5:02,97	Min.	**Neall** Australien
1976	4:42,77	Min.	**Tauber** DDR
1980	4:36,29	Min.	**Schneider** DDR
1984	4:39,24	Min.	**Caulkins** USA
1988	4:37,76	Min.	**Evans** USA

4×100-m-Kraul-Staffel

1912	5:52,8	Min.	Großbritannien
1920	5:11,6	Min.	USA
1924	4:58,8	Min.	USA
1928	4:47,6	Min.	USA
1932	4:38,0	Min.	USA
1936	4:36,0	Min.	Niederlande
1948	4:29,2	Min.	USA
1952	4:24,4	Min.	Ungarn
1956	4:17,1	Min.	Australien
1960	4:08,9	Min.	USA
1964	4:03,8	Min.	USA
1968	4:02,5	Min.	USA

1972	3:55,19	Min.	USA
1976	3:44,82	Min.	USA
1980	3:42,71	Min.	DDR
1984	3:43,43	Min.	USA
1988	3:40,63	Min.	DDR

4×100-m-Lagen-Staffel

1960	4:41,1	Min.	USA
1964	4:33,9	Min.	USA
1968	4:28,3	Min.	USA
1972	4:20,75	Min.	USA
1976	4:07,95	Min.	DDR
1980	4:06,67	Min.	DDR
1984	4:08,34	Min.	USA
1988	4:03,74	Min.	DDR

Kunstspringen

1920	**Riggin** USA
1924	**Becker** USA
1928	**Meany** USA
1932	**Coleman** USA
1936	**Gestring** USA
1948	**Draves** USA
1952	**McCormick** USA
1956	**McCormick** USA
1960	**Krämer** Deutschland
1964	**Engel-Krämer** Deutschland
1968	**Gossick** USA
1972	**King** USA
1976	**Chandler** USA
1980	**Kalinina** UdSSR
1984	**Bernier** Kanada
1988	**Min Gao** China

Synchronschwimmen Einzel

1984	**Ruiz** USA
1988	**Waldo** Kanada

Synchronschwimmen Duo

1984	USA
1988	Kanada

Turmspringen

1912	**Johansson** Schweden
1920	**Fryland-Clausen** Dänemark
1924	**Smith** USA
1928	**Pinkston-Becker** USA
1932	**Poynton** USA
1936	**Hill-Poynton** USA
1948	**Draves** USA
1952	**McCormick** USA
1956	**McCormick** USA
1960	**Krämer** Deutschland
1964	**Bush** USA
1968	**Duchkova** Tschechoslowakei
1972	**Knape** Schweden
1976	**Waizechowskaja** UdSSR
1980	**Jäschke** DDR
1984	**Jihong Zhou** China
1988	**Yanmei Xu** China

RUDERN MÄNNER

Einer

1900	7:35,6	Min.	**Barrelet** Frankreich
1904	10:08,5	Min.	**Greer** USA
1908	9:26,0	Min.	**Blackstaffe** Großbritannien
1912	7:47,6	Min.	**Kinnear** Großbritannien
1920	7:35,0	Min.	**Kelly** USA
1924	7:49,2	Min.	**Beresford** Großbritannien
1928	7:11,0	Min.	**Pearce** Australien
1932	7:44,4	Min.	**Pearce** Australien
1936	8:21,5	Min.	**Schäfer** Deutschland
1948	7:24,4	Min.	**Wood** Australien
1952	8:12,8	Min.	**Tjukalow** UdSSR
1956	8:02,5	Min.	**Iwanow** UdSSR

John Kelly, der Großvater der Monaco-Prinzessinnen Caroline und Stephanie, war der beste Skuller seiner Zeit. Der gelernte Maurer gewann 1920 in Antwerpen den Einer und mit seinem Vetter Paul Costello auch den Doppelzweier.

1960	7:13,96	Min.	**Iwanow** UdSSR
1964	8:22,51	Min.	**Iwanow** UdSSR
1968	7:47,8	Min.	**Wienese** Niederlande
1972	7:10,12	Min.	**Malischew** UdSSR
1976	7:29,03	Min.	**Karppinen** Finnland
1980	7:09,61	Min.	**Karppinen** Finnland
1984	7:00,24	Min.	**Karppinen** Finnland
1988	6:49,86	Min.	**Lange** DDR

Doppelzweier

1904	10:03,2	Min.	USA
1920	7:09,0	Min.	USA
1924	6:34,0	Min.	USA
1928	6:41,4	Min.	USA
1932	7:17,4	Min.	USA
1936	7:20,8	Min.	Großbritannien
1948	6:51,3	Min.	Großbritannien
1952	7:32,2	Min.	Argentinien
1956	7:24,0	Min.	UdSSR
1960	6:47,5	Min.	Tschechoslowakei
1964	7:10,66	Min.	UdSSR
1968	6:51,82	Min.	UdSSR
1972	7:01,77	Min.	UdSSR
1976	7:13,20	Min.	Norwegen
1980	6:24,33	Min.	DDR
1984	6:36,87	Min.	USA
1988	6:21,13	Min.	Niederlande

Zweier ohne Steuermann

1908	9:41,0	Min.	Großbritannien
1924	8:19,4	Min.	Niederlande
1928	7:06,4	Min.	Deutschland
1932	8:00,0	Min.	Großbritannien
1936	8:16,1	Min.	Deutschland
1948	7:21,1	Min.	Großbritannien
1952	8:20,7	Min.	USA
1956	7:55,4	Min.	USA

1960   7:02,01 Min. UdSSR
1964   7:32,94 Min. Kanada
1968   7:26,56 Min. DDR
1972   6:53,16 Min. DDR
1976   7:23,31 Min. DDR
1980   6:48,01 Min. DDR
1984   6:45,39 Min. Rumänien
1988   6:36,84 Min. Großbritannien

Zweier mit Steuermann

1900   7:34,2 Min. Niederlande
1920   7:56,0 Min. Italien
1924   8:39,0 Min. Schweiz
1928   7:42,6 Min. Schweiz
1932   8:25,8 Min. USA
1936   8:36,9 Min. Deutschland
1948   8:00,5 Min. Dänemark
1952   8:28,6 Min. Frankreich
1956   8:26,1 Min. USA
1960   7:29,14 Min. Deutschland
1964   8:21,23 Min. USA
1968   8:04,81 Min. Italien
1972   7:17,25 Min. DDR
1976   7:58,99 Min. DDR
1980   7:02,54 Min. DDR
1984   7:05,99 Min. Italien
1988   6:58,79 Min. Italien

Doppelvierer

1976   6:18,65 Min. DDR
1980   5:49,81 Min. DDR
1984   5:57,55 Min. Deutschland
1988   5:53,37 Min. Italien

Vierer ohne Steuermann

1904   9:53,8 Min. USA
1908   8:34,0 Min. Großbritannien
1924   7:08,6 Min. Großbritannien
1928   6:36,0 Min. Großbritannien
1932   6:58,2 Min. Großbritannien
1936   7:01,8 Min. Deutschland
1948   6:39,0 Min. Italien
1952   7:16,0 Min. Jugoslawien
1956   7:08,8 Min. Kanada
1960   6:26,26 Min. USA
1964   6:59,30 Min. Dänemark
1968   6:39,18 Min. DDR
1972   6:24,27 Min. DDR
1976   6:37,42 Min. DDR
1980   6:08,17 Min. DDR

1984   6:03,48 Min. Neuseeland
1988   6:03,11 Min. DDR

Vierer mit Steuermann

1900   5:59,0 Min. Deutschland
1912   6:59,4 Min. Deutschland
1920   6:54,0 Min. Schweiz
1924   7:18,4 Min. Schweiz
1928   6:47,8 Min. Italien
1932   7:19,0 Min. Deutschland
1936   7:16,2 Min. Deutschland
1948   6:50,3 Min. USA
1952   7:33,4 Min. Tschechoslowakei
1956   7:19,4 Min. Italien
1960   6:39,12 Min. Deutschland
1964   7:00,44 Min. Deutschland
1968   6:45,62 Min. Neuseeland
1972   6:31,85 Min. Deutschland
1976   6:40,22 Min. UdSSR
1980   6:14,51 Min. DDR
1984   6:18,64 Min. Großbritannien
1988   6:10,74 Min. DDR

Achter

1900   6:09,8 Min. USA
1904   7:50,0 Min. USA
1908   7:52,0 Min. Großbritannien
1912   6:15,0 Min. Großbritannien
1920   6:02,6 Min. USA
1924   6:33,4 Min. USA
1928   6:03,2 Min. USA
1932   6:37,6 Min. USA
1936   6:25,4 Min. USA
1948   5:56,7 Min. USA
1952   6:25,9 Min. USA
1956   6:35,2 Min. USA
1960   5:57,18 Min. Deutschland
1964   6:18,23 Min. USA
1968   6:07,00 Min. Deutschland
1972   6:08,94 Min. Neuseeland
1976   5:58,29 Min. DDR
1980   5:49,05 Min. DDR
1984   5:41,32 Min. Kanada
1988   5:46,05 Min. Deutschland

Unten: Mexiko, 1968:
Der Deutschland-Ach-
ter »versenkt« im
»Goldrausch« seinen
kleinen Steuermann
Günther Thiersch.

RUDERN FRAUEN

Einer

1976   4:05,56 Min. **Scheiblich** DDR
1980   3:40,69 Min. **Toma** Rumänien
1984   3:40,68 Min. **Racila** Rumänien
1988   7:47,19 Min. **Behrendt** DDR

Doppelzweier

1976   3:34,36 Min. Bulgarien
1980   3:16,27 Min. UdSSR
1984   3:26,77 Min. Rumänien
1988   7:00,48 Min. DDR

Zweier ohne Steuerfrau

1976   4:01,22 Min. Bulgarien
1980   3:30,49 Min. DDR
1984   3:32,60 Min. Rumänien
1988   7:28,13 Min. Rumänien

Doppelvierer

1976   3:29,99 Min. DDR
1980   3:15,32 Min. DDR
1984   3:14,11 Min. Rumänien
1988   6:21,06 Min. DDR

Vierer mit Steuerfrau

1976   3:45,08 Min. DDR
1980   3:19,27 Min. DDR
1984   3:19,38 Min. Rumänien
1988   6:56,00 Min. DDR

Achter

1976   3:33,32 Min. DDR
1980   3:03,32 Min. DDR
1984   2:59,80 Min. USA
1988   6:15,17 Min. DDR

KANU MÄNNER

Canadier – Einer 500 m

1976   1:59,23 Min. **Rogow** UdSSR
1980   1:53,37 Min. **Postrechin** UdSSR
1984   1:57,01 Min. **Caine** Kanada
1988   1:56,42 Min. **Heukrodt** DDR

Canadier – Einer 1000 m

1936   5:32,1 Min. **Amyot** Kanada
1948   5:42,0 Min. **Holecek**
                     Tschechoslowakei
1952   4:56,3 Min. **Holecek**
                     Tschechoslowakei
1956   5:05,3 Min. **Rottmann** Rumänien
1960   4:33,93 Min. **Parti** Ungarn
1964   4:35,14 Min. **Eschert** Deutschland
1968   4:36,14 Min. **Tatai** Ungarn
1972   4:08,94 Min. **Patzaichin** Rumänien

Oben: Mit geballter Kraft und letztem
Einsatz erkämpfte sich der deutsche
Vierer 1972 in München die Gold-
medaille. Damit hatten die body-
gebuildeten Boys vom Bodensee in
der Boulevardpresse ihren Spitzna-
men weg: »Bullen-Vierer«.

1976 4:09,51 Min. **Ljubek** Jugoslawien
1980 4:12,38 Min. **Lubenov** Bulgarien
1984 4:06,32 Min. **Eicke** Deutschland
1988 4:12,78 Min. **Klementijew** UdSSR

Canadier – Zweier 500 m

1976 1:45,81 Min. UdSSR
1980 1:43,39 Min. Ungarn
1984 1:43,67 Min. Jugoslawien
1988 1:41,77 Min. UdSSR

Canadier – Zweier 1000 m

1936 4:50,1 Min. Tschechoslowakei
1948 5:07,1 Min. Tschechoslowakei
1952 4:38,3 Min. Dänemark
1956 4:47,4 Min. Rumänien
1960 4:17,94 Min. UdSSR
1964 4:04,64 Min. UdSSR
1968 4:07,18 Min. Rumänien
1972 3:52,60 Min. UdSSR
1976 3:52,76 Min. UdSSR
1980 3:47,65 Min. Rumänien
1984 3:40,60 Min. Rumänien
1988 3:48,36 Min. UdSSR

Kajak – Einer 500 m

1976 1:46,41 Min. **Diba** Rumänien
1980 1:43,43 Min. **Parfenowitsch** UdSSR
1984 1:47,84 Min. **Ferguson** Neuseeland
1988 1:44,82 Min. **Gyulay** Ungarn

Kajak – Einer 1000 m

1936 4:22,9 Min. **Hradetzky** Österreich
1948 4:33,2 Min. **Fredriksson** Schweden
1952 4:07,9 Min. **Fredriksson** Schweden
1956 4:12,8 Min. **Fredriksson** Schweden
1960 3:53,0 Min. **Hansen** Dänemark
1964 3:57,13 Min. **Petterson** Schweden
1968 4:02,63 Min. **Hesz** Ungarn
1972 3:48,06 Min. **Schaparenko** UdSSR
1976 3:48,20 Min. **Helm** DDR
1980 3:48,77 Min. **Helm** DDR
1984 3:45,78 Min. **Thompson** Neuseeland
1988 3:55,27 Min. **Barton** USA

Kajak – Zweier 500 m

1976 1:35,87 Min. DDR
1980 1:32,38 Min. UdSSR
1984 1:34,21 Min. Neuseeland
1988 1:33,98 Min. Neuseeland

Kajak – Zweier 1000 m

1936 4:03,8 Min. Österreich
1948 4:07,3 Min. Schweden
1952 3:51,1 Min. Finnland
1956 3:49,6 Min. Deutschland
1960 3:34,73 Min. Schweden
1964 3:38,54 Min. Schweden
1968 3:37,54 Min. UdSSR
1972 3:31,21 Min. UdSSR
1976 3:29,01 Min. UdSSR
1980 3:26,72 Min. UdSSR

1984 3:24,22 Min. Kanada
1988 3:32,42 Min. USA

Kajak – Vierer 1000 m

1964 3:14,67 Min. UdSSR
1968 3:14,38 Min. Norwegen
1972 3:14,02 Min. UdSSR
1976 3:08,69 Min. UdSSR
1980 3:13,76 Min. DDR
1984 3:02,28 Min. Neuseeland
1988 3:00,20 Min. Ungarn

KANU FRAUEN

Kajak – Einer 500 m

1948 2:31,9 Min. **Hoff** Dänemark
1952 2:18,4 Min. **Saimo** Finnland
1956 2:18,9 Min. **Dementjewa** UdSSR
1960 2:08,08 Min. **Seredina** UdSSR
1964 2:12,87 Min. **Schwedosiuk** UdSSR
1968 2:11,09 Min. **Schwedosiuk** UdSSR
1972 2:03,17 Min. **Riabschinskaja** UdSSR
1976 2:01,05 Min. **Zirzow** DDR
1980 1:57,96 Min. **Fischer** DDR
1984 1:58,72 Min. **Andersson** Schweden
1988 1:55,19 Min. **Guechewa** Bulgarien

Kajak – Zweier 500 m

1960 1:54,76 Min. UdSSR
1964 1:56,95 Min. Deutschland
1968 1:56,44 Min. Deutschland
1972 1:53,50 Min. UdSSR
1976 1:51,15 Min. UdSSR
1980 1:43,88 Min. DDR
1984 1:45,25 Min. Schweden
1988 1:43,46 Min. DDR

Kajak – Vierer 500 m

1984 1:38,34 Min. Rumänien
1988 1:40,78 Min. DDR

SEGELN

Finn-Dinghy

1920 **Hin/Hin** Niederlande, 12-Fuß-Dinghys
        Richards/Hedberg Großbritannien,
        18-Fuß-Dinghys
1924 **Huybrechts** Belgien
1928 **Thorell** Schweden
1932 **Lebrun** Frankreich

Links: Was die Männer können, können Frauen in einem Boot schon lange: 1968 in Mexiko wiederholten Annemarie Zimmermann und Roswitha Esser im Zweier-Kajak ihren Olympiasieg von 1964 in Tokio.

Oben: 1972 in München reichte es für Willy Kuhweide im Starboot nur für Bronze. Machte nichts, Gold hatte er ja schon im Finn-Dinghy 1964 in Tokio gewonnen.

1936 **Kagchelland** Niederlande
1948 **Elvström** Dänemark
1952 **Elvström** Dänemark
1956 **Elvström** Dänemark
1960 **Elvström** Dänemark
1964 **Kuhweide** Deutschland
1968 **Mankin** UdSSR
1972 **Maury** Frankreich
1976 **Schümann** DDR
1980 **Rechardt** Finnland
1984 **Koutts** Neuseeland
1988 **Doreste** Spanien

Flying Dutchman

1960 Norwegen
1964 Neuseeland
1968 Großbritannien
1972 Großbritannien
1976 Deutschland
1980 Spanien
1984 USA
1988 Dänemark

Star

1932 USA
1936 Deutschland
1948 USA
1952 Italien
1956 USA
1960 UdSSR
1964 Bahamas
1968 USA
1972 Australien
1976 nicht ausgetragen
1980 UdSSR
1984 USA
1988 Großbritannien

Oben: Gold aus den Händen des Prinzen Philip für die deutschen Springreiter Hans-Günter Winkler, Gert Wiltfang, Fritz Ligges und Hartwig Steenken 1972 in München.

Links: Konzentration vor dem entscheidenden Ritt. Der deutsche Dressurreiter Josef Neckermann (1912–1992), von 1967 bis 1988 Präsident der von ihm gegründeten Deutschen Sporthilfe, gewann wie 1964 auch 1968 Gold mit der Mannschaft und zudem Silber im Einzelwettbewerb.

Vom Siegerpodest ins Fernsehstudio zu Harry Valérien: Europameisterin Liselott Linsenhoff gewann 1972 in München auf ihrem schwungvollen Schwedenhengst Piaff Dressur-Gold vor der Weltmeisterin Dr. Elena Petuschkowa aus der UdSSR.

Soling

1972 USA
1976 Dänemark
1980 Dänemark
1984 USA
1988 Schümann DDR

470er (offen bis 1984)

1976 Deutschland
1980 Brasilien
1984 Spanien

470er Herren

1988 Frankreich

470er Damen

1988 USA

Tornado

1976 Großbritannien
1980 Brasilien
1984 Neuseeland
1988 Frankreich

Windglider

1984 v. d. Berg Niederlande
1988 Kendall Neuseeland

REITEN

Dressur · Einzel

1912 Bonde Schweden
1920 Lundblad Schweden
1924 Linder Schweden
1928 von Langen Deutschland
1932 Lesage Frankreich
1936 Pollay Deutschland
1948 Moser Schweiz
1952 St. Cyr Schweden
1956 St. Cyr Schweden
1960 Filatow UdSSR
1964 Chammartin Schweiz
1968 Kisimow UdSSR
1972 Linsenhoff Deutschland

1976 Stückelberger Schweiz
1980 Elisabeth Theurer Österreich
1984 Klimke Deutschland
1988 Uphoff Deutschland

Dressur · Mannschaft

1928 Deutschland
1932 Frankreich
1936 Deutschland
1948 Frankreich
1952 Schweden
1956 Schweden
1964 Deutschland
1968 Deutschland
1972 UdSSR
1976 Deutschland
1980 UdSSR
1984 Deutschland
1988 Deutschland

Jagdspringen · Einzel

1900 Haegeman Belgien
1912 Cariou Frankreich
1920 Lequio Italien
1924 Gemuseus Schweiz
1928 Ventura Tschechoslowakei
1932 Nishi Japan
1936 Hasse Deutschland
1948 Cortes Mexiko
1952 d'Oriola Frankreich
1956 Winkler Deutschland
1960 d'Inzeo Italien
1964 d'Oriola Frankreich
1968 Steinkraus USA
1972 Mancinelli Italien
1976 Schockemöhle Deutschland
1980 Kowalczyk Polen
1984 Fargis USA
1988 Durand Frankreich

Jagdspringen · Mannschaft (Preis der Nationen)

1912 Schweden
1920 Schweden
1924 Schweden

1928 Spanien
1936 Deutschland
1948 Mexiko
1952 Großbritannien
1956 Deutschland
1960 Deutschland
1964 Deutschland
1968 Kanada
1972 Deutschland
1976 Frankreich
1980 UdSSR
1984 USA
1988 Deutschland

Military · Einzel

1912 Nordlander Schweden
1920 Mörner Schweden
1924 von Zijp Niederlande
1928 de Mortanges Niederlande
1932 de Mortanges Niederlande
1936 Stubbendorf Deutschland
1948 Chevalier Frankreich
1952 von Blixen-Finecke Schweden
1956 Kastenman Schweden
1960 Morgan Australien
1964 Checcoli Italien
1968 Guyon Frankreich
1972 Meade Großbritannien
1976 Coffin USA
1980 Roman Italien
1984 Todd Neuseeland
1988 Todd Neuseeland

Military · Mannschaft

1912 Schweden
1920 Schweden
1924 Niederlande
1928 Niederlande
1932 USA
1936 Deutschland

1948 USA
1952 Schweden
1956 Großbritannien
1960 Australien
1964 Italien
1968 Großbritannien
1972 Großbritannien
1976 USA
1980 UdSSR
1984 USA
1988 Deutschland

TENNIS MÄNNER

Einzel

1988 Mecir Tschechoslowakei

Doppel

1988 USA

TENNIS FRAUEN

Einzel

1988 Graf Deutschland

Doppel

1988 USA

TISCHTENNIS MÄNNER

Einzel

1988 Nam Kyo Yoo Südkorea

Doppel

1988 China

TISCHTENNIS FRAUEN

Einzel

1988 Jing Chen China

Doppel

1988 Südkorea

Abkürzungen der teilnehmenden 172 Nationen

AFG	Afghanistan	GUM	Guam	POL	Polen
AHO	Niederländische Antillen	GUS	Gemeinschaft Unabhängiger	POR	Portugal
ALB	Albanien		Staaten	PRK	Volksrepublik Korea (Nordkorea)
ALG	Algerien		(off. EUN = Equipe Unifiée)	PUR	Puerto Rico
AND	Andorra	GUY	Guyana	QAT	Katar
ANG	Angola	HAI	Haiti	ROM	Rumänien
ANT	Antigua	HKG	Hongkong	RSA	Südafrika
ARG	Argentinien	HON	Honduras	RWA	Ruanda
ARU	Aruba	HUN	Ungarn	SAM	West-Samoa
ASA	Amerikanisch Samoa	INA	Indonesien	SEN	Senegal
AUS	Australien	IND	Indien	SEY	Seychellen
AUT	Österreich	IRI	Iran	SIN	Singapur
BAH	Bahamas	IRL	Irland	SLE	Sierra Leone
BAN	Bangladesch	IRQ	Irak	SLO	Slowenien
BAR	Barbados	ISL	Island	SMR	San Marino
BEL	Belgien	ISR	Israel	SOL	Salomonen
BEN	Benin	ISV	JungfernInseln	SOM	Somalia
BER	Bermudas	ITA	Italien	SRI	Sri Lanka
BHU	Bhutan	IVB	Britische JungfernInseln	SUD	Sudan
BIZ	Belize	JAM	Jamaika	SUI	Schweiz
BOL	Bolivien	JOR	Jordanien	SUR	Surinam
BOS	Bosnien-Herzegowina	JPN	Japan	SWE	Schweden
BOT	Botswana	KEN	Kenia	SWZ	Swaziland
BRA	Brasilien	KOR	Republik Korea (Südkorea)	SYR	Syrien
BRN	Bahrein	KSA	Saudi-Arabien	TAN	Tansania
BRU	Brunei	KUW	Kuwait	TCH	Tschechoslowakei
BUL	Bulgarien	LAO	Laos	TGA	Tonga
BUR	Burkina Faso	LAT	Lettland		
CAF	Zentralafrikanische Republik	LBA	Libyen		
CAN	Kanada	LBR	Liberia		
CAY	Cayman-Inseln	LES	Lesotho		
CGO	Kongo	LIB	Libanon		
CHA	Tschad	LIE	Liechtenstein		
CHI	Chile	LTU	Litauen		
CHN	Volksrepublik China	LUX	Luxemburg		
CIV	Côte d'Ivoire	MAD	Madagaskar		
CMR	Kamerun	MAR	Marokko		
COK	Cook-Inseln	MAS	Malaysia		
COL	Kolumbien	MAW	Malawi		
CRC	Costa Rica	MDV	Malediven		
CRO	Kroatien	MEX	Mexiko		
CUB	Kuba	MGL	Mongolei		
CYP	Zypern	MLD	Moldavien	THA	Thailand
DEN	Dänemark	MLI	Mali	TOG	Togo
DJI	Djibouti	MLT	Malta	TPE	Chinesisch Taipeh (Taiwan)
DOM	Dominikanische Republik	MON	Monaco	TRI	Trinidad und Tobago
ECU	Ecuador	MOZ	Mosambik	TUN	Tunesien
EGY	Ägypten	MRI	Mauritius	TUR	Türkei
ESA	El Salvador	MTN	Mauretanien	UAE	Vereinigte Arabische Emirate
ESP	Spanien	MYA	Myanmar (vormalig Birma)	UGA	Uganda
EST	Estland	NAM	Namibia	URU	Uruguay
ETH	Äthiopien	NCA	Nicaragua	USA	Vereinigte Staaten von Amerika
EUN	(siehe GUS)	NED	Niederlande	VAN	Vanuatu
FIJ	Fidschi	NEP	Nepal	VEN	Venezuela
FIN	Finnland	NGR	Nigeria	VIE	Vietnam
GAB	Gabun	NIG	Niger	VIN	Saint Vincent
GAM	Gambia	NOR	Norwegen	YEM	Yemen
GBR	Großbritannien	NZL	Neuseeland	ZAI	Zaire
GER	Deutschland	OMA	Oman	ZAM	Sambia
GEQ	Äquatorial-Guinea	PAK	Pakistan	ZIM	Zimbabwe
GHA	Ghana	PAN	Panama		
GRE	Griechenland	PAR	Paraguay		
GRN	Grenada	PER	Peru		
GUA	Guatemala	PHI	Philippinen		
GUI	Guinea	PNG	Pagua-Neuguinea		

Land, Staat und Stadt –
Katalonien, Spanien und
Barcelona – zeigten ausgiebig
Flagge bei Olympia '92.

IOP Kürzel für die Einzelsportler aus Serbien und Montenegro (Independent Olympic Participants), denen der Mannschaftsstatus aufgrund des Boykotts von UNO und IOC verweigert wurde, sowie aus dem völkerrechtlich noch nicht anerkannten Mazedonien.

Copyright
1992 by Südwest Verlag
GmbH & Co. KG, München
Alle Rechte vorbehalten
Nachdruck, auch auszugsweise,
nur mit Genehmigung des
Verlages
ISBN 3-517-01313-7

**Einbandgestaltung,
Poster und Stil-Layout**
Rudi Gill, München

Layout und Produktion
Manfred Metzger

Herausgeber
Harry Valérien

Redaktion und Mitarbeiter
Dr. Christian Zentner

Mathias Forster
Amelie Albrecht
Stefanie Eckert

Schlußredaktion
Friedemann Bedürftig

Autoren
Martin Born
Peter Burghardt
Hans Eiberle
Detlef Hacke
Fritz Heimann
Doris Henkel
Prof. Dr. Wildor Hollmann
Christopher Keil
Josef Kelnberger
Josef Metzger
Werner Schneyder
Manfred F. Schröder
Helmut Schümann
Gerhard Waldherr

Fotos
Sven Simon, Essen (130)
Lorenz Baader, München (105)
Peter Blachian
dpa, Frankfurt
Gamma, Paris
Thomas Schreyer, Nürnberg

Technik
Satz, Repro und Druck:
Karl Wenschow GmbH,
München

Einband:
Buchbinderei R. Oldenbourg,
München